oekom

ClimatePartner°
klimaneutral
Verlag | ID: 128-50040-1010-1082

Selbstverpflichtung zum nachhaltigen Publizieren
Nicht nur publizistisch, sondern auch als Unternehmen setzt sich der oekom verlag konsequent für Nachhaltigkeit ein. Bei Ausstattung und Produktion der Publikationen orientieren wir uns an höchsten ökologischen Kriterien. Dieses Buch wurde auf 100 Prozent Recyclingpapier, zertifiziert mit dem FSC®-Siegel und dem Blauen Engel (RAL-UZ 14), gedruckt. Auch für den Karton des Umschlags wurde ein Papier aus 100 Prozent Recyclingmaterial, das FSC®-ausgezeichnet ist, gewählt. Alle durch diese Publikation verursachten CO_2-Emissionen werden durch Investitionen in ein Gold-Standard-Projekt kompensiert. Die Mehrkosten hierfür trägt der Verlag.
Mehr Informationen finden Sie unter: www.oekom.de/allgemeine-verlagsinformationen/nachhaltiger-verlag.html

Bibliografische Information der Deutschen Nationalbibliothek:
Die Deutsche Nationalbibliothek verzeichnet diese Publikation in der Deutschen Nationalbibliografie; detaillierte bibliografische Daten sind im Internet über http://dnb.d-nb.de abrufbar.

2. Auflage
© 2016 oekom, München
oekom verlag, Gesellschaft für ökologische Kommunikation mbH
Waltherstraße 29, 80337 München

Satz und Layout: Tobias Wantzen, Bremen
Lektorat: Uta Ruge; Christoph Hirsch (oekom verlag)
Druck: Bosch-Druck GmbH, Ergolding
Umschlaggestaltung: Büro Jorge Schmidt, München

Alle Rechte vorbehalten
ISBN 978-3-86581-811-9

MARKUS BOGNER

Selbst denken, selbst machen, selbst versorgen

Ein Bauer zeigt, wie's geht

Inhalt

VORWORT *7*

STATT EINES PROLOGS
Ein Arbeitstag im Frühjahr: säen, pflanzen – es werde! *9*

ERSTES KAPITEL
Was ist ein gutes Leben – oder: wie wir zum Boarhof kamen *19*

Selbermachen 1 ▌ **Einen Garten pachten** *26*

ZWEITES KAPITEL
Wachse oder weiche – wie Landwirtschaft heute »funktioniert« *29*

Selbermachen 2 ▌ **Die eigene Saat züchten** *42*

DRITTES KAPITEL
Der Boarhof – spezialisiert auf Vielfalt *47*

Selbermachen 3 ▌ **Brotbacken** *58*

VIERTES KAPITEL
Weltbevölkerung – Wachstum – Würde: Wie passt das zusammen? *67*

Selbermachen 4 ▌ **Urlaub als Hobbybauer** *84*

FÜNFTES KAPITEL
Der Globalacker – oder: mit 2.000 Quadratmetern die Welt ernähren *91*

Selbermachen 5 ▌ **Kompost aus der Wurmkiste** *100*

Selbermachen 6 ▌ **Terra Preta herstellen** *111*

SECHSTES KAPITEL
Die Sache mit dem Fleischkonsum *115*

SIEBTES KAPITEL
Wir haben bereits mehr als genug – für alle! *127*

Selbermachen 7 ▍ **Basics des Haltbarmachens** *132*

Selbermachen 8 ▍ **Kröten statt Schneckenkorn** *140*

ACHTES KAPITEL
Der Weltagrarbericht – eine Blaupause für eine andere Landwirtschaft *145*

Selbermachen 9 ▍ **Obstbaumpflege im Gartenjahr** *151*

NEUNTES KAPITEL
Der Kassenbon als Wahlschein des 21. Jahrhunderts *155*

ZEHNTES KAPITEL
Genug statt immer mehr, anders statt immer gleich *163*

Selbermachen 10 ▍ **Hühnerhaltung im Hausgarten** *168*

Selbermachen 11 ▍ **Gurkenanbau – von der Saat bis ins Glas** *176*

ELFTES KAPITEL
Unser gemeinsamer Weg zum Wandel *189*

Selbermachen 12 ▍ **Die wundersame Kartoffelvermehrung** *200*

Sechs Ideen für eine bessere Welt *205*

STATT EINES EPILOGS
Ein Arbeitstag im Herbst: sehen, ernten – es ist! *217*

Für

Maria und Peter Bogner
Maria und Rudi Lautenbacher
Katharina und Christoph von Malaisé
Margit und Sepp Brunner

ohne Euch wären wir nicht
wo wir sind,
was wir sind und
wie wir sind.

Vorwort

50 Mal habe ich mir die Enzyklika von Papst Franziskus »Laudato si« gekauft. 49 Mal habe ich das Buch verschenkt, in der Hoffnung damit Bündnispartner für den darin skizzierten Weg der Verbundenheit zu finden.

In seiner Enzyklika formuliert Franziskus den Gedanken, dass die globalen ökologischen und sozialen Probleme zwei Seiten derselben Medaille sind, denn in beiden Fällen glaubt der Mensch, Herrscher zu sein – einmal über die Natur, das andere mal über die Schwächeren seiner Art.

Ich finde diese Beobachtung sehr treffend, gibt sie doch einen Hinweis auf die uns fehlende (oder zumindest beschädigte) Verbundenheit zur Natur und zu den Armen.

Im Falle der Natur kann man sich so etwas wie Verbundenheit ganz gut vor Augen führen: denkt man an ein Stück Natur, das man besonders gerne hat (ich glaube, jede/r kennt so ein Plätzchen), tut es weh, wenn es zerstört wird. In dieser Verbundenheit sind wir sofort bereit »dafür« zu kämpfen.

Die soziale Seite illustriert eine Geschichte, von der ein Bürgermeister einer Hafenstadt am Mittelmeer unlängst berichtet hat. Er erzählt von Fatima, deren Mann im Krieg umgekommen ist. Ihr Leben mit ihren zwei Kindern ist zwischen den Fronten rivalisierender Kriegsbanden immer unerträglicher und gefährlicher geworden. Irgendwie gelingt ihr die Flucht. Ihr letztes Geld gibt sie einem Schlepper, der sie mit einem desolaten Boot übers Mittelmeer bringt. Schwimmend, die beiden Kinder hängen an ihr, erreichen sie den rettenden Steg an der Südküste Europas.

Am Schluss der Geschichte fragt der Bürgermeister: »Würden Sie es schaffen, diese Frau mit ihren Kindern ins Meer zurückzustoßen?« Nein. Natürlich würden wir das nicht schaffen. Nicht einmal die Ängstlichen, die sich vor den großen Flüchtlingsströmen fürchten, würden es schaffen. Warum nicht? ... weil allein durch den Anblick dieser Frau und Mutter eine Verbundenheit entsteht, die alles wendet. Und selbst die Radikalsten, die täglich die Ängste schüren und die Ängstlichen noch ängstlicher machen, würden es nur schwer schaffen, sie ins Meer zurückzustoßen.

Der Weg der Verbundenheit weist in eine andere Richtung. Nicht die Angst ist unser Handlungsmotiv, sondern das Wissen, dass wir nur in Kooperation mit Mensch und Natur anstelle eines alles zerstörenden Wettbewerbs überleben können.

Ich habe das feste Vertrauen, dass in jedem von uns, – in dir, in mir – ein Talent für diese Verbundenheit wohnt. Vielleicht ist dieses Talent verschüttet. Vielleicht schlummert es. Aber es ist immer da – wir müssen es nur wecken.

Markus Bogner ist einer, der diese Verbundenheit zu Mensch und Natur mit Herz, Hirn und Hausverstand lebt. Er lässt uns miterleben, wie er als Bauer mit der Natur umgeht und was er von der Natur lernt. Markus ist nicht nur ein kluger Landwirt. Er ist auch ein Weltbürger, der seine Verantwortung wahrnehmen will. Auf der Grundlage seiner Erfahrungen, die er auf seinem Stückchen Erde macht, denkt er über die Welt nach. Wir haben »nur« diese eine Erde und diese Erde beschenkt uns mit Schönheit und genug Lebensmitteln. Wir müssen »nur« die Herausforderungen der Bodenpflege und des Teilens annehmen und meistern lernen. Gandhis berühmter Satz »die Welt hat genug für jedermanns Bedürfnisse, aber nicht für jedermanns Gier« weist uns den Weg.

Nun werde ich auch dieses Buch von Markus Bogner 49 Mal verschenken, denn seine Methode des »mit Herz, Hirn und Hausverstand« ist ein handfester und bodenständiger Weg ein bisschen mehr vom Geheimnis der Welt zu verstehen. Diese Art des Vorgehens ist gut dafür geeignet auch größere und große Probleme in Angriff zu nehmen und diese zu meistern.

Heini Staudinger
Geschäftsführer der Waldvierteler Schuhwerkstatt (www. gea.at)

PS: Achtung! Dieses Buch kann die in Ihnen schlummernden Talente für Verbundenheit wecken.

STATT EINES PROLOGS

Ein Arbeitstag im Frühjahr: säen, pflanzen – es werde!

Nichts wird,
nichts ist,
nichts bleibt
im Himmel und auf Erden
als diese zwei:
das eine ist TUN, das andere WERDEN.
— Daniel Czepko von Reigersfeld, deutscher Poet

Ein Mittwochmorgen im Mai. Noch bevor ich mit meiner Frau und den Kindern frühstücke, mache ich kurz einen Rundgang zu den Tieren. Fast jeden Tag, wenn ich morgens zur Haustür hinausgehe, überwältigt mich, was ich sehe.

Da ist zuallererst unser Hausgarten mit den vielen Kräutern und Blumen. Um diese Zeit bedeckt noch Tau alle Pflanzen. Doch mit den ersten Sonnenstrahlen trocknen sie und fangen sofort an zu duften. Dahinter liegt eine Wiese mit Weiher, dem kreisförmig angelegten Gemüsegarten und einem kleinen Acker. Diesem Acker habe ich den Muskelkater zu verdanken, der mich heute früh schon seit dem Aufwachen mächtig plagt. Wenn ich den Acker jetzt aber so sehe und mich erinnere, dass wir hier gestern unsere Kartoffeln gelegt haben und daran denke, welch üppige Ernte wir hoffentlich im Herbst erhalten werden, lässt mich das den Muskelkater fast vergessen.

Hinter dem Garten sehe ich ein kleines Stück vom Tegernsee, und an dessen Ende erheben sich gleich die Alpen. Das komplette Panorama der Tegernseer Berge kann man von der Haustüre aus

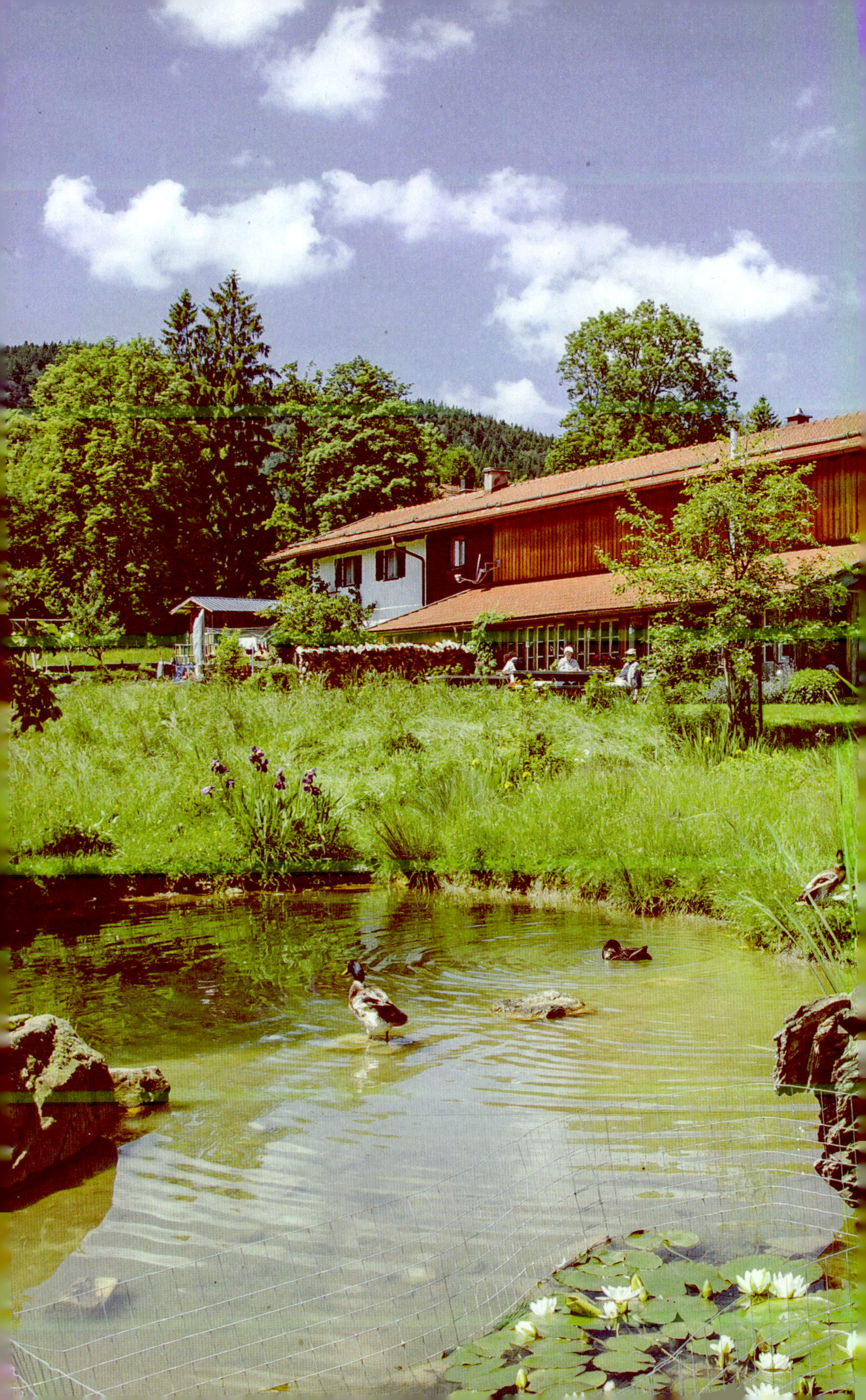

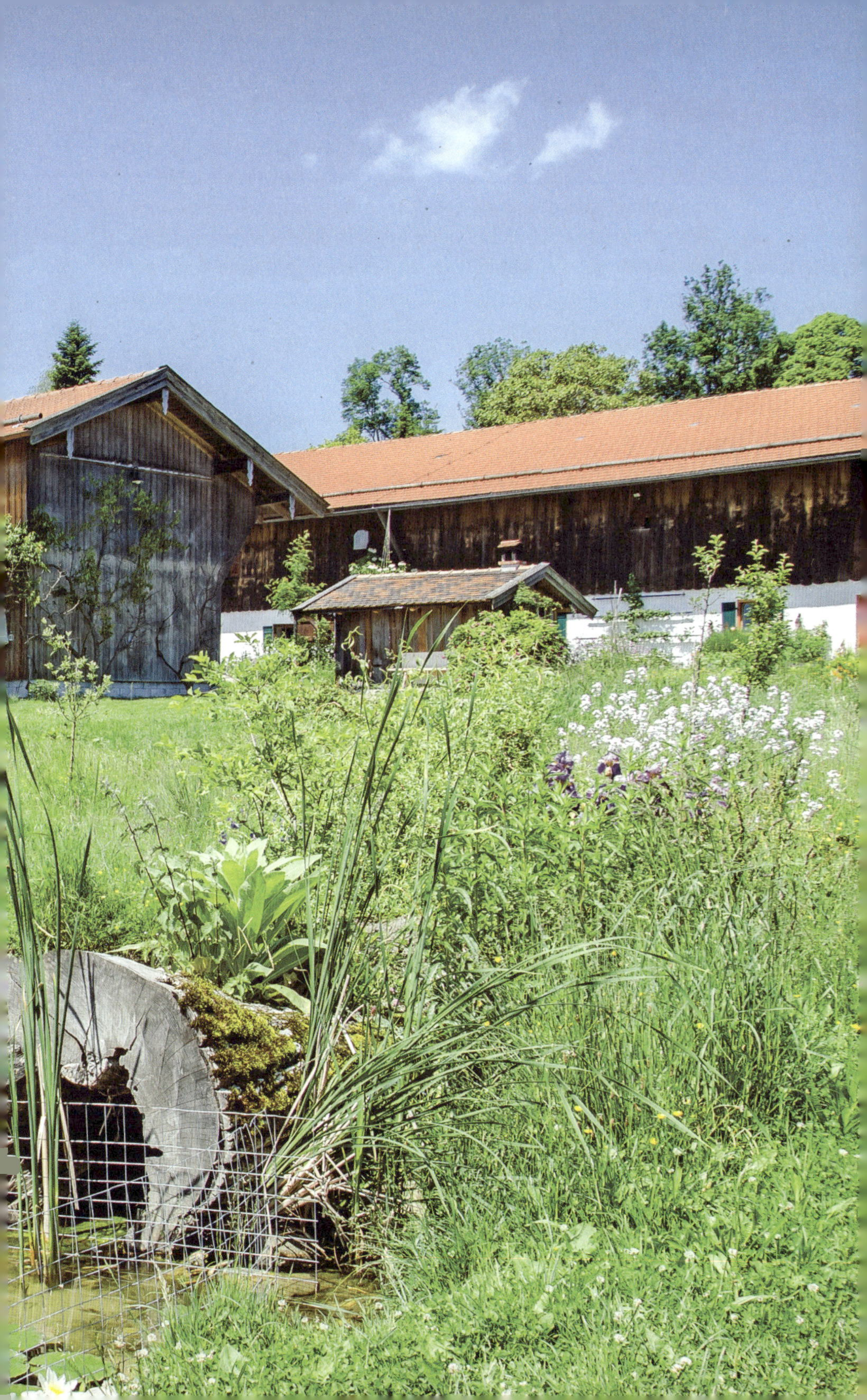

sehen. Ein paar Gipfel werden schon von der Morgensonne angestrahlt, andere warten noch auf das erste Licht. Um diese Zeit herrscht noch eine ganz eigene Ruhe. Manchmal bilde ich mir ein, man könne diese Ruhe, dieses Unverbrauchte des Tages sogar in der Luft riechen. Und dann fällt mir auf, dass es so ruhig gar nicht ist. Hunderte, wahrscheinlich sind es eher Tausende Vögel veranstalten ihr allmorgendliches Konzert. Mit den tollsten Melodien buhlen die Herren der Vogelschöpfung um die Gunst eines Weibchens.

Herrn Kuckuck habe ich vor einer Woche zum ersten Mal wieder gehört. Ich bin mir sicher, dass es derselbe Kuckuck ist wie schon in den Jahren zuvor. Unser Kuckuck stottert nämlich. Seinen Ruf würde ich unter allen anderen heraus kennen. Familie Kuckuck ist dieses Jahr spät aus ihrem Winterquartier zurückgekommen. Hoffentlich nicht zu spät. Die anderen Vögel waren dieses Jahr viel früher da als sonst. Hoffentlich findet Frau Kuckuck noch ein Nest, in das sie ihr Ei legen kann.

Dann gehe ich in den Stall, mache das Fenster bei den Hühnern auf, damit die ins Freie können. Die beiden Hähne bedanken sich draußen prompt mit lautem Krähen. Die Laufenten dürfen auch raus. Nach einem kurzen Bad im Weiher beginnen sie sofort mit der Schneckenjagd. Die Schnecken brauchen sie im Moment dringend, weil sie fast jeden Tag ein Ei legen und die Schnecken hierfür ein willkommener Eiweiß- und Kalklieferant sind. Unser altes Gänsepaar folgt den Enten auch Richtung Weiher, nur viel, viel langsamer. Sie haben ihre Gänseküken im Schlepptau. Stolze Eltern mit ihren drei Kindern. Im Juli kommen noch mindestens 30 kleine Adoptivkinder dazu. Bis dahin dürfen sie frei herumlaufen, dann müssen sich die Gänse auf der Weide wieder an einen Zaun gewöhnen.

Jetzt muss ich noch schauen, ob bei den Weideschweinen, den Rindern, den Hähnchen und den Pferden alles in Ordnung ist. Nachsehen, ob alle genügend Wasser haben und ob die Zäune in Ordnung sind – und schon steht einer Tasse Kaffee und einem Frühstück nichts mehr im Weg. Um unsere Kätzchen brauche ich mich nicht zu kümmern. Die werden von unseren Kindern noch vor der Schule ausgiebig bemuttert. Das genießt auch die Katzenmama sehr.

So richtig viel Zeit bleibt heute aber nicht für das Frühstück. Gerade jetzt, kurz nach den Eisheiligen – also in der Zeit, in der es bei uns oft nochmals so richtig kalt wird –, hat die Arbeit im Garten und auf dem Acker Hochsaison. All die Pflanzen, die seit Wochen im Gewächshaus oder im Haus vorgezogen wurden, werden jetzt in den Garten gepflanzt. Die Chance, dass ein letzter Nachtfrost oder eine unerwartete Rückkehr des Schnees die zarten Jungpflanzen erwischt, wird von Tag zu Tag kleiner.

Heute ist Fruchttag. Wir sind zwar keine Demeter-Bauern, aber auch wir orientieren uns an planetaren Konstellationen und richten unsere Arbeit großteils nach dem Aussaatkalender von Maria Thun. Vor allem die Einflüsse des Mondes auf Pflanzen und Boden spielen hier eine große Rolle. Gestern war Wurzeltag, das heißt, an so einem Tag sind alle Arbeiten mit denjenigen Pflanzen besonders günstig, bei denen das Hauptaugenmerk auf der Wurzel liegt, also Karotten, Rote Bete oder Kartoffeln. Und heute ist es eben für diejenigen Pflanzen günstig, bei denen es eher um die Frucht geht, wie Tomaten, Gurken, Melonen, Zucchini, Kürbis usw.

So haben wir gestern Karottensamen gesät, und heute pflanzen wir die Karotten, die wir den Winter über in Sandkisten gelagert hatten. Das heißt, wir stecken ein paar Karotten, die wir im vergangenen Herbst geerntet haben, wieder zurück in den Boden. Immer wenn ich so etwas tue, stelle ich mir vor, was da einer denken könnte, der vom Gemüsebau keine Ahnung hat. Dabei ist es ganz einfach: Diese Karotten sind nicht mehr zum Verzehr vorgesehen. Karotten blühen erst im zweiten Jahr und bilden dann Samen aus. Diese Samen brauchen wir, um sie in den nächsten Jahren wieder zu säen. Und weil die Samen die Früchte der Karotte sind, pflanzen wir sie heute. Genauso wie die anderen Pflanzen, von denen wir die Frucht ernten wollen. Das sind sowohl die Früchte, die wir essen, als auch die Früchte, deren Samen wir für die neue Saat wieder brauchen.

Neben Frucht- und Wurzeltagen gibt es noch Blatt- und Blütetage. Blatttage sind für alle Kohlgewächse, Salate, Spinat oder

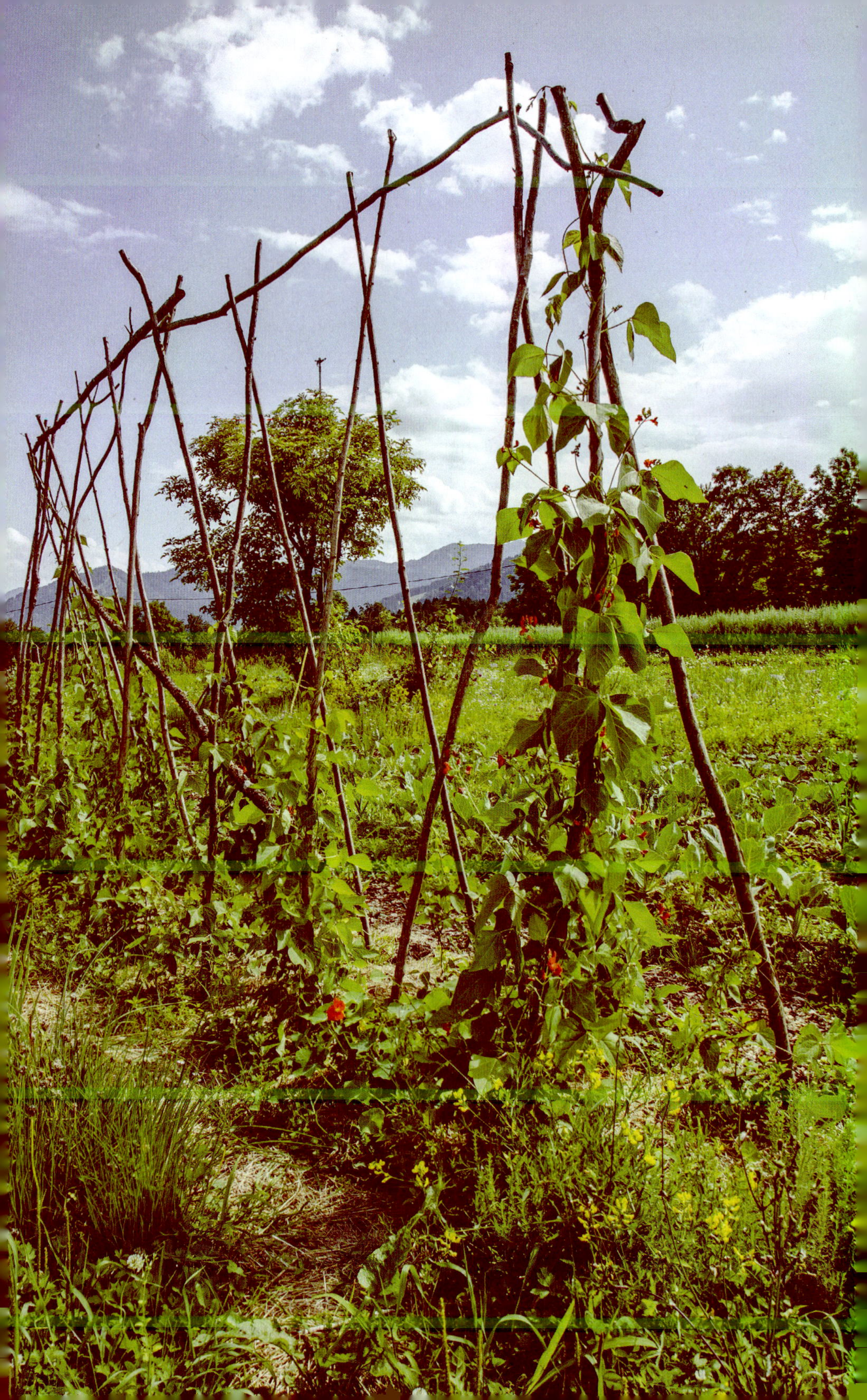

Petersilie sehr günstig, Blütetage für alle Blumen, aber auch für Brokkoli und manche Ölfrucht.

Und dann gibt es auch noch Tage, an denen die planetare Konstellation günstig ist, um – nichts zu tun. Auch daran halten wir uns. Wer nach dem Mondkalender sät, pflanzt und erntet, muss sich gelegentlich schon mal die eine oder andere spöttische Bemerkung gefallen lassen. Aber der Aussaatkalender hilft uns auch dabei, nicht immer gleich den ganzen Berg an Arbeit zu sehen. Denn vor allem jetzt, da alle Pflanzen ins Freie wollen, ist dieser Arbeitsberg ganz schön hoch. Heute sind aber zum Glück nur die Pflanzen interessant, die an einem Fruchttag an der Reihe sind – und schon wird der Berg um ein ganzes Stück kleiner.

Trotzdem haben wir ein bisschen Zeitdruck. Morgen wäre zwar auch noch Fruchttag, aber da müssen wir uns um den Hofladen kümmern. Da geht es schon frühmorgens mit dem Brotbacken los, der Laden muss bestückt, Kuchen gebacken und Aufstriche müssen zubereitet werden. Denn ab Donnerstag, 14 Uhr, kommen unsere Kunden und wollen viel von dem, was wir ein paar Stunden, aber auch Tage, Wochen und Monate vorher vor- und zubereitet haben, einkaufen.

Bis zum gemeinsamen Mittagessen mit unseren Kindern sind wir heute mit dem Karottensäen schon ganz schön weit gekommen. Die Arbeit in unserem Gemüsegarten bedeutet sehr viel Hand-Arbeit. Auch das Säen der Karotten ist reine Handarbeit. Da häufeln wir die Erde an, legen die Samen in eine kleine Furche und bedecken sie sogleich mit etwas Erde. In den letzten Tagen hat es nicht geregnet. Da ist sogar unser sonst so schwerer Boden schön krümelig. Wenn wir wieder ein paar Reihen fertig haben, mulchen wir die Zwischenräume. Mulchen heißt, wir bedecken den offenen Boden. Wir machen das mit Heu. Das schützt den Boden vor Austrocknung und Abtragung und hindert die meisten Beikräuter am Keimen. Bei all der vielen Arbeit sind uns die gemeinsamen Mahlzeiten sehr wichtig. Erstens sind das feste Pausen, und zweitens geben sie uns Raum für Austausch und Kommunikation.

Am Nachmittag geht es weiter, wir pflanzen den Rest und werden dabei von unseren Gänsen, den Enten und den Rindern immer wieder aufmerksam beäugt. Zwischendrin treibt mich die Neugier zum Brutkasten. Dort liegen Hühnereier und werden künstlich ausgebrütet. Heute schlüpfen die kleinen Küken. Es ist immer wieder beeindruckend zu sehen, wie die Kleinen sich aus der Enge der Eierschale befreien. Wenn ihr gelber Flaum trocken ist, kann man sich kaum mehr vorstellen, dass diese kleinen Geschöpfe noch vor wenigen Minuten in einem Ei steckten.

Am frühen Abend haben wir es geschafft. Alle Pflanzen sind im Garten und im Gewächshaus, genau da, wo sie hingehören. Jetzt heißt es hoffen, dass diese Arbeit im Laufe des Jahres bis zum Herbst gute Früchte trägt. Eigentlich wäre heute auch die Zeit für einen Pflegeschnitt der Obstbäume sehr günstig, besonders für die Apfel- und Birnenbäume. Fruchttage eignen sich auch dafür besonders gut. Gleich nach der Blüte, wenn die Früchte noch ganz klein sind, schneide ich die Obstbäume am liebsten. In den meisten Büchern zum Thema Obstbaumschnitt wird ein Pflegeschnitt im Winter empfohlen. Da reagiert der Baum meistens mit unheimlich vielen neuen Ästen. Wenn ich aber erst jetzt nach der Blüte schneide, schickt der Baum seine ganze Kraft in die Früchte. Aber für den Schnitt bleibt heute sowieso keine Zeit mehr.

Nach einer gemeinsamen Tasse Kaffee mit meiner Frau auf einer Bank an unserem Weiher betrachten wir unser Tagwerk. Jetzt heißt es noch mal kurz alle Kräfte bündeln und einen Teil der Teige für den morgigen Backtag vorbereiten. Viele unserer Teige »gehen« über Nacht im Kühlen. Das macht vor allem die schweren Roggenteige viel bekömmlicher. So gegen 18 Uhr sind sie fertig, der Holzofen ist schon mit Brennholz bestückt und wartet darauf, irgendwann zwischen zwei und drei Uhr nachts angefeuert zu werden. Dann hat der Ofen so gegen sechs Uhr die richtige Temperatur für die ersten Brote.

Der Tag endet, wie er begann – im Stall. Die Gänse, Enten und Hühner sind ganz selbstständig wieder in den Stall zurückgekommen. Das ist für mich ein täglicher Vertrauensbeweis unserer Tiere. Die Gänse wären in der Lage zu fliegen, sogar weit zu fliegen. Und trotzdem kommen sie täglich zurück in den Stall. Offenbar wissen sie, dass sie dort vor Fuchs & Co. sicher sind. Nun die Tiere im Stall versorgen, Hühner und Gänse füttern, Eier aus den Nestern der Hühner holen und noch mal nach den kleinen Hühnerküken sehen. Achtzehn Küken sind heute schon geschlüpft. In den nächsten Stunden werden es sicher noch mehr. Diese kleinen Tiere brauchen in den ersten Tagen weder Futter noch Wasser. Sie saugen den Dottersack im Ei auf, bevor sie schlüpfen. Diese Mahlzeit reicht für die ersten 48 Stunden.

Draußen müssen noch die Schweine gefüttert werden. Die bräuchten eigentlich nichts. Sie holen sich ihr Futter auf der Weide. Aber ein bisschen altes Brot, Salatabfälle, Obst- oder Gemüsereste helfen, dass sich die Tiere daran gewöhnen, auf mein Rufen sofort zu mir zu laufen. Sollten die Schweine mal einen

Ein Arbeitstag im Frühjahr: säen, pflanzen – es werde!

Ausflug machen – irgendwohin, wohin sie eigentlich nicht sollten –, hilft das Trainieren mit ein bisschen Futter ungemein. Nun noch nach den Rindern und Pferden sehen, kontrollieren, ob die Zäune in Ordnung sind – Feierabend.

Wenn es die Temperaturen zulassen, verbringen wir den restlichen Abend gerne draußen. Da lassen wir dann die Natur auf uns wirken, die Landschaft, die wir als Bauern ein Stück weit mitprägen. Auch das ist eine Art von Ernte.

ERSTES KAPITEL

Was ist ein gutes Leben – oder: wie wir zum Boarhof kamen

Achte auf deine Gedanken, denn sie werden Worte.
Achte auf deine Worte, denn sie werden Handlungen.
Achte auf deine Handlungen, denn sie werden Gewohnheiten.
Achte auf deine Gewohnheiten, denn sie werden dein Charakter.
Achte auf deinen Charakter, denn er wird dein Schicksal.
— Aus dem babylonischen Talmud

So ein Frühlingstag hier bei uns auf unserem Bauernhof ist für mich und meine Familie wie Balsam für die Seele. In der Natur sein, sich die Zeit nehmen, Dinge wachsen zu sehen, zu beobachten, wie aus winzigen Samen Lebens-Mittel werden – das einfache und doch so folgenreiche TUN. Ich freue mich, Ihnen noch viel mehr Einblicke in mein, in unser Bauernleben geben zu können. Denn für mich und meine Familie ist es das beste Leben, das wir uns vorstellen können.

Doch zuerst einmal möchte ich mich Ihnen vorstellen: Mein Name ist Markus Bogner. Ich bin Landwirt, Bauer – nicht aus Tradition, sondern aus Leidenschaft. Zusammen mit meiner Frau Maria und unseren drei Kindern bewirtschaften wir einen Bio-Bauernhof am Tegernsee.

> Bauer – nicht aus Tradition, sondern aus Leidenschaft

Geboren wurde ich im April 1974 in München. Laut Statistik war ich zu diesem Zeitpunkt der 3.981.170.249. Mensch auf unserem Planeten. Im zarten Alter von sechs Tagen beendete ich mein Großstadtleben und zog zu meinen Eltern aufs Land nach Weßling, einer kleinen Gemeinde zwischen Starnberger See, Ammersee und München. So begann meine Karriere als ausgesprochenes Landei. Sie dauert bis heute an.

Meine Mutter war gelernter Verlagskaufmann, für die Bezeichnung »Verlagskauffrau« fehlte damals den Männern noch der Sinn. Mein Vater war überzeugter Banker. »Bankbeamter« hat man damals sogar zu den Bankern gesagt. Mein Vater war sogar Oberbeamter. Er war zwar kein wirklicher Beamter, der Titel sagt aber eine ganze Menge über den Status des Berufs in der damaligen Zeit aus.

Die Ortschaft, in der ich aufgewachsen bin, war damals noch stark bäuerlich geprägt. Lebensmittel wie Milch, Eier und Kartoffeln kauften wir direkt beim Bauern. Wo auch sonst? Schuhe kaufte man beim Schuster, das Brot beim Bäcker, Fleisch und Wurst beim Metzger, und den Rest bekam man in einem gut sortierten Tante-Emma-Laden. Zur Tankstelle fuhr man nur, wenn man tanken musste. Doch die Nähe Weßlings zur Stadt München hat in den letzten Jahrzehnten dafür gesorgt, dass von der bäuerlich geprägten Dorfstruktur nicht viel übrig geblieben ist.

> Lebensmittel kauften wir direkt beim Bauern. Wo auch sonst?

Schon sehr früh war mir klar, dass ich nicht in die beruflichen Fußstapfen meiner Eltern treten würde. Allein der Gedanke an eine Krawatte schnürte mir den Hals zu. Mich zog es immer viel mehr Richtung Handwerk. So machte ich eine Berufsausbildung zum Elektroniker.

Nach meiner Lehre absolvierte ich den Zivildienst als Rettungssanitäter. Gegen Ende dieser Zeit war da eine innere Stimme, die hat zwar nichts befohlen, aber sie hat gefragt: Was macht dich glücklicher? Dein erlernter Beruf oder die Arbeit im Rettungsdienst? Der Verstand hat zwar gesagt: Nach dem Zivildienst gehst du zurück in den erlernten Beruf. Das Gefühl aber sagte etwas anderes. So blieb ich weitere zehn Jahre Rettungssanitäter. Eine sehr erfüllende Arbeit. Man lernt viele Menschen kennen. Die meisten von ihnen befinden sich im Moment unserer Begegnung in einer Notsituation. Sie selbst oder einer ihrer Angehörigen ist krank oder verletzt. Auch der Tod war nicht selten mit dabei.

So ein Kennenlernen war für mich immer wieder etwas ganz

Besonderes. Es war fast immer geprägt von einer einzigartigen Ehrlichkeit. Die Arbeit im Rettungsdienst zeichnet aber auch aus, dass man die Menschen, die man gerade erst getroffen, mit denen man intensive Gespräche geführt hat, nach kurzer Zeit wieder aus den Augen verliert – und meistens nie wieder sieht. Vermutlich ist gerade das die Basis für die große Ehrlichkeit des Moments. In diesen kurzen, intensiven Gesprächen habe ich sehr viel über die Sorgen und Nöte der Menschen gehört. Schon damals habe ich festgestellt, dass der Mangel, den viele spüren, nicht der Mangel an Dingen ist, wie es uns tagtäglich suggeriert wird.

Der Mangel, den viele spüren, ist nicht der Mangel an Dingen

1998 lernte ich als 24-Jähriger meine zukünftige Frau kennen. Sie kam aus einem noch viel kleineren Dorf als ich, und sie stammte direkt von einem Bauernhof. Der Bruder meiner Frau führte damals bereits den elterlichen konventionellen Milchviehbetrieb, den man zu dieser Zeit mit seinen 50

Was ist ein gutes Leben – oder: wie wir zum Boarhof kamen ▎ 21

Milchkühen durchaus als großen, modernen Bauernhof bezeichnen konnte, jedenfalls hier in Oberbayern. In einigen anderen Bundesländern waren damals schon Betriebe mit einigen Hundert Kühen keine Seltenheit.

Auf die Alm, der Liebe wegen

Schon kurze Zeit nachdem ich meine Frau kennengelernt hatte, beschloss sie, ihren erlernten Beruf der Steuerfachgehilfin vorerst an den Nagel zu hängen und einen Sommer lang als Sennerin auf einer Alm am Tegernsee zu arbeiten. In diesem Sommer zog die Liebe auch mich viele Male auf die Alm. Dort schien die Welt seit vielen Jahrzehnten unverändert, man lebte ohne Strom, ohne Telefon, ohne fließend warmes Wasser. Das nächste Handynetz war fünf Kilometer weit entfernt. Kochen auf dem Holzherd, Abende mit Kerzenschein, nicht nur der Romantik wegen. Ein Leben Tür an Tür mit den Tieren – Kühen, Kälbern, Hühnern und Schweinen. Ein Leben mit der Natur und auch von der Natur. Kurzum: ein Leben mit ganz viel Arbeit und einer absoluten Reduktion auf das Wesentliche, was den eigenen Komfort betraf. Das hatte damals schon sehr viel von dem, was ich heute als »das gute Leben« bezeichnen würde.

Der ständige Wechsel zwischen der Welt da oben auf der Alm und der Welt da unten, in der alles Technische und Komfortable und aller Konsum so selbstverständlich waren, brachte mich zum Nachdenken über so ziemlich alles, was ich als »normal« betrachtete. Bei näherem Hinsehen war einiges dann plötzlich aber gar nicht mehr so »normal«. Ich begann mein ganzes Leben zu hinterfragen. Wie viele Dinge haben und benutzen wir, wie viele Handgriffe machen wir, wie viele Rituale befolgen wir jeden Tag, als wäre all das in Stein gemeißelt – ohne die Regeln, nach denen das funktioniert, je zu hinterfragen.

In den folgenden Jahren verbrachten meine Frau und ich zwei weitere Sommer gemeinsam auf dieser Alm, einen zusammen mit unserer ersten Tochter, den nächsten dann schon mit zweien.

Und am Ende eines jeden Almsommers stand die Rückkehr in die sogenannte Zivilisation. Wieder dieses Hinterfragen des eigenen Lebens, nur noch viel intensiver als zuvor. Dieses Hinterfragen gewinnt mit eigenen Kindern noch einmal enorm an Dringlichkeit. Es führt einen immer tiefer in ein Geflecht neuer Fragen hinein – und bietet zunächst nur wenige Antworten.

Glücklicherweise haben wir sehr schnell gemerkt, dass es auf all diese Fragen, die uns so sehr umtrieben und teilweise bis heute beschäftigen, für uns nur eine einzige Antwort gibt: das einfache TUN.

Während dieser Almsommer wurde für mich der Gedanke an eine Rückkehr in mein altes Berufsleben als Rettungssanitäter immer fremder. Ich fühlte eine immer größer werdende Diskrepanz zwischen meiner Ansicht von dem, was den Patienten guttun würde, und dem, was ihnen von unserem Gesundheitssystem angeboten wird.

> Unser Traum war es, ein Leben wie das jener hundert Tage auf der Alm zu führen

Unser Traum war es, ein Leben wie das jener hundert Tage auf der Alm zu führen, ohne jedes Mal diesen Zivilisationsschock erleben zu müssen. Wir hörten einfach auf unser Herz, auf die innere Stimme – und es stellte sich das Gefühl ein, auf dem richtigen Weg zu sein.

Bauer werden ist nicht schwer – oder doch?

So nutzten wir die Chance, als wir eine Stellenanzeige für ein Verwalterehepaar auf einem kleinen, konventionell bewirtschafteten Milchviehbetrieb am Tegernsee lasen. Und obwohl diese Almsommer so ziemlich das Einzige waren, was wir an Berufserfahrung vorzuweisen hatten, bekamen wir den Zuschlag.

Wir brachen die Zelte ab und lebten ab 2004 als Verwalter auf diesem Milchviehbetrieb. Es wurden insgesamt fünf Jahre daraus, in denen wir die Landwirtschaft in einem globalisierten Europa des 21. Jahrhunderts kennenlernten, eine Landwirtschaft, die aus unserer Sicht wieder mehr Fragen aufwarf, als sie Antworten parat hatte. Auf diese Fragen hätten wir gerne mit kreativen Lösungsversuchen reagiert, aber das war an diesem Ort und in einem Angestelltenverhältnis nicht möglich. Als dann unser Sohn geboren wurde, war das für uns nochmals eine dringliche Mahnung und Erinnerung daran, dass wir diese Welt doch eigentlich nur von unseren Kindern und Enkelkindern geliehen haben und dass wir mehr unternehmen müssen, sie in einem »enkelfähigen« Zustand zu übergeben. Wir haben unsere Verwalterstelle gekündigt, ohne zu wissen, wie genau es weitergehen sollte.

In unserem Arbeitsvertrag stand eine Kündigungsfrist von ganzen zwölf Monaten, und am Anfang dieser zwölf Monate wussten wir nicht, womit wir in einem Jahr unseren Lebensunterhalt verdienen, geschweige denn, wo wir wohnen würden. Trotzdem war uns klar, dass wir es tun mussten, damit wir für den Weg, auf dem wir weitergehen sollten, die Augen und Ohren und vor allem das Herz offen haben. Wir wollten einstehen für das, was sich uns in

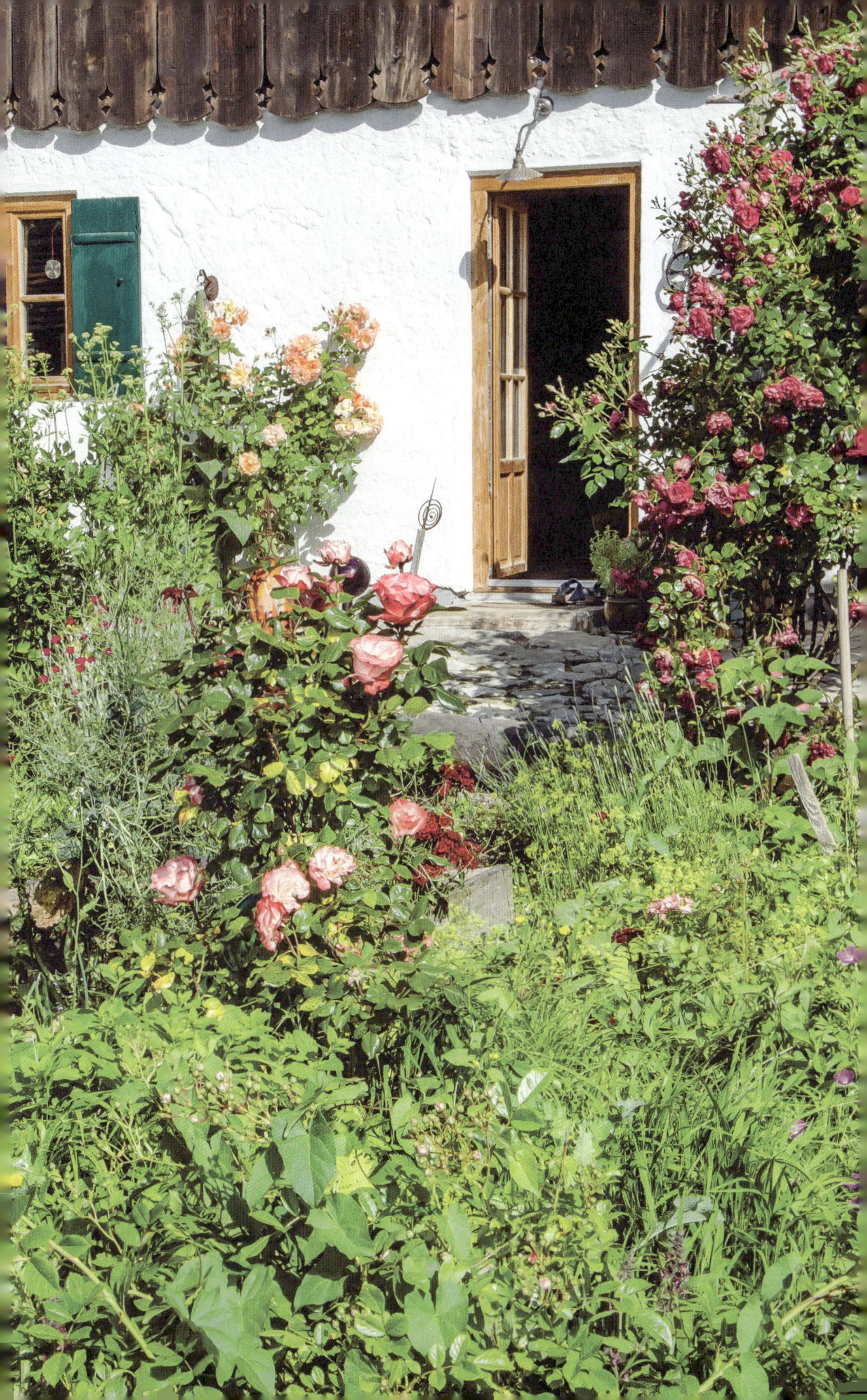

Selbermachen 1

Einen Garten pachten

Oft kommen wir mit Menschen in Kontakt, die ihrem Leben eine neue Richtung geben wollen. Sie suchen einen kleinen Bauernhof, um sich dort eine Existenz als Selbstversorger aufzubauen. Immer wieder werden wir gefragt, wie und wo man so einen Bauernhof findet. Ich weiß es nicht!! Uns ist der Boarhof auch nur »zugeflogen«. Es gibt sicher tausend Wege, um zu so einem Bauernhof zu kommen. Aber muss es denn überhaupt ein Bauernhof sein?

Eigentlich sollte man meinen, dass es angesichts des Höfesterbens in Deutschland ein Kinderspiel sein müsste, einen Hof günstig zu kaufen. Ist aber nicht so. Denn die Wiesen und Felder der aufgelassenen Höfe werden an andere Landwirte verpachtet und die Hofstellen zu Wohnraum umgebaut. Also geht es in erster Linie um Grund und Boden, mit dem man das Projekt Selbstversorgung angehen kann. Und da muss das Haus ja nicht zwingend mittendrin stehen.

26

Ohne Tierhaltung genügen für eine kleine Familie 1.000 bis 2.000 Quadratmeter Garten, um sich mit Obst und Gemüse selbst zu versorgen und Wintervorräte anzulegen. Selbst für ein paar Hühner ist noch genügend Platz.

- Einen Gemeinschaftsgarten pachten kann man über die Webseite www.meine-ernte.de/gemuesegarten-mieten.
- Im süddeutschen Raum ist das Projekt »Sonnenäcker« des Netzwerks »Unser Land« eine gute Anlaufstation: www.unserland.info/projekte/sonnenaecker.

Die 5-Zonen-Planung

Wenn Sie einen Garten gefunden haben, geht es ans Planen. Ist es Ihr eigener Garten sind Sie darin natürlich freier. In der Permakultur gibt es fünf Zonen, in die so eine Fläche aufgeteilt wird:

Zone 1 – ist der Bereich, der die intensivste Pflege braucht, also der Küchengarten;
Zone 2 – z. B. der Gemüsegarten, braucht nicht mehr ganz so intensive Pflege;
Zone 3 – will Sie nur gelegentlich sehen; hier stehen z. B. Obstbäume;
Zone 4 – benötigt minimale Pflege, wie das Weideland oder der Wald;
Zone 5 – ist der Teil, an dem die Natur einfach nur Natur sein darf. Zone 5 ist der Platz für Inspiration oder Meditation.

Gönnen Sie sich zu Anfang eine große Zone 5. Nichts demotiviert mehr, als sich gleich zu Anfang zu überfordern. Lassen Sie so einen Garten wachsen, und wachsen Sie mit Ihrem Garten!

Einen Garten pachten

den letzten Jahren eröffnet hatte, nämlich für einen respektvollen Umgang mit der Natur und all ihren Lebewesen.

Nur wenige Wochen nachdem wir gekündigt hatten, wurde uns in unmittelbarer Nachbarschaft ein wunderschöner alter Bauernhof zur Pacht angeboten. Dieses Anwesen, den Boarhof, der im Jahr 1496 erbaut wurde und damit einer der ältesten Bauernhöfe am Tegernsee ist, haben wir nun seit 2009 gepachtet und wurden dadurch Biobauern.

Und für mich steht seither fest: Die Frage »Was ist ein gutes Leben?« beantwortet sich auf diesem wunderbaren Fleck Erde täglich aufs Neue.

»Was ist ein gutes Leben?«

Was wir hier betreiben, ist Kleinstlandwirtschaft, und das bedeutet auch, wir können ausprobieren und experimentieren, immer wieder, Tag für Tag – und zeigen, dass Landwirtschaft auch anders funktionieren kann. Mittlerweile sind wir sogar der Überzeugung, dass in unserer Art der Landwirtschaft gleichzeitig die Chance, die Keimzelle für eine bessere, eine »enkeltaugliche« Welt steckt. Dieser kleine Bauernhof bietet Lösungen für viele Probleme, die uns auf globaler Ebene immer stärker beschäftigen.

Wie diese Art der Landwirtschaft aussieht, was wir auf dem Boarhof alles herstellen und welche Antworten auf unsere vielen Fragen wir hier schon gefunden haben, davon möchte ich Ihnen in diesem Buch gerne erzählen.

ZWEITES KAPITEL

Wachse oder weiche – wie Landwirtschaft heute »funktioniert«

*Sei du selbst die Veränderung,
die du dir wünschst für diese Welt.*
— Mahatma Gandhi

Es war im Jahr 1872, als der Münchener Erzgießer Ferdinand v. Miller den Boarhof in Holz, einem Weiler am Nordufer des Tegernsees, gekauft hat, einen stattlichen Bauernhof aus dem 15. Jahrhundert. Bemessen an der Größe der Stallungen, war die zugehörige Fläche an Wiesen auch für damalige Verhältnisse wohl sehr klein. So kaufte Ferdinand v. Miller in den folgenden Jahren zwei weitere benachbarte Anwesen samt ihrer Weiden hinzu. Vom Boarhof aus wurden die gesamten Flächen bewirtschaftet und das Vieh auf die drei Bauernhöfe verteilt. Bis in die 1960er-Jahre hinein bewirtschafteten die Familie Miller und deren Nachkommen den Boarhof selbst. Die beiden anderen Anwesen existieren nicht mehr als Landwirtschaften, die zugehörigen Wiesen gehören nach wie vor zum Hof.

Im Jahr 1966 wurde der Boarhof erstmals verpachtet. Seither prägten mehrere Pächter mit ihren Ideen und Visionen das Erscheinungsbild des Hofs und das der umliegenden Flächen – so auch wir, die nun die Pächter des Hofs sind.

Nie ist zu wenig, was genügt!

Allerdings bewirtschaften wir nur rund die Hälfte der Flächen, die zum Hof gehören. Die andere Hälfte ist an benachbarte Bauern verpachtet. Uns wurde natürlich diese andere Hälfte auch zur Pacht angeboten, und auf den ersten Blick war die Versuchung groß, diese Wiesen zu bewirtschaften. Gott sei Dank haben wir schnell begriffen, dass uns diejenigen Wiesen und Felder genügen, um die wir uns aktuell kümmern.

Genug – das ist erst einmal nur ein Wort, ein Pronomen. Die Bedeutung des Wortes ist laut Duden: »in zufriedenstellendem Maß«. Das Gegenteil von »genug« ist logischerweise »immer mehr«. Folgerichtig ist dann auch die Definition von »immer mehr«: »in unzufriedenstellendem Maß«. Genug zu haben bedeutet, zufrieden zu sein, immer mehr zu wollen bedeutet, unzufrieden zu sein. Nun ist es nicht mehr schwer zu erahnen, dass hinter diesen beiden Begriffen »genug« und »immer mehr« zwei Lebenshaltungen, zwei Kulturen stecken, die wohl unterschiedlicher nicht sein können.

Mit der Kehrseite des »genug« wurden wir zu Beginn unseres Bauernlebens ausgiebig konfrontiert, denn wir besuchten natürlich die eine oder andere Fortbildungsveranstaltung. Wir waren davon überzeugt, dass so eine Ausbildung nötig sei, damit wir gute Bauern sein können. In vielen unterschiedlichen Kursen, die an den staatlichen Landwirtschaftsschulen angeboten werden, lernten wir, welches Gift gegen welches Unkraut hilft, wie man die Mastzeiten von Tieren verkürzen und wie man den Ernteertrag auf Wiesen und Feldern verbessern kann, wie viele Kühe, Hühner oder Schweine man halten muss, damit ein Bauernhof wirtschaftlich funktioniert, oder wie viele Hektar Land ein existenzfähiger Betrieb bewirtschaften muss.

Die Kurzformel, die in fast all diesen Kursen mehrfach genannt wurde, hieß: Wachse oder weiche! Vergrößere deinen Bauernhof, oder hör auf!

In keinem der Kurse haben wir gelernt, wie man Lebensmittel in möglichst hoher Qualität herstellt, immer war nur die Masse das Maß aller Dinge. Wir haben nur gelernt, dass der Anbau alter Obst- und Gemüsesorten heutzutage nicht rentabel ist. Wir haben aber nicht gelernt, dass genau diese Sorten wesentlich intensiver im Geschmack sind. Wir haben auch nicht gelernt, dass diese alten Sorten teilweise von Natur aus gegen Krankheiten resistent sind, denen man bei den neuen Züchtungen nur mit Chemie begegnen kann.

Wir haben gelernt, wie man mit Kunstdünger dem Boden das zurückgeben kann, was man ihm durch die intensive Nutzung zu viel entzieht, aber wir haben nicht gelernt, den Boden zu verstehen, zu verstehen, wie Boden funktioniert, wie viel Leben in einer Hand voll Erde steckt und welche Lebens- und Überlebensprozesse dort stattfinden. Wir haben nicht gelernt, dass man intensiv wirtschaften und trotzdem gleichzeitig den Boden schonen, ja sogar aufbauen kann. Wir haben gelernt, dass der natürliche Aufbau von einem Zentimeter Boden etwa 100 Jahre dauert, aber nicht, dass durch nicht angepassten Ackerbau die gleiche Menge Boden verschwindet, allerdings in einem einzigen Jahr. Was wir immer und immer wieder zu hören bekamen, war: Wachse oder weiche! Und dass die Massenproduktion nötig ist – um die Welt zu ernähren und den Hunger zu bekämpfen.

In keinem der Kurse haben wir gelernt, wie man Lebensmittel in möglichst hoher Qualität herstellt

Die Sache mit dem Hunger

Hunger – das ist ein Thema, das mich als Bauern natürlich beschäftigen *muss,* denn es ist meine Aufgabe, die Welt zu ernähren. Nun klingt das für einen Kleinbauern in der Tat vermessen, aber natürlich habe ich diese Aufgabe nicht alleine. Erstens mache ich das gemeinsam mit meiner Frau und unseren Kindern, zweitens haben ein paar Millionen andere dieselbe Aufgabe. Die Gemeinschaft aller Bauern ernährt die Menschen auf unserem Planeten – sonst keiner. Und in meinen Augen ist jeder ein Bauer, der mit seinen Händen und ein bisschen Erde dazu bei-

Die Gemeinschaft aller Bauern ernährt die Menschen auf unserem Planeten – sonst keiner

Wachse oder weiche – wie Landwirtschaft heute »funktioniert«

trägt, Lebensmittel wachsen zu lassen. Daher hat jeder einzelne Bauer überall auf der Welt die gleiche Hauptaufgabe: die Menschen dieser Welt zu ernähren.

Nun erfüllen wir Bauern diese Aufgabe nicht zur vollen Zufriedenheit aller. Fast eine Milliarde Menschen hungert bzw. leidet an chronischer Unterernährung. Aber warum schafft es die Gemeinschaft aller Bauern nicht, die Welt zu ernähren? Was hindert uns daran?

Einer Antwort auf diese Fragen möchte ich mich in diesem Buch annähern, aber ich möchte auch Lösungen anbieten, denn ich bin mir sicher: Gemeinsam können wir einer anderen Landwirtschaft den Weg bereiten – und den Hunger besiegen! Mit WIR meine ich aber nicht die Bauern dieser Welt, sondern SIE und MICH. Wir beide können das schaffen! Egal, ob Landwirt oder nicht.

Doch zuvor möchte ich einen Blick auf das herkömmliche, konventionelle Agrarsystem werfen, um aufzuzeigen, wie man seitens der Politik, der Forschung und der großen Agrarkonzerne glaubt, das Hungerproblem lösen zu können. Das UN World Food Programme (WFP) spielt hier als größte humanitäre Organisation der Welt eine wichtige Rolle.

Das WFP selbst bezeichnet den Hunger übrigens als das größte *lösbare* Problem unserer Welt.

Diese Welt wird gerne in verschiedene Welten aufgeteilt. Besonders geläufig ist uns der Begriff der »Dritten Welt«, die impliziert, dass es natürlich auch eine Erste und Zweite geben muss. Die »Dritte Welt« ist eine Bezeichnung aus der Zeit des Kalten Krieges, als der kapitalistische Westen unter Führung der USA sich selbst als die Erste und die Ostblockstaaten als die Zweite Welt ansah. Die restlichen, blockfreien Staaten, also die Länder, die sich im Kalten Krieg neutral verhielten, bezeichneten sich seit 1961 als die »Dritte Welt«. Parallel dazu benannten sich aber auch die armen Länder Afrikas und Asiens bzw. deren Zusammenschluss als »Dritte Welt«, und so hat sich über die Jahre hinweg in den Köpfen der Menschen der Begriff immer mehr mit den sogenannten Entwicklungsländern verknüpft.

Mittlerweile haben sich einige aufstrebende »Schwellenländer« wie Brasilien oder Südafrika aus dieser Dritten Welt verabschiedet, und die ärmsten der Armen haben das Etikett »Vierte Welt« bekommen. Warum ich das so detailliert ausführe? Zum einen, weil es natürlich gar keine Erste, Zweite, Dritte oder Vierte Welt gibt, auch wenn unsere verschiedenen Lebensstile dies manchmal vermuten lassen. Zum anderen aber auch, und das ist viel wichtiger, weil die Bezeichnung »Dritte Welt« bei uns, bei den Menschen der »Ersten«, zu einer Beruhigung des Gewissens führt, da Hunger und Elend der Menschen in den Entwicklungsländern ja nicht in ihrer Welt stattfindet, sondern eben in der Dritten. Der gefühlte Abstand zwischen unserer Ersten und der Dritten Welt ist somit groß genug, um sich wenig oder gar keine Gedanken machen zu müssen, etwa Gedanken darüber, ob unser Lebensstil etwas damit zu tun haben könnte, dass die Menschen in den Entwicklungsländern – und da wohnen rund drei Viertel aller Menschen – so leben müssen, wie sie leben.

Wer sind denn nun überhaupt die Schauspieler auf der Bühne des internationalen Agrarsektors? Und wer führt die Regie auf den Äckern und Wiesen? Vordergründig sind das die Bauern selbst, jeder Einzelne für sich, aber im Hintergrund ziehen mächtigere Akteure die Fäden.

Wer in der Landwirtschaft das Sagen hat

Innerhalb des Agrarsystems gibt es im Wesentlichen drei Akteure, die empfehlen und teilweise sogar festlegen, wie Landwirtschaft funktionieren soll. Diese Empfehlungen beziehen sich nicht nur auf die Industrienationen, sondern haben Auswirkungen auf so gut wie alle Länder der Erde.

Die drei Akteure, das sind Politik, Wissenschaft und die Agrarlobby. Da stelle ich mir erst einmal ganz naiv drei voneinander unabhängige Parteien vor, die jeweils zwei Dinge im Auge haben:

die Bekämpfung des Hungers bzw. der chronischen Unterernährung in den Schwellen- und Entwicklungsländern dieser Welt. Dieser Ausgangspunkt ist für alle drei derselbe.

Und dann hat natürlich noch jeder der Akteure eigene Interessen. Die Agrarkonzerne wollen ihre Umsätze und ihren Einfluss sichern bzw. steigern. Die Wissenschaftler hätten gerne die Ergebnisse ihrer Forschung in die Praxis umgesetzt. Und die Politiker als gewählte Volksvertreter haben das Wohl der Bevölkerung, die Menschenwürde und die Einhaltung von Recht und Ordnung zu vertreten und zu schützen.

So setzen sich also diese drei Parteien mit einem gemeinsamen Problem und ihren unterschiedlichen Interessen an einen Tisch und versuchen, einen Konsens zu finden. Im Zweifel muss in dieser Diskussionsrunde die Politik das letzte Wort haben. Sollten sich Volksvertreter, Forschung und Lobby nicht einigen können, ist es an den Politikern, durch Gesetzgebungen Schaden von ihrem Volk abzuwenden. Auf diese Art ist ausgeschlossen, dass durch Interessen der Agrarindustrie oder der Wissenschaft Dinge passieren, die nicht zu unser aller Wohl sind.

Wie gesagt, so denke ich mir das.

In der Praxis sieht diese Konstellation der drei Parteien aber anders aus.

Im Bereich der Forschung spielt immer eine ganz entscheidende Rolle, *wer* die Wissenschaftler bezahlt. Der Anteil unabhängiger, aus öffentlichen Geldern bezahlter Wissenschaftler geht seit Jahrzehnten immer weiter zurück und liegt im Agrarbereich mittlerweile bereits im einstelligen Prozentbereich. Jetzt könnte man meinen, es sei ja zweitrangig, wer die Wissenschaftler bezahlt, denn die Fakten, welche die Forschungsergebnisse beeinflussen, bleiben ja so und so die gleichen. Aber die Wissenschaft hat sich immer weiter von der *problemorientierten* Forschung entfernt und forscht stattdessen *lösungsorientiert.* Wo ist hier der Unterschied?

Eine problemorientierte Forschung hat immer ein bestimmtes Problem im Blick und sucht, im besten Fall ganz unvoreingenommen, nach möglichen Lösungen. Die lösungsorientierte Forschung hat eine bestimmte vorgegebene Lösung, zum Beispiel ein neues Spritzmittel oder eine neue Maschine, als Ausgangspunkt ihrer Arbeit. Im Rahmen ihrer Forschung müssen nun die Wissenschaftler möglichst viele handfeste Argumente für so ein neues Produkt finden. Würde bei einer problemorientierten Forschung zum Beispiel festgestellt werden, dass eine andere Anbaumethode, etwa eine längere Fruchtfolge, das Problem beseitigen würde, für das eigentlich das neue Spritzmittel vorgesehen ist, wäre das für die Agrarindustrie wohl weniger erfreulich. Ihr Eigeninteresse an höheren Umsätzen wäre in diesem Fall nicht umgesetzt. Daher ist nicht unerheblich, wer die Forscher bezahlt.

Dann sind da noch die Politiker – die gewählten Vertreter eines Volkes. Sie sind es, die in dieser Runde den wohl schwersten Stand haben. Nur die wenigsten Politiker sind in so einer Entscheidungsfindung wirklich vom Fach. Das ist eigentlich auch gut, denn so können sie noch viele andere Aspekte in die Diskussion einbringen. Allerdings bleibt den Politikern meist nichts anderes übrig, als den Empfehlungen der Wissenschaft zu vertrauen.

Last, but not least gibt es noch die Lobbyisten der Agrarindustrie. Sie haben die beiden anderen relativ gut im Griff. Erstens schafft die Agrarindustrie sehr viele Arbeitsplätze, sowohl in Deutschland als auch in anderen Industrieländern. Über dieses Argument lassen sich Politiker sehr gerne beeinflussen, denn auch Erhalt und Schaffung von Arbeitsplätzen gehört zu ihren Aufgaben als Volksvertreter. Und zweitens agiert der Löwenanteil der Wissenschaftler, auf deren Ergebnisse sich die Politiker stützen, meist im Interesse bzw. im Auftrag der Agrarindustrie.

So entsteht eine sehr subtile Situation, und dass sich in dieser Konstellation die Lösungsvorschläge der Agrarlobby meistens durchsetzen, scheint bei näherer Betrachtung fast unvermeidlich.

Erinnern Sie sich noch an die Diskussion über den Unkrautvernichter Glyphosat im Jahr 2015? Das meistverkaufte Spritzmittel weltweit war auf dem Prüfstand, weil die Zulassung innerhalb der EU erneuert werden musste. Nun kamen Wissenschaftler zu dem Ergebnis, dass dieses Totalherbizid neben seinen vielen katastro-

> Erinnern Sie sich noch an die Diskussion über den Unkrautvernichter Glyphosat im Jahr 2015?

phalen Nebenwirkungen auf Tiere und Pflanzen womöglich für den Menschen krebserregend ist. Natürlich gab es auch Wissenschaftler, die dieser Vermutung widersprachen bzw. argumentierten, dass es sich ja lediglich um eine Vermutung handle, ergo nicht eindeutig bewiesen sei. So kam es, wie zu erwarten war. Die Zulassung für Glyphosat wurde am 29. Juni 2016, nur einen Tag vor Ablauf der aktuellen Zulassung, seitens der EU-Kommission um weitere 18 Monate verlängert. An diesem Beispiel sieht man sehr eindrucksvoll, wie die Konstellation aus Wissenschaft, Politik und Agrarlobby funktioniert – und wie sie den Agrarsektor prägt.

Was rentabel ist – und für wen?

Von offizieller Seite gibt es immer wieder Empfehlungen und Richtgrößen, ab welchen Betriebsgrößen ein Bauernhof wirtschaftlich überlebensfähig ist. Ab 3.000 Legehennen, so die Empfehlung, ist Eierproduktion rentabel. Bei Milchviehhaltung schon ab 120 Kühen. Solche Zahlen kann man für fast alle Betriebszweige erfragen bzw. nachlesen. Diese Richtzahlen haben sich in den letzten Jahrzehnten ständig verändert – und zwar rasant und in eine Richtung: Alle Betriebe müssen immer größer werden. Und: Jeder Bauer muss sich spezialisieren, am besten auf nur einen einzigen Betriebszweig, den er dann möglichst groß aufziehen soll.

Diese zwei Dinge, die ständige Vergrößerung der Betriebe und die Spezialisierung, haben unweigerlich zur Folge, dass der direkte Kontakt vom Bauern zum Verbraucher restlos unterbrochen wird. So ist dann auch dieses ewige Pingpong-Spiel zwischen Bauer und Verbraucher zu erklären, wenn mal wieder ein Lebensmittelskandal die Medien dominiert. Der Verbraucher sagt, die Bauern seien an diesen ganzen Lebensmittelskandalen selbst schuld, da sie sich gegenseitig immer mehr Konkurrenz machen und somit ihre Erzeugerpreise ruinieren. Die Bauern sagen, der Verbraucher ist selbst schuld an solchen Skandalen, weil er nicht gewillt ist, mehr Geld für Lebensmittel auszugeben. Er oder sie würde die schwarzen Schafe unter den Bauern unterstützen, die wiederum den Ruf der gesamten Branche ruinieren.

Die Wahrheit liegt meines Erachtens nicht etwa in der Mitte, sondern ganz woanders. Weil es keinen direkten Kontakt mehr zwischen Bauer und Verbraucher gibt, ist auch jede Form der Kommunikation unterbrochen. Der Verbraucher kann seine Wünsche, ob er sein Fleisch fett mag oder mager, seine Zucchini groß oder klein, seine Gurke gerade oder krumm, sein Hähnchen leicht oder schwer haben mag, nicht mehr beim Bauern direkt äußern. Der Bauer kann nicht direkt argumentieren, dass die gewünschte Qualität im Einzelfall vielleicht etwas mehr kostet. Die Kommunikation findet nur noch über einen Mittelsmann statt, und dieser Mittelsmann ist der viel gerühmte Markt.

> Die Wahrheit liegt meines Erachtens nicht etwa in der Mitte, sondern ganz woanders

Zum Agrarmarkt gehören alle, die auf dem Weg zwischen dem Bauern und dem Verbraucher an den erzeugten Lebensmitteln Geld verdienen: Groß- und Einzelhändler, Spediteure, Hersteller von Verpackungen, Schlachtbetriebe, Mühlen, Veredelungsbetriebe. Mal alle zusammen, mal einer alleine, repräsentieren sie den Markt oder die Märkte, die immer das fordern, was gerade gebraucht wird. Die Märkte gehen natürlich auch auf die Wünsche von uns Verbrauchern ein, aber meistens nur, wenn sich unsere Wünsche mit dem größten Interesse der Märkte auch wirklich vereinbaren lassen – dem Interesse, möglichst viel Geld zu verdienen. Andernfalls wird der Bauer wohl niemals von unseren Wünschen erfahren.

Und so kann gewährleistet werden, dass die Bauern weiter unter großem Preisdruck möglichst billig produzieren. Diesem Preisdruck können sie nur standhalten, wenn sie möglichst viel produzieren und sich auf nur einen einzigen Betriebszweig spezialisieren.

Nun sind die Möglichkeiten der verschiedenen Produktionsrichtungen schier unerschöpflich. Aber nur selten findet man auf einem Bauernhof zwei Produktionszweige, die sich gegenseitig gut ergänzen würden. Noch seltener findet man Betriebe, die auf einen einzigen Betriebszweig setzen, diesen aber in einem geschlossenen Kreislauf betreiben. Alle großen Betriebszweige in der Landwirtschaft, die sich nach der offiziellen Lehrmeinung eignen, um einen Betrieb wirtschaftlich am Leben zu erhalten, sind immer nur auf ein bestimmtes Segment eines solchen Kreislaufs ausgerichtet.

Dabei würde ein geschlossener Kreislauf in einem einzigen Betrieb helfen, Zeit und Geld zu sparen. Beispielsweise im Gemüsebau.

Die Sache mit dem Saatgut

Stellen Sie sich vor, Bauer A produziert Jungpflanzen, wie Tomaten, Paprika oder Gurken. Das heißt, er kauft die Samen bei einem Saatguthersteller und pflanzt diese in die Erde. Sobald die jungen Triebe eine gewisse Größe erreicht haben, verkauft Bauer A diese Pflanzen an Bauer B. Dieser pflanzt die jungen Triebe und lässt sie weiter wachsen. Später erntet und vermarktet er die fertigen Früchte. Diese Arbeitsteilung zwischen Jungpflanzenaufzucht und der Gemüseproduktion ist mittlerweile absolut normal. Doch ist sie auch sinnvoll? Die fertigen Früchte tragen die Samen für neue Pflanzen in sich, aus denen die nächste Pflanzengeneration heranwachsen könnte. Würde Bauer A die Pflanzen vom Samen bis zur fertigen Frucht ziehen, könnte er gleich die Samen für die nächste Generation ernten. Er müsste keine neuen Samen kaufen.

Allerdings würde ein mächtiger Akteur des Agrarmarkts von dieser Kreislaufwirtschaft nicht mehr profitieren – die Agrarindustrie, in diesem Fall die Saatguthersteller und auch die Hersteller von Pflanzenschutzmitteln. Würde Bauer A nämlich immer und immer wieder seinen eigenen Samen nehmen, würde die Evolution ganz nebenbei dafür sorgen, dass die neuen Samen sich immer besser an die klimatischen und geologischen Bedingungen des Standorts von Bauer A anpassen. Über die Evolution entwickeln sich immer wieder Resistenzen gegen viele Krankheiten, was in der Folge den Einsatz von Spritzmitteln über-

Die Evolution sorgt dafür, dass sich Resistenzen gegen viele Krankheiten entwickeln.

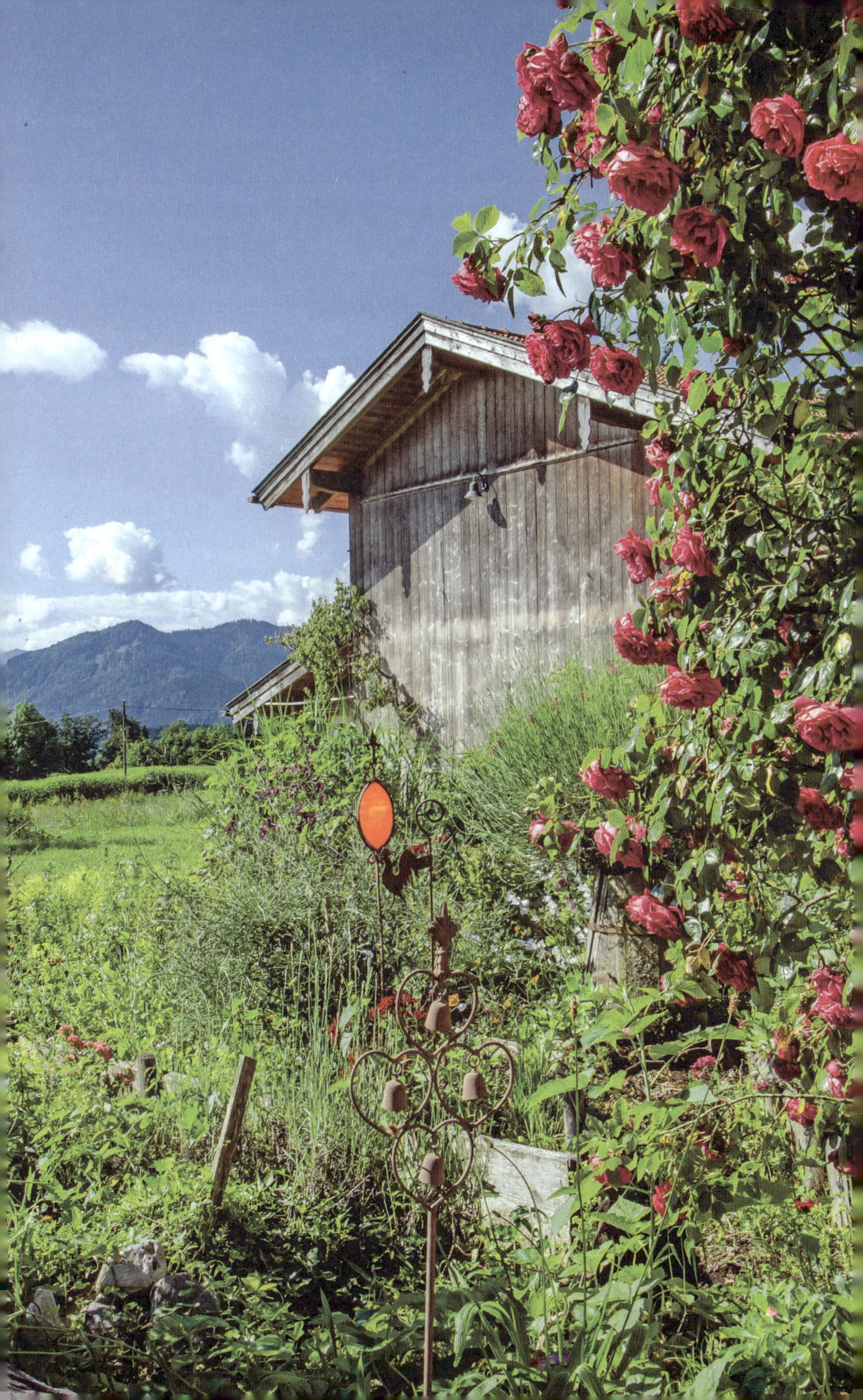

flüssig machen oder zumindest reduzieren würde. So eine Kreislaufwirtschaft steckt voller Synergieeffekte, die es nur zu nutzen gilt. So weit die Theorie!

Aber in der Praxis funktioniert es leider nicht, aus diesen Samen neue Pflanzen entstehen zu lassen, denn die Agrarindustrie hat sich da etwas ganz Besonderes einfallen lassen: Die modernen Pflanzenzüchtungen sind aus sogenanntem Hybridsaatgut hergestellt.

Vielleicht kennen Sie die Geschichte, die sich angeblich einmal an einem Grenzübergang abgespielt haben soll: Ein Mann kam mit einem Fahrrad an einen Grenzübergang gefahren. Auf dem Gepäckträger hatte er eine Stange Zigaretten. Der Grenzpolizist kontrollierte die Papiere des Fahrradfahrers und fragte ihn, ob er etwas zu verzollen habe. Der Mann antwortete: »Ja, diese Stange Zigaretten.« Darauf der Polizist: »Eine Stange Zigaretten ist zollfrei – fahren Sie durch!«. Diese Situation ereignete sich angeblich viele Male, und nie hat ein Polizist gemerkt, dass der Mann jedes Mal ein Fahrrad über die Grenze geschmuggelt hat.

An diese Geschichte muss ich immer denken, wenn es um Hybridsaatgut geht. Im Windschatten der massiven Diskussionen über Sinn und Unsinn des Einsatzes von Gentechnik in der Landwirtschaft konnte der kleine Bruder des gentechnisch veränderten Saatguts, das Hybridsaatgut, ein fast unbemerktes Dasein führen und sich heimlich, still und leise ausbreiten. Die ganze Aufmerksamkeit lag auf den möglichen Gefahren, die der Einsatz der Gentechnik mit sich bringt. Und so wie der Polizist in der Geschichte das Fahrrad nicht beachtete, nahm niemand die teilweise sehr bedenklichen Entwicklungen beim Hybridsaatgut wahr.

Nun, diese im Labor hergestellten Samen tragen die Erbinformationen von mehreren Elternpflanzen in sich. Um gewisse gewünschte Eigenschaften zu erzielen, arbeitet man teilweise im Herstellungsprozess mit einem hohen Grad an Inzucht und auch Chemikalien zur Veränderung des Erbguts. Gewünscht werden die Eigenschaften überwiegend aus ökonomischen Gründen: Die fertigen Früchte sollen möglichst alle gleichzeitig reif und möglichst gleich groß und gleichförmig sein. Auch wird den Bauern immer wieder versprochen, Pflanzen aus Hybridsaatgut bräuchten weniger Spritzmittel. Nun sind die meisten großen Saatguthersteller aber alle auch gleichzeitig die großen Hersteller von Pflanzenschutzmitteln. Und da erscheint es fast logisch, dass der Bedarf an Spritzmitteln nicht nur nicht gesunken, sondern sogar gestiegen ist, allen Lippenbekenntnissen zum Trotz.

Das allergrößte Manko des Hybridsaatguts ist allerdings, dass der Samen, den solch eine Frucht ausbildet, nicht etwa die gleichen Erbinformationen in sich trägt wie die Mutterpflanze. Bis vor wenigen Jahren war das hofeigene Saatgut das wertvollste Kapital der Bauern. Von den besten Früchten vom Acker wurde das Saatgut für die nächste Generation genommen. So hat sich die Saat auch immer besser an die örtlichen Gegebenheiten angepasst. Dieser Kreislauf ist unterbrochen, sobald Hybridsaatgut zum Einsatz kommt. Jahr für Jahr muss das Saatgut erneut eingekauft werden. So wurden und werden die Bauern immer abhängiger von den großen Agrarkonzernen, und auch die Entwicklung, die uns die Evolution ganz nebenbei und kostenlos bieten könnte, bleibt so auf der Strecke.

> Bis vor wenigen Jahren war das hofeigene Saatgut das wertvollste Kapital der Bauern

Der hohe Grad an Inzucht bei der Herstellung des Hybridsaatguts führt zu einem hohen Grad an Unfruchtbarkeit der daraus wachsenden Pflanzen. Dabei hat sich Mutter Natur viele unterschiedliche und sehr wirksame Mechanismen einfallen lassen, um Inzucht zu verhindern. So blühen beispielsweise an manchen Obstbäumen die männlichen und die weiblichen Blüten nicht gleichzeitig, um eine Bestäubung mit dem eigenen Erbgut, also Inzucht, zu verhindern. Sollte dies doch einmal vorkommen, reagiert die Natur sehr häufig mit Unfruchtbarkeit. Auch der Einsatz von Chemikalien zur Veränderung des Erbguts hat oft die Unfruchtbarkeit der Pflanze zum Ziel. Die Früchte, die aus einer Inzuchtvermehrung entstehen, sind entweder unfruchtbar, oder es bilden sich keine Samen aus. Dieser Effekt wird von den Saatgutherstellern ganz gezielt genutzt, etwa bei kernlosen Melonen.

Die Zucht der Melonen beginnt mit den schwarzen Kernen, die überreichlich im Fruchtfleisch einer Wassermelone zu finden

Wachse oder weiche – wie Landwirtschaft heute »funktioniert«

Die eigene Saat züchten

»Man sieht nur, was man weiß«, hat Johann Wolfgang v. Goethe einmal gesagt. Besonders bei den Obst- und Gemüsesamen ist das so. Erst wenn man weiß, dass jeder der unzähligen Kerne einer Gurke auch ein Samen ist, versteht man – und staunt, welch unterschiedliche Möglichkeiten der Fortpflanzung sich Mutter Natur hat einfallen lassen.

So ist es auch bei den Tomaten, bei Melonen, bei Kürbissen. Überall Hunderte Samen in nur einer Frucht. Jeder dieser Samen lässt wieder unzählige neue Früchte wachsen.

Will man einmal ausprobieren, aus einem dieser Samen eine neue Frucht wachsen zu lassen, und wirft einen Blick in ein Fachbuch zur Samengärtnerei, lässt man es angesichts der Komplexitäten vermutlich gleich wieder sein. Da gibt es Samen, die man erst in Wasser fermentieren lassen soll, damit sich die Schutzschicht um den Samen auflöst. Und es gibt Samen, die erst ein paar Jahre nach der Samenernte wieder reichlich gute Früchte wachsen lassen.

Keine Angst! Dieses Wissen ist zwar wichtig, aber in einem Fachbuch erst einmal besser aufgehoben als in unseren Köpfen. Am besten, Sie versuchen sich einmal an nur einer einzigen Frucht, etwa einer Karotte.

Der Weg zu eigenen Karotten
Zu Beginn brauchen Sie zuallererst eine Karottensorte, die Ihnen richtig gut schmeckt. Ob die nun gelb, rot, orange oder weiß ist, spielt da keine Rolle.

- Wichtig ist beim Samenkauf nur, dass es sich nicht um eine Hybridsorte handelt. Hybridsorten erkennen Sie daran, dass der Samen mit der Bezeichnung »F1« gekennzeichnet ist. An der Karotte können Sie Hybrid und samenecht nicht unterscheiden.
- Sie säen gekaufte, samenechte Karottensamen und warten ein halbes Jahr, bis Sie im Herbst schöne, wohlschmeckende Wurzeln

ernten können. Sechs, besser acht der schönsten Karotten müssen Sie nun bis zum Frühling einlagern.
Wir lagern unser ganzes Wurzelgemüse, wie Sellerie, Rote Bete, Winterrettich und eben auch Karotten, in Sandkisten ein, auch dasjenige, das wir essen wollen.

- Sandkistenlagerung durch den Winter: einfach das Grün der Karotten abdrehen und die Rüben in einer Kiste mit Sand bedecken. Bewahren Sie diese Kisten kühl, aber frostfrei an einem dunklen Ort auf, dann können Sie bis in den folgenden Sommer hinein knackige Rüben genießen.

Ihre Saatkarotten sollten Sie daher extra verpacken, damit Sie nicht der Versuchung erliegen, sie aufzuessen.

- Die Saatkarotten pflanzen Sie nun im nächsten Frühling wieder in die Erde.

Im zweiten Jahr bilden sie nämlich einen Blütenstand aus. Werden die Blüten von Bienen oder Hummeln befruchtet, werden aus den Blüten bis zum Herbst die Samenstände der Karotte. Diese Dolden können Sie nun vor dem ersten Frost abschneiden und ins Haus holen, um sie noch ein wenig trocknen zu lassen.

- Um die Samen aus der Dolde zu befreien, müssen Sie so eine Dolde zwischen den Händen zerreiben. Am besten reiben Sie das Ganze in eine Schüssel, oder noch besser: auf ein großes feines Sieb. Mit leichtem Pusten können Sie nun die Spreu vom Samen trennen und die Samen in einem Glas aufbewahren.

Sie werden schnell feststellen, dass Sie aus Ihren sechs bis acht Karotten so viele Samen gewinnen, dass Sie diese Prozedur wohl in den nächsten Jahren nicht wiederholen müssen.

Die eigene Saat züchten

Vorsicht vor der Wilden Möhre

Vorsicht ist allerdings geboten! In vielen Wiesen findet sich die »Wilde Möhre«, die Urform unserer Karotte. Die Wilde Möhre ist weiß und viel, viel kleiner als die kultivierte Rübe. Das ist den Bienen und Hummeln allerdings egal. So kann es schon einmal vorkommen, dass Ihre Saatkarotte sich mit der wilden Möhre kreuzt. Dann wachsen in der nächsten Generation viel kleinere und teilweise auch weiße Karotten aus dem selbstgezogenen Samen.

Wir umgehen das Einkreuzen der Wilden Möhre, indem wir ihre Samenstände in der Umgebung unseres Gartens einfach abbrechen.

Und dann haben wir noch einen zweiten, viel wirksameren Trick. Wir lassen im Herbst ein paar Karotten im Boden. In einem normalen Winter überleben die Wurzeln die Kälte unbeschadet. Unsere eingesandeten Rüben setzen wir direkt neben die überwinterten. Beide entwickeln einen Samenstand, beide fangen an zu blühen. Allerdings nicht gleichzeitig. Die Rüben, die wir nicht geerntet hatten, blühen etwa zwei Wochen früher als die aus der Sandkiste. Wenn nun eine der beiden Reihen mit der Wilden Möhre gleichzeitig blüht, ernten wir im Herbst eben die Samen der anderen Reihe.

sind. Diese Kerne werden mit einer Chemikalie behandelt, damit sich die Zahl der Chromosomen im Erbgut verdoppelt – von 22 auf 44. Dieses neue Saatgut wird nun erst einmal vermehrt. Im nächsten Jahr wird das 44er- zusammen mit dem 22er-Saatgut angebaut. Wenn die Blüten der 44er-Melonen von den 22ern bestäubt werden, enthalten die neuen Kerne die Schnittmenge – nämlich Hybride mit 33 Chromosomen. Das macht sie unfruchtbar. Die Unfruchtbarkeit äußert sich darin, dass die Melonen keine Kerne mehr haben. Fein, denn dann müssen wir sie nicht immer ausspucken – oder?

Gewünschte Eigenschaften und Hybride

Haben Sie sich eigentlich schon einmal gefragt, ob von einer kernlosen Melone, die mittels einer Chemikalie ihr eigenes Erbgut verändert und dadurch unfruchtbar wird, nicht doch eine wie auch immer geartete Wirkung auf Sie übergeht?

Wenn nicht, gehören Sie vielleicht aber zu denen, die schon einmal (oder öfter?) homöopathische Medikamente genommen haben. Laut einer Studie des Allensbach-Instituts wären Sie damit in guter Gesellschaft, denn rund 60 Prozent aller Deutschen greifen zu diesen Medikamenten. Dabei handelt es sich hierbei um gar keine Medikamente im klassischen Sinne, da bisher keine Wirkung von homöopathischen Mitteln wissenschaftlich nachgewiesen werden konnte. Trotzdem glauben 60 Prozent der Deutschen, dass diese Form der Alternativmedizin gegen oder für etwas hilft. Ich glaube das auch!

Bei der Homöopathie werden natürliche Grundsubstanzen wie Pflanzen, Muschelschalen oder Metalle einer Potenzierung unterzogen. Das bedeutet, die Grundstoffe werden mehrfach mit Wasser verdünnt und verrührt. In den fertigen Präparaten sind die Grundsubstanzen nicht mehr nachweisbar.

Samuel Hahnemann, der Begründer der Homöopathie, ging davon aus, dass durch die Potenzierung eine »im innern Wesen der Arzneien verborgene, geistartige Kraft« wirksam wird. Oder anders ausgedrückt: Die Grundsubstanzen geben Informationen an das Wasser ab. Je höher die Potenzierung, desto intensiver die Information, die auf das Wasser übergeht. Diese Informationen wiederum gehen dann auf den Menschen über, der die entsprechenden Präparate zu sich nimmt, denn der menschliche Organismus besteht zu 60 Prozent aus Wasser.

Nun kann man dem Melonenbeispiel noch weitere hinzufügen. Speziell in der Tiermast und bei Legehennen werden fast nur noch Hybridrassen eingesetzt. Auch hier richten sich die »gewünschten Eigenschaften« der Hybridrassen auf ökonomische Ziele. Bei Hähnchen sollen sich etwa Mastzeiten verkürzen. Ein Hybridhähnchen ist heutzutage schon nach 28 Tagen schlachtreif. Die herkömmlichen Rassen haben dafür viermal so lange gebraucht. Bei diesen Hybridrassen hat man es geschafft, das natürliche Sättigungsgefühl dieser Hähnchen auszuschalten. So sind die Tiere Tag und Nacht in der Lage zu fressen. Die Zucht ist nur noch nicht so weit fortgeschritten, dass die Beine dieser Hähnchen auch ihr eigenes Gewicht bis zum Tag der Schlachtung zuverlässig tragen können. Viele Tiere brechen deshalb in den letzten Lebenstagen unter ihrem eigenen Gewicht zusammen.

Und auch jetzt wieder die Frage: Glauben Sie, dass von diesem Hähnchenfleisch von einem Tier, dem das Sättigungsgefühl weggezüchtet wurde und das unter seinem eigenen Gewicht zusammenbricht, nicht doch eine wie auch immer geartete Wirkung auf Sie übergehen kann? Ich glaube schon! Ich glaube, dass uns dieses System, bei dem zugunsten des Profits billigend in Kauf genommen wird, dass Qualität und Vielfalt der Lebensmittel auf der Strecke bleiben, großen Schaden zufügt.

Wir haben die unglaubliche Vielfalt der Pflanzen auf nur wenige marktkonforme Sorten reduziert. Jahr für Jahr verschwinden so alte Obst-, Gemüse- und Getreidesorten. Aktuell legen wir unsere Zukunft in die Hände weniger Konzerne, die das Saatgut für unsere Nahrung herstellen.

Jahr für Jahr verschwinden alte Obst-, Gemüse- und Getreidesorten

Aber wollen wir das wirklich? Und vor allem: Geht es nicht doch auch anders?

DRITTES KAPITEL

Der Boarhof – spezialisiert auf Vielfalt

Wer etwas will, der findet einen Weg.
Wer etwas nicht will, der findet hundert Gründe.

– Götz Werner

Alle sagten, das funktioniert so nicht. Dann kam einer, der wusste das nicht und hat es einfach gemacht.« Dieser Spruch ist gar nicht weit hergeholt, denn in diesem Spruch steckt ein Großteil der Geschichte von uns hier auf dem Boarhof.

Seit 2009 ist uns der Hof und das Land anvertraut – ziemlich genau zehn Hektar haben wir zu bewirtschaften. Das sind 100.000 Quadratmeter und damit viel weniger als das, was man braucht, um davon leben zu können – so sagen es zumindest die offiziellen Zahlen der Landwirtschaftsämter. Und die berufen sich wiederum auf Wissenschaftler aus Land- und Betriebswirtschaft.

Die Aussage, zehn Hektar wären nicht genug, um davon als Familie leben zu können, war nicht der Grund, aber immerhin ein Ansporn, es trotzdem zu versuchen. Heute betreiben wir unseren Bauernhof als sogenannten Vollerwerbsbetrieb. Das heißt, das Einkommen, das wir in unserer Landwirtschaft generieren, ist ausreichend, um davon als Familie unser Auskommen zu haben.

Aber wieso funktioniert das bei uns, wenn andere, viel größere Betriebe täglich von Existenznöten geplagt sind?

> Wieso funktioniert das bei uns – wenn viel größere Betriebe täglich von Existenznöten geplagt sind?

Da gibt es wohl nicht nur eine einzige Antwort, sondern ganz viele. Der wohl zentralste Punkt unseres Tuns auf dem Boarhof ist der, dass wir das, was man als »die Märkte« bezeichnet, möglichst ausgeschlossen haben. Die Märkte, das wären in unserem Fall Händler, denen wir unsere Erzeugnisse verkaufen könnten, ohne uns um die Vermarktung kümmern zu müssen, Lagerhäuser, Erzeugergemeinschaften oder Schlachthöfe.

Hätten wir uns auf Hähnchenmast spezialisiert, wären einmal im Monat einige tausend Hähnchen gleichzeitig schlachtreif geworden. Eine Erzeugergemeinschaft hätte sich dann für mich darum gekümmert, wohin diese Hähnchen geliefert werden, damit ich immer alle Hähnchen gleichzeitig schlachten lassen könnte, was ja von großem ökonomischen Vorteil ist – so zumindest die Lehrmeinung.

Verfolgen wir einmal gemeinsam den Weg eines Masthähnchens, das wir als Hähnchenbrustfilet in einem Restaurant zu uns nehmen. Gehen wir den Weg einmal zurück, und denken wir immer daran: Jeder, der auf diesem Weg mit Ihrem Hähnchen zu tun hat, will daran verdienen.

Von Ketten und Kreisläufen

Sie bestellen also einen Salat mit Hähnchenbrust in einem Restaurant Ihrer Wahl. Der Wirt hat das Hähnchenbrustfilet schon küchenfertig zubereitet von einem Großmarkt geliefert bekommen. Dieser Großhandel wiederum wurde von seinem Zentrallager beliefert. Der zentrale Einkauf der Großhandelskette kauft die Filets bei einem Schlachthof, in dem die Masthähnchen geschlachtet und küchenfertig zerlegt wurden. Dieser Schlachtbetrieb hat die Hähnchen über eine Erzeugergemeinschaft bezogen, die wiederum den Bauern für seine Hähnchen bezahlt. Diese Handelskette ist übrigens bei so gut wie allen landwirtschaftlichen Erzeugnissen ähnlich strukturiert. Bei Fleisch heißt der Verarbeiter eben Schlachthof, beim Getreide ist es die Mühle, bei Obst und Gemüse fällt diese Station entweder aus, oder die Früchte werden geschält, eingefroren, getrocknet oder sonst wie verarbeitet an den Großhandel weitergegeben.

Wir dürfen auch nicht vergessen, dass die Hähnchen auf diesem Weg einige Kilometer zurücklegen: vom Bauern zum Schlachthof, weiter zum Zentrallager, von da geht es zum Großmarkt, wo es dann der Wirt für sein Restaurant holt oder es geliefert bekommt. Transport kostet Geld – und jeder Teilnehmer auf diesem Handelsweg will und muss Geld verdienen. Da wundert es am Ende nicht, wie viel bzw. wie wenig im bundesdeutschen Durchschnitt ein Bauer an einem Masthähnchen verdient.

Verdient heißt, dass er von dem Preis, den er bezahlt bekommt, seine Unkosten schon abgezogen hat, also die Kosten für den Kükenkauf, das Mastfutter, für Heizung, Tierarzt, Löhne, Abschreibung für die Gebäude und Maschinen und so weiter. Verdienst heißt der Betrag, der dem Bauern nach Abzug der Kosten zum Leben bleibt. Und das sind in Deutschland pro Masthähnchen durchschnittlich 0,068 Euro. Ja, Sie haben richtig gelesen – knapp 7 Cent verdient ein Bauer pro Hähnchen. Da kann man leicht ausrechnen, wie viele Hähnchen so ein Bauer jeden Monat mästen muss, um mit diesem, womöglich seinem einzigen Betriebszweig existenzfähig zu sein. Pro 15.000 Hähnchen verdient so ein Bauer also etwa 1.000 Euro im Monat. Bei so vielen Tieren ist dieser Bauer aber auch auf die beschriebene Vermarktungskette angewiesen, anders könnte er so viele Tiere gleichzeitig nicht selbst vermarkten.

> Knapp 7 Cent verdient ein Bauer pro Hähnchen

Und mit ebendiesen Märkten, dem Gesamtkomplex aus Erzeugergemeinschaft, Schlachthof, Großhandel, Transportunternehmen und Verpackungsindustrie, wollten wir von Anfang an hier bei uns am Boarhof möglichst nichts zu tun haben – und da ist es auch logisch, dass eine Spezialisierung auf einen einzigen Betriebszweig für uns nicht infrage kam.

Das Gute aus der Milch

In unserer Region ist der Betriebszweig, auf den sich so gut wie alle Landwirte spezialisiert haben, die Milchwirtschaft. In der Milchwirtschaft ist es mit der Vermarktungskette ähnlich. Der

Bauer melkt zweimal täglich seine Kühe. Ein Milchsammelwagen holt jeden zweiten Tag die Rohmilch beim Bauern ab und bringt sie zu einer Molkerei. Dort wird die Milch weiterverarbeitet und als Vollmilch, Magermilch, H-Milch, Milchpulver, Joghurt, Quark oder Käse verkauft. Ab hier ist der weitere Werdegang über Zentrallager, Großmarkt oder Supermarkt wieder der gleiche. Jeweils am Monatsende erhält der Bauer eine Milchgeldabrechnung von seiner Vertragsmolkerei. Das heißt, der Landwirt stellt keine Rechnung für sein Erzeugnis, sondern erhält eine Abrechnung der Molkerei. Nicht der Bauer legt den Milchpreis fest, sondern die Molkerei. Handelt es sich bei der Molkerei um eine Genossenschaft, findet die Preisgestaltung meist in enger Absprache mit den Mitgliedern der Genossenschaft, also den Bauern, statt. Die meisten großen Molkereien in Deutschland sind jedoch mittlerweile in Privathand, also große Familienunternehmen oder Aktiengesellschaften. Bei diesen Unternehmen liegen die Milchauszahlungspreise meist deutlich unter denen der Genossenschaften.

Vor einigen Jahren hatte ich das große Glück, an Gründung und Aufbau einer solchen Genossenschaft maßgeblich mitzuwirken. Damals war ich noch als Verwalter auf einem Milchviehbetrieb angestellt, und alle Landwirte der Region haben ihre Milch an eine der größten bayerischen Molkereien geliefert. Die Landwirte empfanden den Umgang, den die Molkerei mit ihren Bauern pflegte, als derart unwürdig, dass viele der Bauern – ich eingeschlossen – sich weigerten, selbst Produkte dieser Molkerei zu kaufen. Eine sehr verfahrene Situation.

Damals war der Milchpreis ziemlich weit im Keller. Es war die Zeit der ersten Milchstreiks. Bauern demonstrierten, indem sie ihre Milch mit Güllefässern auf ihren Weiden ausbrachten. Das wurde in der Bevölkerung eher mit Befremden wahrgenommen. In dieser Zeit reifte die Idee, angetrieben von einem Biobauern und einem Gastwirt, die Milch der Bauern aus dem Tegernseer Tal in einer eigenen Käserei zu verarbeiten und in der Region zu vermarkten. Als die beiden ihre Idee erstmals öffentlich präsentierten, war ich sofort dabei. Die ganze Sache wurde sehr schnell konkret, und bald war klar: Wir gründen eine Genossenschaft!

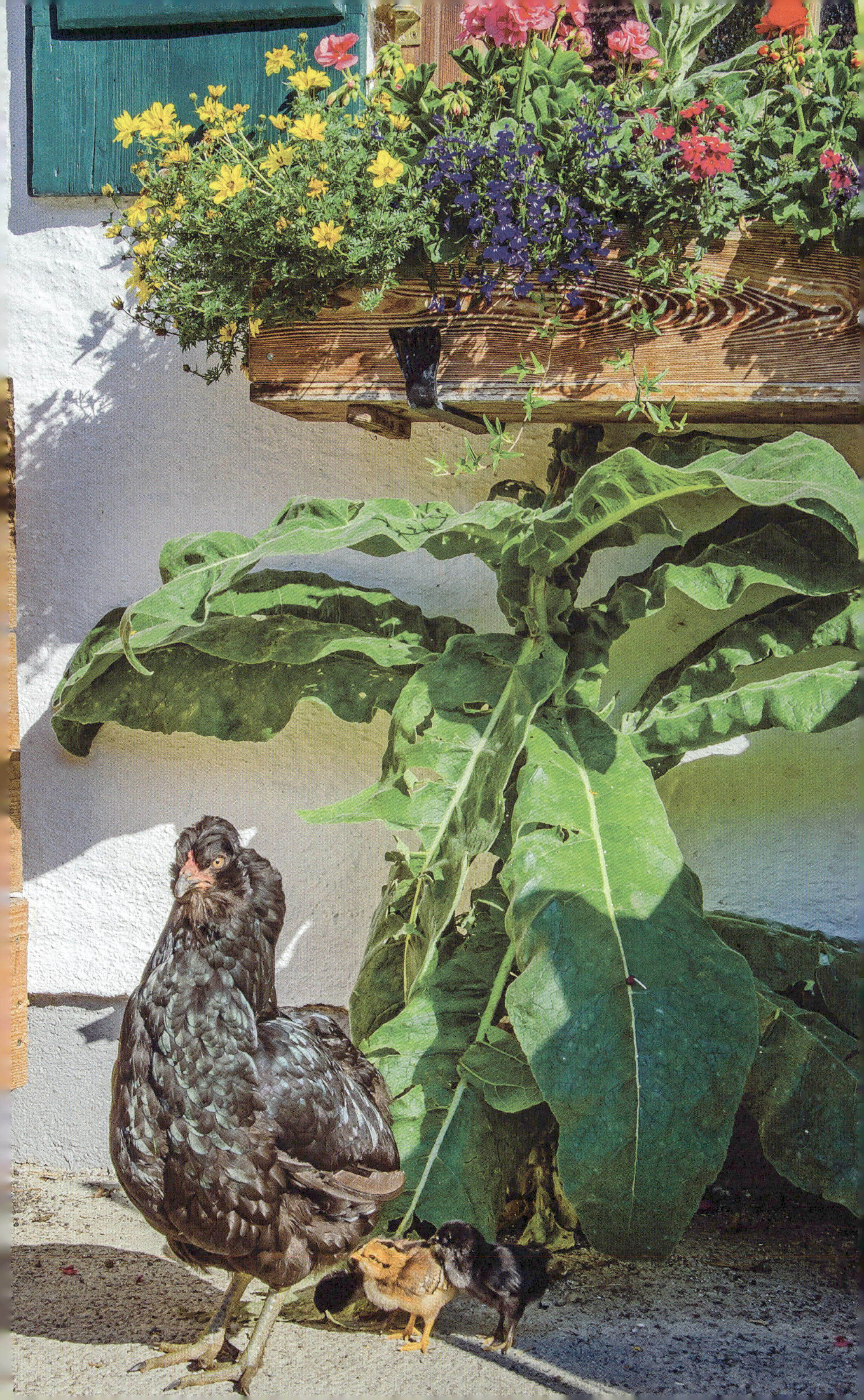

Das war im Jahr 2007. Schnell haben wir sechzehn Bauern dafür gewinnen können, die ihre Milch künftig an die Naturkäserei Tegernseer Land liefern würden. Nur gab es die noch gar nicht – und keiner der sechzehn Bauern konnte sich den Bau einer Käserei leisten. So wagten wir einen ungewöhnlichen Schritt. Wir gingen mit unserem Vorhaben, einer Wirtschaftlichkeitsberechnung und viel gutem Willen an die Öffentlichkeit. Unsere Aussage kurz und knapp: Wir liefern hochwertige Heumilch aus dem Tegernseer Tal, also Milch von Kühen, die ausschließlich Heu oder frisches Gras zu fressen bekommen. Wenn ihr hochwertigen Heumilchkäse haben wollt, müsst ihr die zugehörige Molkerei finanzieren.

> Wenn ihr hochwertigen Heumilchkäse haben wollt, müsst ihr die zugehörige Molkerei finanzieren

Zwei Jahre später: Die Naturkäserei Tegernseer Land nimmt im Juni 2009 ihren Betrieb auf. Die vier Millionen Euro Baukosten schulterten die Mitglieder der Genossenschaft. Und das waren neben den mittlerweile zwanzig Bauern weitere rund tausend Menschen aus dem Tegernseer Tal und darüber hinaus. Alle gemeinsam haben sie die Idee verwirklicht, ihre eigene Käserei zu gründen und damit eine ländliche Struktur mit vielen Kleinbauern zu erhalten. Die meisten dieser Bauern bewirtschaften im Sommer eine der vielen Almen rund um den Tegernsee, und auf diese Weise wurde auch den Almen eine Zukunft gegeben – und indirekt noch der Naturschutz gefördert.

Nach einer kurzen Erholung ist mittlerweile der Milchpreis noch weit unter das Niveau von 2007 gesunken. Aber nicht der Milchpreis der Naturkäserei! Deren Auszahlungspreis richtet sich nicht danach, was andere Molkereien ihren Bauern bezahlen. Er richtet sich ausschließlich danach, welchen Preis die Käserei für ihren Käse erzielen kann. Ist der Preis hoch, kann die Molkerei auch ihre Bauern gut bezahlen. So wurde ein für alle transparentes System geschaffen, für die Bauern und für die Verbraucher. Die Bauern haben plötzlich wieder Namen, die übrigens jeder gleich als Erstes lesen kann, wenn er zur Käserei kommt. Zwanzig Namen von Erzeugern, die hinter ihrer Molkerei stehen, und eine Molkerei, die hinter den Menschen mit diesen Namen steht.

Auch als meine Frau und ich 2009 die Stelle als Verwalter des

Milchbetriebs kündigten, habe ich die Genossenschaft weiter aktiv unterstützt. Ich wollte dazu beitragen, dass diese Idee, die anfänglich von Fachleuten als »Schritt zurück in die Steinzeit« belächelt wurde, nicht nur eine Idee blieb. Vielmehr hat sie gezeigt, dass es so etwas wie eine Win-win-Situation tatsächlich gibt, einen Gewinn auf ganzer Linie. Die Käserei ist ein Gewinn für die Bauernfamilien und deren Tiere, für die Verbraucher, die ein hochwertiges Produkt aus einer hochwertigen Grundzutat bekommen, und ein Gewinn für die Natur- und Kulturlandschaft, weil die Existenz von zwanzig Kleinbauern gesichert wurde.

Unser Hofladen: Brot, Marmelade und Eier von glücklichen Hühnern

Die einzige Spezialisierung, die für uns auf dem Boarhof überhaupt infrage kam, war eine Spezialisierung auf Vielfalt. Ein Teil dieser Vielfalt war schon vorhanden, als wir hierherkamen. Unser Verpächter hat einen sehr experimentierfreudigen grünen Daumen, und so hatten wir das Glück, einen großen Schatz an sehr vielen und teilweise unbekannten Obstsorten bereits vorzufinden. Dieses Obst wartete nur darauf, dass jemand etwas daraus macht.

> Dieses Obst wartete nur darauf, dass jemand etwas daraus macht

Schon viele Jahre bevor es uns ins Tegernseer Tal verschlug, haben wir uns einmal einen alten Holzbackofen gekauft, einen alten Brotbackofen aus dem Jahr 1905. Rückblickend betrachte ich diesen Ofen und das Brotbacken generell als den Zündfunken für die Idee, uns mit möglichst vielen hochwertigen, ökologisch erzeugten Lebensmitteln selbst zu versorgen. Dieser Ofen begleitete uns auf den Boarhof. Er war das wichtigste Werkzeug für die Umsetzung unseres ersten großen Projekts am Boarhof, der Eröffnung eines Hofladens.

Je mehr Lebensmittel wir für uns herstellten, desto mehr Überschüsse entstanden. Wir haben nicht nur Brot gebacken, sondern auch unser Obst und Gemüse eingekocht oder getrocknet und aus dem Fleisch unserer Tiere Speck und Wurst hergestellt. Von all dem, so merkten wir, hätten wir noch viel mehr machen können. Obst hatten wir damals schon im Überfluss, und den Platz für mehr Gemüse und Tiere hatten wir auch. Und so war es eigentlich nur ein kleiner Schritt, diese Überschüsse in einem eigenen Hofladen zu verkaufen.

Der Schwerpunkt lag von Anfang an auf unserem Brot. Ein Bauernbrot aus Natursauerteig, ein Vollkornbrot aus frisch gemahlenem Roggen und Vintschgerl – das sind Fladenbrötchen aus einem Roggensauerteig mit sehr vielen Brotgewürzen wie Kümmel, Koriander, Fenchel und Schabzigerklee. Und das war es schon, unser Brotsortiment. Bis heute hat sich diese Auswahl nicht wesentlich verändert. Sowohl beim Brot als auch bei allen anderen Rezepturen war uns immer wichtig, aus wenigen hochwertigen Grundzutaten etwas Besonderes herzustellen.

Seit Beginn haben wir unseren Hofladen nur von Donnerstag bis Samstag geöffnet. Eine Bäckerei, die täglich öffnet, hat natürlich großes Interesse daran, dass ihre Kunden auch täglich einkaufen. Das erreicht der Bäcker am einfachsten, indem er sein Brot so zubereitet, dass es am nächsten Tag nicht mehr frisch schmeckt. Uns hingegen ist es wichtig, ein Brot zu backen, das auch nach sieben Tagen noch schmeckt. Das war früher einmal ganz normal, während heute Brot sowohl beim Bäcker als auch beim Verbraucher häufig bereits nach einem Tag im Müll landet, weil Brot aus Fertigbackmischungen oder Teiglinge aus Fernost dann einfach nicht mehr schmecken. Für uns kam das natürlich nicht infrage, wir wollten dem Brot seinen Wert zurückgeben. Nicht seinen Wert in Euro oder Cent. Sondern seinen Stellenwert für unsere Ernährung.

Wir wollten dem Brot seinen Wert zurückgeben

Zusätzlich zu unserem Brot bieten wir unser gesamtes Obst und Gemüse in verarbeiteter Form im Hofladen an: Marmeladen, Sirups, Säfte, Chutneys und weitere pikante Zubereitungen, aber kein frisches Obst und kein frisches Gemüse. Wir werden oft danach gefragt, bieten es aber nicht an. Warum? Erstens haben wir sehr viele alte Obst- und Gemüsesorten im Anbau. Viele dieser Sorten halten nach der Ernte nur sehr kurze Zeit frisch. Würden wir die Früchte direkt zum Verkauf anbieten, müssten wir einen Teil davon aussortieren und wegwerfen.

Auch dem Obst und Gemüse wollen wir seinen Wert zurückgeben. Täglich landen landesweit nicht nur Unmengen an Brot, sondern auch Hunderte Tonnen Obst und Gemüse im Müll, weil die Früchte nicht mehr ganz so schön sind wie am ersten Tag oder beim Salatkopf die äußeren Blätter etwas welk sind. Für uns bestand die Lösung dieses Problems darin, dass wir alles Obst und Gemüse verarbeiten und auf diese Weise seinen Wert erhalten. Der einzige Grund, warum uns der Frischverkauf doch reizen würde, wäre zu zeigen, wann welche Früchte wirklich reif sind – und vor allem wann nicht!

Hier bei uns im Tegernseer Tal beginnt die Saison für Zwetschgendatschi, also Pflaumenblechkuchen, inzwischen mit den ersten Waldfesten Mitte Juni. Waldfeste sind gemütliche Feste, bei denen die altbayerische Tradition samt Dirndl und Lederhos'n, Blasmusik und Schuhplattler, Brotzeit und Bier und eben auch Zwetschgendatschi hochgehalten wird. Mitte Juni ist bei unseren Zwetschgenbäumen aber gerade die Blüte vorbei. Dass das mit dem Zwetschgendatschi Mitte Juni trotzdem klappt, liegt an den Zwetschgen – und die kommen aus der Türkei oder Marokko!

Natürlich gehört zur Vielfalt auf unserem Hof auch eine tierische. So versorgen Enten, Gänse, Hühner, Puten, Schweine, Rinder, Schafe und Pferde in erster Linie unseren Boden mit wertvollem Dünger. Einige dienen aber auch unserer Ernährung. Wir haben uns als Familie ganz bewusst für Fleischkonsum entschieden. Das Fleisch, das wir essen, stammt zum größten Teil von unseren eigenen Tieren. Da ist es selbstverständlich, dass wir unsere Tiere, solange sie bei uns auf dem Hof leben, so gut wie möglich behandeln. Und dass wir in unserem Hofladen auch den Käse unserer Naturkäserei und einige Produkte umliegender Bauern und Handwerker anbieten, wird Sie jetzt sicher auch nicht überraschen.

Besser haben wir nicht!

Einen Nachteil hat unser Konzept allerdings für unsere Gäste. Wer bei uns einkauft, ist unserem Geschmack ausgeliefert. Was uns nicht schmeckt, gibt es bei uns auch nicht.

Ist Ihnen eigentlich der große Unterschied zwischen den großen Supermärkten, den sogenannten Vollsortimentern, und einem großen Discounter wie Aldi oder Lidl bewusst? Ein Vollsortimenter hat heutzutage ungefähr 40.000 verschiedene Produkte im Angebot, ein Discounter nur etwa 1.000.

Die Discounter treffen für Sie eine Vorauswahl. Dort gibt es nicht die Auswahl von Milch mit 3,5 % Fett im Tetrapack von zehn verschiedenen Molkereien. Dort ist nur eine Molkerei vertreten – die billigste! Und so trifft der Discounter bei allen Produkten die Wahl, von der er ausgeht, dass seine Kunden sie auch treffen würden.

Auch wenn sich in mir alles zusammenzieht: Wir sind mit unserem Hofladen im Fall der Auswahl sogar den Discountern ähnlicher als den Supermärkten. Wir treffen nämlich auch eine Vorauswahl für uns und unsere Kunden. Allerdings mit einem großen Unterschied: Wenn Sie bei Aldi oder Lidl einkaufen, gibt der Discounter Ihnen das Versprechen: »Billiger haben wir nicht!« Wenn Sie bei uns im Hofladen einkaufen, können wir Ihnen persönlich versprechen: »Besser haben wir nicht!«

Im Jahre 2011 haben wir unseren Hofladen ergänzt, indem wir den alten Hühnerstall umbauten – dort befindet sich seither unsere BauernSchank. Nach Vorbild der österreichischen Buschenschanken oder dem Heurigen können unsere Gäste die hofeigenen Produkte in Form von Kuchen und Brotzeiten direkt vor Ort genießen. Auf diese Art kommen wir mit unseren Gästen intensi-

Brotbacken

Wann haben Sie das letzte Mal ein Brot gekauft, das man nach einer Woche noch gut essen konnte?

Die meisten Brote, die lange frisch halten, sind Sauerteigbrote. Ein guter Sauerteig hat ein ausgewogenes Verhältnis von Milchsäure- und Essigsäurebakterien sowie Hefen. Keine gekaufte Backhefe, sondern Hefe, die sich im Sauerteig mit der Zeit selbst entwickelt.

Ein gutes Brot benötigt seine Zeit. Nachfolgend eine Anleitung, was zu tun ist.

Beginnen Sie mit der Herstellung eines Roggensauerteigs:

Tag 1
100 g Roggenmehl
120 g Wasser

- Das Roggenmehl und das Wasser in einer Schüssel verrühren und einen Tag bei Zimmertemperatur abgedeckt stehen lassen. Verwenden Sie eine Schüssel, in der mindestens zwei Liter Platz haben.
- Sollten Sie einen Bäcker kennen, der noch selbst Sauerteigbrote bäckt und bereit ist, von seinem Sauerteig etwas abzugeben, mischen Sie Ihrem Grundsauerteig 20 g davon unter.

Das Roggenmehl sollte nicht zu stark ausgemahlen sein. Hinter den jeweiligen Mehlsorten stehen meistens Zahlen (Weizenmehl Typ 405 oder Roggenmehl Typ 997). Die Typnummer gibt an, wie hoch der Mineralstoffgehalt im Mehl ist. Je höher die Zahl, desto höher der Anteil an Schalenbestandteilen des Korns, also an Mineralstoffen und auch wichtigen Ballaststoffen. Diese Schalenteile können sehr viel mehr Wasser speichern als das eigentliche Mehl. Deshalb bleiben Brote aus Mehlen mit höherer Typzahl auch länger saftig und frisch. Daher für den Roggensauerteig Roggenmehl Typ 1050 oder reines Roggenvollkornmehl verwenden. Im Vollkornmehl sind alle Schalenbestandteile mit enthalten. Nur der Keimling wurde vor dem Mahlen vom Korn entfernt, damit das Mehl länger lagerfähig ist und nicht ranzig wird.

Tag 2
- Nach einem Tag mischen Sie erneut 100 g Roggenmehl und 120 g Wasser unter und lassen den Teig wieder abgedeckt bis zum nächsten Tag ruhen.

Jedes Mal, wenn Sie den Teig verrühren, heben Sie automatisch etwas Luft in den Teig. In der Umgebungsluft sind ausreichend viele Milchsäurebakterien enthalten, um im Roggenmehl-Wasser-Gemisch eine Milchsäuregärung in Gang zu setzen.

Tag 3
- Am dritten Tag wiederholen Sie die Prozedur und mischen abermals 100 g Roggenmehl und 120 g Wasser unter.
- Lassen Sie Ihren Sauerteig nun noch einmal einen Tag lang abgedeckt bei Zimmertemperatur ruhen.

Wenn Sie zu Beginn schon Sauerteig vom Bäcker untergemischt haben, werden Sie jetzt an der Schüssel sehen, dass der Sauerteig schon kräftig aufgegangen ist. Aber auch ohne Zugabe von Ursauerteig haben die Milchsäurebakterien in Ihrem Sauerteig schon fleißig angefangen, feine Gasbläschen zu produzieren.

Tag 4
Am vierten Tag geht es ans Brotbacken.
- Verkneten Sie folgende Zutaten zu einem glatten Teig:
  750 g Roggenvollkornmehl
  250 g Sauerteig (s. o.)
  400 ml handwarmes Wasser

15 g Salz

10 g Backhefe (wenn Sie Ihren Sauerteig ohne Ur-Sauer vom Bäcker bereitet haben).

- Diesen Teig lassen Sie vier Stunden bei Zimmertemperatur gehen.

Den Rest Ihres Sauerteigs können Sie nun in ein Schraubglas füllen und im Kühlschrank problemlos einige Wochen aufbewahren. Wenn Sie ihn wieder verwenden wollen, beginnen Sie mit dem Grundrezept von vorne, geben aber am ersten Tag zusätzlich 100 g Ihres Sauerteigs zu. Diesmal können Sie den Sauerteig bereits am dritten Tag verwenden. Mit dem Rest des Teigs können Sie dann jedes Mal Ihr Schraubglas wieder voll machen.

- Backofen auf 250 °C Ober-/Unterhitze aufheizen.
- Formen Sie nun Ihren Brotteig zu einem Laib. Ob rund, oval oder in Kastenform: Lassen Sie den Laib erneut 30 Minuten auf einem Backblech gehen.
- Nun das Brot in den Ofen schieben und die Temperatur auf 200 °C reduzieren. Je nachdem, wie luftdicht Ihr Ofen ist, kann es hilfreich sein, eine Tasse Wasser mit in den Ofen zu stellen, damit das Brot eine bessere Kruste bekommt.

Nach etwa 60 Minuten ist das Brot fertig.

Dieses Rezept ist ein Grundrezept. Sie können in den Teig Gewürze und/oder Körner miteinkneten oder den Laib damit bestreuen.

Kümmel, Koriander und Fenchel sind die klassischen Brotgewürze.

Sonnenblumenkerne, Kürbiskerne oder Buchweizen eignen sich besonders gut für das Innere und Äußere des Brots. Wenn Sie die Körner im Ganzen verwenden wollen, empfehle ich, sie vorher über Nacht in Wasser einzuweichen.

Guten Appetit!

ver ins Gespräch. Und das ist in der ganzen Kette von Herstellung bis zur Vermarktung wohl das Wichtigste. Es geht nicht nur darum, das Brot, die Marmelade, den Käse und den Kuchen zu verkaufen, es geht darum, die Zutaten transparent zu machen, über die fertigen Produkte zu sprechen, sich einander mitzuteilen.

Es geht darum, die Zutaten transparent zu machen, sich einander mitzuteilen

Nur so erfahren wir von den Wünschen unserer Kunden aus erster Hand. Nur so erfahren wir, was die Menschen in Sachen Lebensmittel bewegt, besorgt und erregt. Nur so können wir unseren Gästen erzählen, welche Geschichten hinter den Produkten stecken. Nur so können wir erklären, warum unser Schweinefleisch, unsere Hähnchen viel teurer sind als im Supermarkt. Und nur so können unsere Kunden das auch verstehen.

Und deshalb ist auch nichts von dem, was wir am Hof herstellen, in anderen Geschäften zu finden. Was wir verkaufen, verkaufen wir in direktem Kontakt mit unseren Kunden hier am Hof. Würden wir das nicht tun, wäre das ein Verlust für alle – für unsere Kunden, für unsere Produkte und für uns. Wir können und müssen uns nicht an dem orientieren, welchen *Preis* ein Brot, ein Käse, ein Stück Fleisch anderswo hat. Wir orientieren uns daran, welchen *Wert* die Produkte haben. Und diesen Wert gilt es zu vermitteln.

Wir orientieren uns daran, welchen Wert die Produkte haben

Es freut uns, wenn mancher unserer Gäste beginnt, bewusster Fleisch zu konsumieren, oder weniger Fleisch isst als vorher, ein anderer zu Weihnachten keine Erdbeeren mehr kauft oder eine ganze Woche an einem Laib Brot isst. Aber das ist nur eine logische Konsequenz aus unserem Tun, keine pädagogische Absicht.

Permakultur – vom achtsamen Umgang mit Mensch und Natur

Den Begriff »Permakultur« habe ich 2003 erstmals gehört. »Der Agrarrebell«, ein Buch von Sepp Holzer, einem Bergbauern aus dem österreichischen Lungau, war meine Lektüre während unseres letzten Almsommers. Damals habe ich die Permakultur als eine andere Art der Landwirtschaft wahrgenommen, mehr aber nicht. So richtig angesprochen hat mich das Thema nicht.

Zehn Jahre später waren wir schon am Boarhof und haben die Landwirtschaft hier ziemlich stark verändert: Der bestehende Obst- und Beerengarten wurde vergrößert, ein Stück Wiese wurde zum Getreideacker, wir haben einen großen Gemüsegarten angelegt und das überreichliche Wasser aus unserer hofeigenen Quelle genutzt, indem wir zwei Weiher angelegt und sie mit zwei Bächen verbunden haben.

All das hat nicht nur die Optik, sondern vor allem den Lebensraum unseres Hofes sehr stark verändert. Plötzlich waren Insekten und Vögel da, die es hier vorher nicht gab. Plötzlich sind Pflanzen gewachsen, ohne dass wir sie gepflanzt oder gesät hätten. Bei all dem versuchen wir, so wenige Maschinen wie nur möglich einzusetzen. Und wir lassen uns von unseren Tieren helfen. So graben unsere Schweine unseren Garten um, unsere Enten kümmern sich um die Schnecken und die Schafe ums Rasenmähen.

Je mehr wir hier am Hof verändert haben bzw. haben entstehen lassen, desto öfter haben wir von Gästen gehört: »Aber das ist ja Permakultur!« Weil sich das, was wir hier machen, nur wenig mit dem deckt, was ich zehn Jahre zuvor in besagtem Buch gelesen hatte, habe ich solche Aussagen immer weggeschoben. Das sollte sich ändern, als zuerst meine Frau und später auch ich ein Seminar beim Osttiroler Bergbauernehepaar Sepp und Margit Brunner besuchten. Erst da begriff ich, dass Permakultur keine andere Art der Landwirtschaft oder des Gärtnerns ist.

> Permakultur ist eine Lebenseinstellung

Permakultur ist eine Lebenseinstellung.

Das Wort »Kultur« ist ein zutiefst bäuerliches Wort. Das lateinische Wort *cultura* bedeutet Bearbeitung, Pflege, pflügen. Kulturland ist also Bauernland. Das Gegenteil von Kulturland ist Naturland. Hört der Bauer auf, das Kulturland zu pflegen, zu pflügen, zu bearbeiten, macht die Natur daraus wieder Naturland. Das bedeutet aber nicht, dass Bauer und Natur Gegenspieler sind. Ein guter Bauer versteht die Natur und deren Gesetze. Nur so kann er das Kulturland permanent fruchtbar halten. Permakultur eben! Permakultur ist ein in sich geschlossenes, sich selbst erhaltendes System.

Asmelash Dagne, ein 27-jähriger Lehrer aus Äthiopien und Aktivist für Bio-Landwirtschaft, beschreibt die Permakultur ganz kurz und prägnant: »Denke an die Menschen, denke an die Erde, und teile deinen Überschuss!« Für mich bedeutet das: Gehe sicher, dass die Lebensmittel, die du herstellst, für dich, deine Familie und deine Kunden gesunde Mittel zum Leben sind. Stelle sicher, dass die Erde und der Boden, mit dem du arbeitest, gesund und lebendig bleiben. Teile die Technologie, dein Wissen und die Lebensmittel, die du herstellst, mit den Menschen und Tieren.

Hat man die Permakultur erst einmal verstanden, beeinflusst dieses Denken alle Bereiche des Lebens. Zumindest war das bei mir so. Dass sich diese Denkweise dann ganz automatisch auch in der persönlichen Art der Landbewirtschaftung und des Gärtnerns

Der Boarhof – spezialisiert auf Vielfalt

zeigt, ist nur eine logische Konsequenz. Und so musste ich nach zehn Jahren feststellen, dass unsere Art, den Boarhof zu bewirtschaften, und die Art Sepp Holzers, seinen Permakulturhof zu bestellen, von der dahinterstehenden Denkweise wohl gar nicht so weit auseinander sind. Nur die Art und Weise, wie sich das zeigt, ist eine andere. Und das ist auch gut so. Es geht ja schließlich ums Kapieren und nicht ums Kopieren.

Sucht man nach Fachliteratur zur Permakultur, gibt es mittlerweile eine Vielzahl von Büchern. Leider gehen nur sehr wenige auf die Denkweise ein, die dahintersteckt. Viele Bücher predigen sehr dogmatisch, was Permakultur sei und was nicht. Hast du eine Kräuterspirale, einen Lehmbackofen und ein paar Hügelbeete, dann hast du einen Permakulturgarten. So oder so ähnlich lautet die Quintessenz vieler Bücher, Blogs und Foren zum Thema.

Da ich kein Freund von Dogmatik bin, verstehe ich mittlerweile auch, warum ich mich innerlich so lange dagegen gesträubt habe, wenn früher jemand sagte, dass unsere Art der Landwirtschaft etwas mit Permakultur zu tun habe. Sagt das heute jemand zu mir, stimme ich aus ganzem Herzen zu, obwohl wir nicht einmal eine Kräuterspirale haben. Auch wenn man es im Garten und in unserer Landwirtschaft nicht gleich sieht, in unseren Köpfen ist die Permakultur ganz tief verankert: das Denken in geschlossenen Kreisläufen, das regelmäßige Hinterfragen des eigenen Tuns, die Überlegung, ob sich Ökologie und Ökonomie ausgewogen gegenüberstehen, ohne dass ich selbst, meine Familie oder sonst jemand darunter leiden muss; und das Entkoppeln von Zeit und Geld. Das und noch vieles mehr bedeutet für uns Permakultur.

Unser Wissen weitergeben

Wenn ich die Technologie, mein Wissen und die Lebensmittel, die ich herstelle, mit Menschen und Tieren teilen soll – so eine der Definitionen von Permakultur –, dann ist es nur ein logischer

Schritt, dass wir unser Wissen durch Vorträge, Hofführungen und vor allem in Seminaren weitergeben. In diesen Seminaren ist es unser Ziel, ja unsere Passion, den Menschen aufzuzeigen: Wie wir derzeit als Gesellschaft leben, ist, als würden wir mit Vollgas auf eine Wand zufahren – und sogar immer noch schneller werden. Wir schaffen es nicht, alle Menschen auf der Welt satt zu bekommen, plündern die Menschen in den Entwicklungsländern aus und zerstören gleichzeitig unsere eigenen Lebensgrundlagen. Wie kann man das ändern? Kann man was ändern?

Viele Menschen, die zu uns kommen, empfinden zu Beginn eines Seminars die Welt um sich herum als Käfig und sich selbst in dieser Welt wie ein Gefangener, vielleicht wie es der Panther war, den Rainer Maria Rilke 1902 in einem Zoo in Paris in seinem Gehege sah. Rilke beschrieb den Gefangenen in seinem Gedicht so:

Sein Blick ist vom Vorübergehn der Stäbe
so müd geworden, dass er nichts mehr hält.
Ihm ist, als ob es tausend Stäbe gäbe
und hinter tausend Stäben keine Welt.

Der weiche Gang geschmeidig starker Schritte,
der sich im allerkleinsten Kreise dreht,
ist wie ein Tanz von Kraft um eine Mitte,
in der betäubt ein großer Wille steht.

Nur manchmal schiebt der Vorhang der Pupille
sich lautlos auf –. Dann geht ein Bild hinein,
geht durch der Glieder angespannte Stille –
und hört im Herzen auf zu sein.

In unseren Seminaren wollen wir die Ursachen für diese »Stäbe«, den Käfig, aufzeigen und vor allem den Blick schärfen für die Welt dahinter. Durch unser eigenes Tun kennen wir diese Welt jenseits des Käfigs – wir leben diese Welt. Durch unser eigenes Tun wissen wir, dass »das gute Leben für alle« möglich wäre, dass es möglich wäre, alle Menschen auf unserem Planeten mit hochwertigen, ökologisch produzierten Lebensmitteln zu versorgen. Die Frage ist nur, wer das will bzw. wer das nicht will! Nach so einem Seminar sollen die Teilnehmer selbst entscheiden können, was sie künftig in diesem System, in dieser Welt innerhalb des Käfigs, mittragen wollen und was nicht. Sie sollen wieder ein Gespür dafür bekommen, welche Konsequenzen dieses Entscheiden für sie, für andere Menschen und die gesamte Umwelt hat.

Und natürlich geht das Gedicht von Rainer Maria Rilke bei uns noch weiter. Es endet nicht so verzweifelt. Es endet voller Hoffnung. Wie genau, erzähle ich Ihnen später.

Die Kombination aus Landwirtschaft, Hofladen, Bauern-Schank, Vorträgen und Seminaren macht es möglich, den Boarhof im Vollerwerb so zu bewirtschaften, wie wir es tun.

Niemals ist zu wenig, was genügt! Wir alle können von allem genug haben, ohne dass Mensch oder Natur Schaden nehmen.

VIERTES KAPITEL
Weltbevölkerung – Wachstum – Würde: Wie passt das zusammen?

Wer an die Möglichkeit eines ständigen Wirtschaftswachstums glaubt, ist entweder ein Narr oder ein Ökonom.
– Kenneth E. Boulding, US-amerikanischer Ökonom

Unser kleiner Bauernhof hat eine Gesamtfläche von zehn Hektar. Ein Hektar, das ist ein Quadrat von 100 mal 100 Metern, also 10.000 Quadratmeter. Acht Hektar unserer Flächen sind Wiesen, die überwiegend von Rindern, Schafen, Pferden, Gänsen und Hühnern beweidet und einmal im Jahr gemäht werden, damit wir auch im Winter Futter für die Tiere haben. Die restlichen zwei Hektar, also 20.000 Quadratmeter, entfallen auf unseren Gemüsegarten, auf Getreide- und Kartoffelacker, Streuobstwiesen und den Beerengarten.

Irgendwann habe ich mich einmal gefragt, ob dieses Land eigentlich wirklich so klein ist, wie alle sagen – zu klein, um davon existieren zu können. Und da war es auch nicht mehr weit zu der Frage, für wie viele Menschen ich eigentlich rein rechnerisch verantwortlich bin, wie viele ich ernähren müsste mit dem Land, das mir »gehört«. Fünf Menschen kenne ich: meine Frau, unsere drei Kinder und mich. Aber sind das schon alle? Wie heißen die anderen? Sind die überhaupt damit einverstanden, wie ich das mache?

Und da habe ich angefangen zu rechnen, wie viel Platz eigentlich jeder von uns auf diesem Planeten hat. Platz zum Leben, Platz zum Wohnen – und Platz für den Anbau der Nahrung, die ein einzelner Mensch so braucht.

Sind wir eigentlich zu viele?

So eine Rechnung ist nicht wirklich schwer. Man muss dazu nur wissen, wie viele Menschen auf unserem Planeten leben und wie viel Fläche wir zur Verfügung haben, wobei wir bei der Fläche genauer hinschauen müssen. Frage eins ist relativ leicht zu beantworten, es ist hinlänglich bekannt, dass auf unserem Planeten rund sieben Milliarden Menschen leben – Tendenz steigend.

Doch sind das nun viele? Womöglich sogar zu viele, wie viele meinen? Wenn nein: Wie viele Menschen hätten darüber hinaus noch Platz? Und wenn ja: Wer ist dann zu viel?

Nachdem wir tagtäglich über die Medien mit sehr vielen, sehr großen Zahlen konfrontiert werden, habe ich mir angewöhnt, Zahlen, deren Größe ich mir nicht mehr vorstellen kann, in eine mir plausible Relation zu setzen. So habe ich das auch gemacht, als ich im Oktober 2011 über die Medien vom siebenmilliardsten Menschen hörte.

Nehmen wir einmal an, die Statistiker hätten damals festgelegt, »Baby Seven Billion« kommt am 31.10.2011 in Berlin zur Welt. Stellen wir uns weiter vor, wir hätten alle Erdbewohner zu uns nach Deutschland eingeladen, um diese Geburt zu feiern. Was glauben Sie: Wie viele der sieben Milliarden Menschen hätten überhaupt in Deutschland Platz gehabt? Nicht übereinandergestapelt, sondern schön ordentlich nebeneinander. Ich erinnere mich noch gut, dass die Antwort mich damals überwältigt hat. Es hätten alle Platz! Und noch viel besser: Jeder verfügte über rund 50 Quadratmeter, eine mittelgroße Stadtwohnung für jeden Geburtstagsgast – und nebenbei: Der Rest der Welt wäre menschenleer!

Teilt man nun die gesamte Erdoberfläche durch besagte sieben Milliarden Menschen, hätte jeder von uns 70.000 Quadratmeter zur Verfügung. Das ist ein Stück Erdoberfläche in der Größe von zehn Fußballfeldern. Nun ist der größte Teil der Erdkugel, nämlich 70 Prozent, mit Wasser bedeckt. Das heißt, Sie und ich »besitzen« jeweils ein Weltmeer in der Größe von sieben Fußballfeldern. Wie viele Fische in diesem kleinen Weltmeer Platz hätten! Glauben Sie, dass ein einzelner Mensch in der Lage wäre, so eine große Fläche zu überfischen? Ein einziger Mensch würde es nicht einmal schaffen, wenn er ausschließlich Fisch auf seiner Speisekarte hätte! Es ist völlig unmöglich, das biologische Gleichgewicht in seinem je eigenen Anteil vom Weltmeer irgendwie zu stören, geschweige denn zu zerstören. Gemeinsam schaffen wir es allerdings so gründlich, dass sich einzelne Fischarten kurz vor dem Aussterben befinden.

> Das letzte unserer Fußballfelder ist nun etwas ganz Besonderes: Dieses Feld ernährt uns

Aber weiter in unserer Rechnung: Neben diesen sieben Fußballfeldern »Weltmeer« bleiben nämlich noch drei Spielfelder »Land« übrig. Eines dieser drei Felder besteht aus Wüsten – Landstrichen, in denen keine oder nur sehr wenig Sträucher, Gräser oder gar Bäume wachsen. Dazu gehören neben Sand- auch Stein-, Salz- und Eiswüsten.

Eines der verbleibenden zwei Felder besteht etwa zu zwei Dritteln aus Wald und zu einem Drittel aus besiedeltem Raum, also Städten, Dörfern, Straßen.

Das letzte unserer Fußballfelder ist nun etwas ganz Besonderes: Dieses Feld ernährt uns.

2.000 Quadratmeter Acker

Dieses eine Fußballfeld, also die verbleibenden 7.000 Quadratmeter, bestehen zum größten Teil aus Weideland. Rund 5.000 Quadratmeter saftige Wiesen, karge Almwiesen, Steppen und Savannen stehen jedem von uns zur Verfügung. Was wir mit diesen Weideflächen alles machen können, darauf gehe ich später noch genauer ein. Hier geht es jetzt um die letzten 2.000 Quadratmeter – eine Fläche etwa von der Größe eines mittleren Supermarkts –, und die besteht aus ackerbaulich geeignetem Land, kurz Ackerland.

Als ich diese Zahl vor mir sah, war das für mich ähnlich elektrisierend wie der Moment, als der amerikanische NASA-Satellit »EXPLORER 6« im Jahr 1959 das erste Foto unserer Erde an die Bodenstation schickte. Dieses Bild ging wie ein Lauffeuer durch die Medien, es berührte offenbar so viele Menschen, dass

Weltbevölkerung – Wachstum – Würde: Wie passt das zusammen?

nur kurze Zeit später die ersten Umweltschutzorganisationen gegründet wurden, denn die Menschen spürten offenbar, wie sensibel und zerbrechlich das Ökosystem Erde ist. So oder so ähnlich habe ich mich angesichts meines Rechenergebnisses auch gefühlt – mir zugleich aber auch gedacht, dass das eigentlich ein ganz schön großes Stück Land ist.

Auf diesem Acker wächst nun also unser ganzes Obst und Gemüse, das gesamte Speisegetreide, etwa für unser tägliches Brot. Natürlich wachsen da auch Reis und Kartoffeln, zwei wichtige Pflanzen für die Welternährung. Auch Kaffee und Kakaobohnen, Gewürze und die Zutaten für diverse Genussmittel gedeihen hier, aber eben auch Pflanzen, die mit unserer Ernährung nur wenig oder gar nichts zu tun haben: Baumwolle und andere Faserpflanzen für unsere Kleidung, Kautschuk für Autoreifen und Latexhandschuhe, Tabak für Zigaretten und Mais für Energie und Tierfutter.

Natürlich besitzt nun nicht jeder von uns seine 2.000 Quadratmeter unmittelbar, und sie liegen schon gar nicht vor jedermanns Haustür. Die meisten von uns haben passiv (die wenigsten aktiv) irgendeinen Bauern oder mehrere Bauern damit beauftragt, ihre 2.000 Quadratmeter zu bewirtschaften und anständig damit umzugehen. In unserer globalisierten Welt sind diese Bauern natürlich über den ganzen Erdball verstreut. Die wenigsten von uns kennen einen dieser Bauern persönlich.

Sind diese 2.000 Quadratmeter nun aber viel oder wenig? Hier gibt es unzählige Berechnungen, aber so viel kann ich Ihnen schon verraten: Wir brauchen mehr als diese 2.000 Quadratmeter – viel mehr! Wie viel mehr, darüber scheiden sich die Geister: Die Zahlen schwanken zwischen einem Bedarf von 4.000 bis zu 12.000 Quadratmetern. Die große Differenz basiert auf unterschiedlichen Herangehensweisen. Der Rechnung mit dem Ergebnis »12.000« liegt die Annahme zugrunde, sämtliche fossilen Brennstoffe wie Erdöl, Erdgas und Kohle müssten durch Biomasse ersetzt werden. Die Berechnung mit dem Ergebnis »4.000« bemisst ausschließlich den aktuellen Verbrauch, ohne Berücksichtigung der Knappheit von fossilen Brennstoffen.

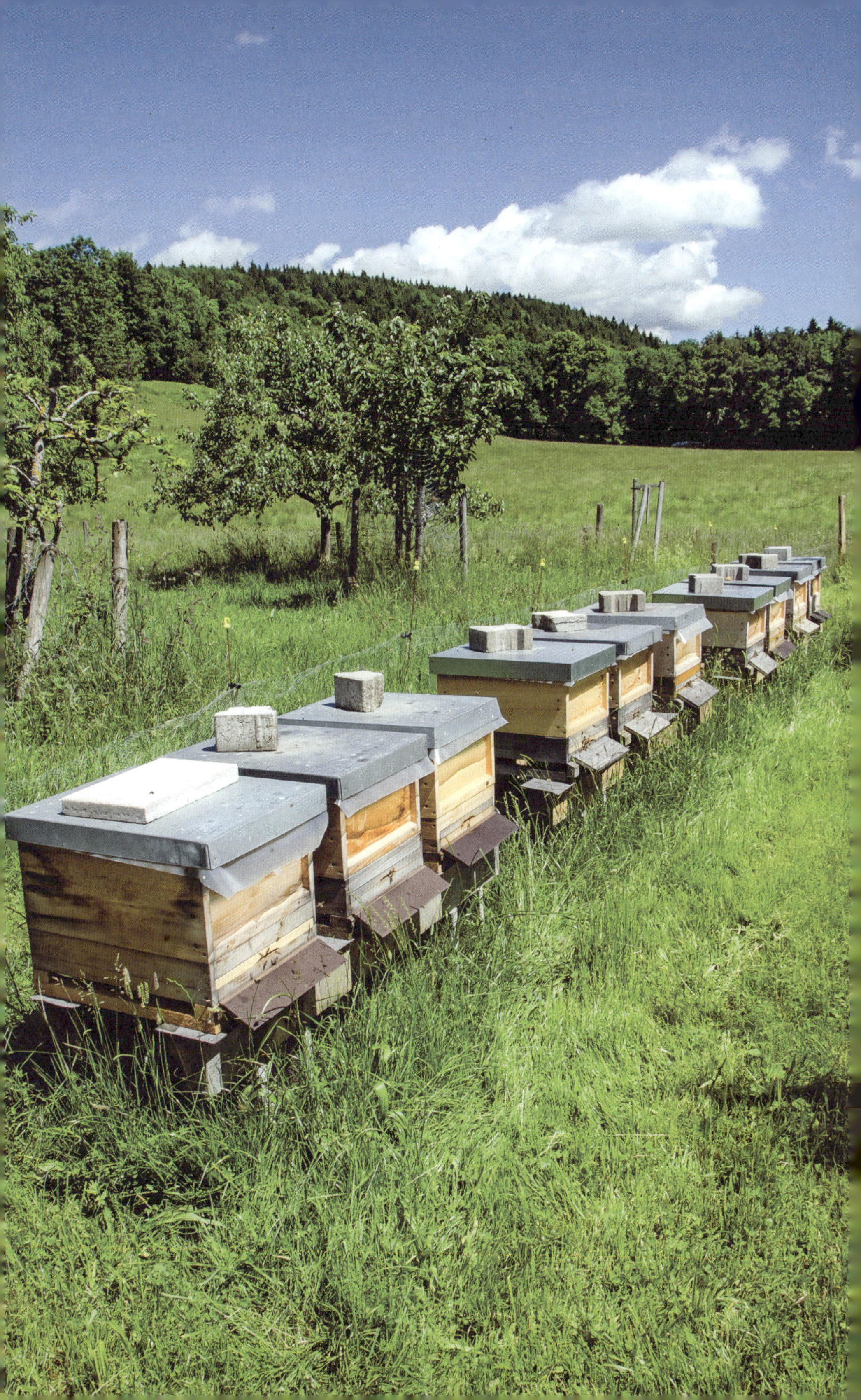

Welche Zahl wir auch nehmen, es ändert nichts daran, dass wir deutlich mehr verbrauchen, als wir haben, umgerechnet zwischen zwei und sechs Planeten mehr! Aber wir haben nur *einen* Planeten Erde – oder anders gesagt: Benötigen wir für unser tägliches Leben »nur« 4.000 Quadratmeter Ackerland, bedeutet dies, dass wir irgendwo auf der Welt einem anderen Menschen seine komplette Existenzgrundlage wegessen oder mehreren Menschen zumindest einen Teil ihrer Lebensgrundlage entziehen – und das ist nicht nur rein rechnerisch so, sondern leider wahr.

Wir haben nur einen Planeten Erde

Wachstum ist nicht gleich Wachstum

Ich habe, beruflich bedingt, sehr viel mit Wachstum zu tun. Die Natur ist, was Wachstum betrifft, wohl so verschwenderisch wie niemand und nichts auf unserem Planeten.

Kornellkirschen und sibirische Blaubeeren sind bei uns mit die Ersten, die im Frühjahr den Jahreskreis beginnen. Diese beiden Sträucher fangen schon Ende Februar an zu blühen. Da kann es durchaus sein, dass sogar noch Schnee liegt. Tausende Blüten warten nur darauf, dass es tagsüber mal wärmer wird als zwölf Grad, damit die Bienen sich aus ihrem Stock trauen und sie bestäuben. Wenn es dann wirklich wärmer wird und die Tage schon deutlich länger sind, geht es Schlag auf Schlag. Die Wiesen verlieren ihre braune Winterfarbe und wechseln in sattes Grün. Die Obstbäume explodieren förmlich. Blüte sitzt an Blüte, nur um den Bienen zu gefallen. Wachstum allenthalben, so weit das Auge reicht. Auch die ersten Pflanzen können schon geerntet werden. Der Bärlauch ist für uns immer die erste Ernte im Jahr.

Dieses Wachstum, die Phase der Entstehung neuer Pflanzen und Früchte im Frühling, geht nahtlos in den Sommer über. Das Säen und Auspflanzen wird weniger, die Erntearbeiten werden mehr. Noch bevor der Hochsommer so richtig beginnt, werden die Tage auch schon wieder kürzer. Mit den kürzer werdenden Tagen geht auch das Wachstum langsam zurück. Der Herbst beschert uns dann eindrucksvoll eine überwältigende Fülle als Ergebnis des Wachstums der letzten Monate.

Wer genau hinsieht, kann wahrnehmen, dass viele Pflanzen sich schon im Spätsommer und im Herbst auf das kommende Jahr vorbereiten, so sind zum Beispiel an den Obstbäumen schon alle Knospen für das nächste Frühjahr gerichtet. Was die Natur da betreibt, empfinde ich als exzessives Wachstum. Die Natur ist bei allem, was sie tut, maximal verschwenderisch. Sie macht sich keine Gedanken, ob so viele Kirschblüten wirklich nötig sind, um ausreichend Kirschen hervorzubringen. Sie macht sich auch keine Sorgen, ob im Juni ein Hagelschauer die ganzen kleinen Früchte am Apfelbaum zerstören könnte. Die Natur braucht keine Hagelversicherung. Selbst wenn sie die Erfahrung eines Hagelschauers einmal gemacht hat, reagiert sie im Folgejahr mit der gleichen Blütenpracht wie im Jahr zuvor. Und dann kommt der

> Die Natur ist bei allem, was sie tut, maximal verschwenderisch

Weltbevölkerung – Wachstum – Würde: Wie passt das zusammen?

Winter. Rückzug. Pause. Kein Wachstum. Nicht im Wald, nicht auf dem Acker. Regeneration. Auch bei uns Menschen auf dem Hof. Von Weihnachten bis Mariä Lichtmess, einem alten Bauernfeiertag, haben wir unseren Hofladen geschlossen. Die Arbeit wird auf das Allernötigste beschränkt. Genau wie die Natur bereiten wir uns innerlich auf das neue Jahr vor.

So kenne ich Wachstum, und so erlebe ich es Jahr für Jahr aufs Neue.

Aber was ist das Wirtschaftswachstum, das in den Nachrichten so oft vorkommt?

Wenn alles gut läuft in der Wirtschaft, so sagen es zumindest die Ökonomen, dann wächst unsere gesamte Wirtschaft jährlich um rund zwei Prozent – das ist das Ziel. Nehmen wir mal an, Ihre Firma hat im letzten Jahr 100.000 Euro Umsatz gemacht. Wenn Sie dem Ruf folgen, dann machen Sie in diesem Jahr 102.000 Euro Umsatz. Also 2.000 Euro mehr, das sind genau die zwei Prozent, die wir brauchen, damit wir das Ziel auch erreichen. Wenn Sie im nächsten Jahr wieder zwei Prozent Steigerung haben wollen, müssen Sie schon 2.040 Euro mehr Umsatz machen, denn die Steigerung bezieht sich immer auf den Wert des Vorjahres, jetzt also schon auf 102.000 Euro. Im Folgejahr sind es dann schon 2.080 Euro, dann 2.120 Euro, dann 2.165 Euro usw.

So eine Steigerung können Sie erreichen, indem Sie und Ihre Mitarbeiter immer produktiver werden. Alle müssen jährlich zwei Prozent mehr Leistung bringen.

Will man so eine Entwicklung über einen längeren Zeitraum irgendwie anschaulich darstellen oder ausrechnen, braucht man dafür eine mathematische Funktion. Diese mathematische Funktion, die unserem Wirtschaftswachstum zugrunde liegt, ist die Exponentialfunktion, besser bekannt als exponentielles Wachstum. Nur wenige mathematische Funktionen beeinflussen unser Leben so nachhaltig wie diese – ohne dass wir es wissen. Bei vielen Funktionen ist es auch in Ordnung, wenn wir nicht alles durchschauen, aber hier ist es wichtig zu verstehen, denn das Besondere an diesem Wachstum ist, dass es in der Natur nicht vorkommt und wir es wohl auch deshalb mit unserem Alltagsempfinden nicht wirklich begreifen können! Das einzige natürliche Phänomen, das dem exponentiellen Wachstum nahe kommt, ist die Vermehrung von Krebszellen. Sie werden später noch merken, dass dieser Vergleich gar nicht so abwegig ist.

Exponentielles Wachstum kommt in der Natur nicht vor

In der Natur kennen wir nur zwei Wachstumsformen: Sie halten ein leeres Glas unter einen Wasserhahn. Der Wasserspiegel im Glas steigt gleichmäßig an, bis das Glas voll ist. So kann man sich das lineare Wachstum vorstellen. Graphisch dargestellt, eine gerade Linie.

Die zweite Wachstumsform ist die weitaus häufigste, wie wir sie aus der Natur kennen. Nehmen wir als Beispiel einen Baum. Sicher kennen Sie die Redensart »Die Bäume wachsen nicht in den Himmel«. Konkret bedeutet dies, dass so ein Baum zu Beginn relativ schnell wächst, sein Wachstum aber deutlich verlangsamt, wenn er eine gewisse Höhe erreicht hat, bis er irgendwann sogar ganz aufhört zu wachsen. So ist es auch bei jeder Pflanze, bei jedem Menschen, bei jedem Tier.

Nur beim exponentiellen Wachstum ist es genau umgekehrt. Anfänglich empfinden wir das Wachstum als relativ langsam.

Aber schon bald darauf entwickelt sich dieses Wachstum in einer Geschwindigkeit, die unser Vorstellungsvermögen langsam übersteigt. Stellt man dieses Wachstum graphisch dar, dauert es nicht lange, bis die Kurve, die anfänglich nur sehr flach ansteigt, nahezu senkrecht nach oben schießt.

Josef, Jesus und die Sache mit dem Zins

Nehmen wir an, Josef von Nazareth hat anlässlich der Geburt seines Sohnes Jesus bei der Raiffeisenbank von Bethlehem für seinen Sohn ein Sparbuch eröffnet. Als Startguthaben hat er 1 Pfennig eingezahlt.

Die Raiffeisenbank von Bethlehem gibt es nicht wirklich. Sollte es sie aber einmal gegeben haben, steht nur fest, dass es sie heute nicht mehr gibt.

Josef hat für das Sparbuch seines Sohnes eine Verzinsung von 3,64 % bekommen – und irgendwann hat nie wieder irgendjemand an das Sparbuch gedacht. Bei Ausgrabungsarbeiten am Stadtrand von Jerusalem wurde dieses Sparbuch erst im Jahr 2000 n. Chr. wiedergefunden. Der päpstliche Hof im Vatikan ließ als rechtmäßiger Eigentümer die angelaufenen Zinserträge bei der Raiffeisenbank von Bethlehem nachtragen.

Hätten sich Jesus und seine Erben die Zinsen jährlich bar auszahlen lassen und diese in einem Sparstrumpf gesammelt, so wären bis zum Jahr 2000 stolze 73 Pfennige daraus geworden. Sein Vermögen hätte sich ohne eigenes Zutun um den Faktor 73 vergrößert.

Nachdem er sich die Zinsen aber nicht hat auszahlen lassen, wurden sie seinem Sparguthaben immer wieder gutgeschrieben. Im zweiten Jahr wurde dann sein Startguthaben plus der Zinserträge des Vorjahres mit 3,64 % verzinst. Und so weiter und so fort. Das ist der berühmte Zinseszins.

Es hätte nur 130 Jahre gedauert, bis aus dem einen Pfennig so eine Mark geworden wäre. Sein Vermögen hätte sich also um den Faktor 100 vermehrt. Doch damit nicht genug; es geht sehr schnell, bis aus dem 1 Pfennig stolze 10, 100 oder 1.000 Mark werden. Nach rund 420 Jahren wäre schon ein massiver Goldbarren daraus geworden und nach den 2.000 Jahren ein massives Goldstück in der Größe des Planeten Erde. Dies hätte die Raiffeisenbank von Bethlehem nun auszahlen müssen – und spätestens dann würde es die Raiffeisenbank von Bethlehem wirklich nicht mehr geben.

Im ersten Moment wirkt das Beispiel des Jesuspfennigs etwas abstrakt. Das Abstrakte daran ist aber nur, dass die Berechnung der Zinsen über einen Zeitraum von 2.000 Jahren andauert, einen Zeitraum, in dem wir nicht zu denken gewohnt sind.

Übrigens: Aus den 100.000 Euro Umsatz Ihrer Firma müssten in 2.000 Jahren stolze 15.550.463.996.114.800.000.000 Euro (in Worten: fünfzehn Septilliarden fünfhundertfünfzig Sextilliarden vierhundertdreiundsechzig Quintilliarden neunhundertsechsundneunzig Quattrilliarden einhundertvierzehn Trilliarden achthundert Billiarden Euro) werden. Und Sie müssten um rund dreihundert Quintilliarden Prozent produktiver arbeiten als heute!

Aber genau dieses abstrakte, unvorstellbare Phänomen finden wir immer dann in unserem Alltag, wenn wir irgendwie mit unserem Wirtschaftssystem in Berührung kommen – einem Wirtschaftssystem, das auf exponentiellem Wachstum beruht.

Nun hat leider auch diese Art von Wachstum mehr mit der Landwirtschaft zu tun, als man gemeinhin denkt oder mir als Landwirt lieb ist. Das nahm seinen Anfang, als in den sogenannten Wirtschaftswunderjahren, also der Zeit des massiven wirtschaftlichen Aufschwungs in Deutschland, die ersten Agrarsubventionen eingeführt wurden. Seitens der Politik hat man damals schnell gemerkt, dass teure Lebensmittel dem Wunsch nach hohen Wachstumsraten der Wirtschaft eher hinderlich sind. Daher

Weltbevölkerung – Wachstum – Würde: Wie passt das zusammen?

hat man über die Zahlung von Agrarsubventionen an die Bauern dafür gesorgt, dass die Lebensmittelpreise dauerhaft niedrig bleiben. Hat zum Zeitpunkt der Einführung der Agrarförderungen jeder Deutsche noch etwas mehr als die Hälfte seines Einkommens für Lebensmittel ausgegeben, sind es heute nur noch etwas mehr als elf Prozent. Der größere Rest des Einkommens steht nun anderen Konsumgütern, etwa Elektronikprodukten oder Autos, zur Verfügung. In diesem Bereich ist das Wirtschaftswachstum auch leichter zu generieren, denn beim Essen bestimmt das persönliche Sättigungsgefühl zum großen Teil den Konsum. Das Zweitauto oder der dritte Fernseher macht doch deutlich mehr Spaß als das vierte Schnitzel.

Und so brachten politische Maßnahmen innerhalb des Agrarsektors einen großen Teil des derzeitigen Wachstums in die Welt – und dieses Wachstum treibt zum Teil unglaubliche Blüten.

Wenn Kartoffeln auf Reise gehen

Das Maß aller Dinge, wenn es um das Wirtschaftswachstum geht, ist bekanntlich das Brutto-Inlands-Produkt, kurz BIP. Alle hergestellten und verkauften Sachgüter, also Autos, Fernseher, Möbel, Essen, Trinken etc., sind einen Betrag x wert. Das gilt auch für Dienstleistungen: Kellner, Krankenschwestern, Lastwagenfahrer, Kindergärtnerinnen, Lagerarbeiter, Lehrerinnen, Fußballspieler – all ihre Leistungen kosten Geld. Wenn man den Wert der Sachleistungen und den Wert der Dienstleistungen eines Jahres addiert, erhält man das BIP eines Landes.

Schauen wir uns mal gemeinsam ein paar Stunden aus dem Leben eines x-beliebigen Menschen in Deutschland an und was dieser für das BIP tut. Nennen wir ihn der Einfachheit halber Thomas Müller, denn so heißen die meisten Männer in Deutschland. Thomas Müller ist 22 Jahre alt und Lkw-Fahrer, laut Zensus der häufigste Beruf bei Männern in Deutschland.

Wenn Herr Müller morgens aufsteht, hat er noch nicht viel für das BIP getan. Seine Elektrogeräte auf Stand-by-Betrieb haben etwas Strom verbraucht. Sein Kühlschrank und die Gefriertruhe auch, seine Heizung hat etwas Öl in Wärme verwandelt. Gleich nach dem Aufstehen freut sich das BIP, denn der Stromverbrauch steigt. Licht, Zahnbürste und Rasierapparat verbrauchen Strom, und die Kaffeemaschine lässt den Stromzähler dann so richtig aufwachen. Das Wasser fürs Zähneputzen und Duschen und für den Kaffee muss Herr Müller den Stadtwerken abkaufen. Gut fürs BIP! Über das Marmeladenbrot und das Stück Käse zum Frühstück freut es sich ebenfalls. Hoffentlich hat er die Marmelade nicht selbst gemacht und womöglich die Früchte dafür im Wald gesammelt, das gäbe dem BIP nämlich gleich einen Dämpfer.

Nun verlässt Herr Müller seine Wohnung und fährt mit dem Auto zur Arbeit. Jetzt hat sich das BIP schon richtig warm gelaufen und kommt auf Touren. Das Auto hat Herr Müller gebraucht gekauft – schlecht fürs BIP. Sprit, Versicherung und Steuer zahlt er aber natürlich trotzdem. Die Arbeitskleidung, die Herr Müller trägt, wurde schon vor zwei Wochen dem BIP gutgeschrieben. In der Arbeit angekommen, steigt er in einen Lkw, beladen mit ungewaschenen Kartoffeln, Ziel Süditalien. Vor der Abfahrt tankt Herr Müller den Lkw noch voll. 320 Euro für das BIP – toll! Los geht's Richtung Italien. An der Grenze zu Österreich wird sein Lkw von den Beamten mit einer Plombe verschlossen und versiegelt. Weil er die Kartoffeln nicht in ein Land bringt, das direkt an Deutschland angrenzt, wird die Ladung an der deutschen Grenze kontrolliert und der Anhänger verplombt. Das spart an den Grenzübergängen der Länder, die weder Ursprungsland noch Zielland der Fracht sind, Zeit und Bürokratie, denn die Grenzbeamten dort überprüfen nur das Siegel bzw. die Plombe. Erst bei der Einfahrt in das Zielland wird die Plombe geöffnet und die Ware verzollt.

Weil er unterwegs zweimal im Stau stand, muss Herr Müller jetzt kurz vor dem Ziel anhalten, denn die maximale Lenkzeit ist erreicht. Er übernachtet im Lkw. Sein Abendessen hat er schon in Deutschland gekauft. Gut für das deutsche BIP, schlecht für das italienische. Am nächsten Morgen fährt er die letzten 50 Kilometer zu einer italienischen Kartoffelwaschanlage. Herr Müller lädt die Kartoffeln ab und bekommt wieder eine Ladung Kartoffeln mit, die zurück nach Deutschland sollen. Diesmal sind es aber keine ungewaschenen Kartoffeln mehr, sondern blitzblank gewaschene Kartoffeln, Ursprungsland Deutschland, so wird es später auch auf den Kartoffelsäcken im Supermarkt zu lesen sein. Herr Müller fährt die sauberen Kartoffeln zurück nach Deutschland. An der Grenze zu Österreich wird sein Anhänger wieder verplombt. Am Grenzübergang in Kiefersfelden darf die Plombe wieder entfernt werden, und die Ware wird verzollt. Rechtzeitig vor Ende der erlaubten Fahrzeit ist Herr Müller zurück im Hof der Spedition.

Darüber hat er sich zwar keine Gedanken gemacht, aber für das BIP hat er während der letzten 36 Stunden eine ganze Menge getan. Direkt wie indirekt. Denn durch den Transport von dreckigen Kartoffeln nach Italien und sauberen zurück hat er eine ganze Menge an Kosten verursacht. Inklusive seiner eigenen Lohnkosten.

Er hat auch dafür gesorgt, dass die Autobahn nach Italien ein klein bisschen abgenutzt wurde und sicher bald wieder mal neu geteert werden muss. Er hat auch den Lkw abgenutzt, auch der wird irgendwann wieder durch einen neuen ersetzt werden müssen. Weil der Verkehr über den Brenner nach Italien immer mehr wird, befindet sich derzeit der Brenner-Basistunnel (BBT) im Bau. Der BBT soll im Jahr 2025 fertiggestellt werden. Nach einem Jahr Probebetrieb soll er 2026 für den regulären Zugverkehr geöffnet werden. Dieser zwölf Milliarden teure Bau soll den Güterverkehr von der Straße auf die Schiene bringen und damit Zeit sparen. Alleine auf der Strecke von Innsbruck nach Bozen soll eine Stunde gespart werden. Die Kosten für den Tunnel teilen sich Österreich und Italien. Deutschland beteiligt sich indirekt über die EU. Nachdem aber auch viele deutsche Firmen am Bau des BBT beteiligt sind, hat Herr Müller hier ebenfalls ein gutes Werk für das deutsche BIP getan – hat er doch dafür gesorgt, dass die Zahl der Verkehrsbewegungen auf der Brennerautobahn den neuen Tunnel erst erfordert hat.

Aber warum werden die Kartoffeln denn überhaupt in Italien

gewaschen und nicht dort, wo sie herkommen? Die Antwort ist ganz einfach: weil es billiger ist. Solch ein Handel mit Drittländern wird mit Steuergeldern subventioniert. Derartige Abkommen wurden einmal geschlossen, um den internationalen Handel anzukurbeln. Diese Subventionszahlungen sind hoch genug, um damit den gesamten Transport und einen Teil der Kosten fürs Waschen der Kartoffeln zu bezahlen. Und außerdem könnte man die Kartoffeln gar nicht da waschen lassen, wo sie herkommen. Die letzte deutsche Kartoffelwaschanlage hat nämlich schon vor zwei Jahren ihren Betrieb aufgegeben, weil sie schlicht keine Arbeit mehr hatte.

Warum werden Kartoffeln nach Italien gefahren, um sie dort waschen zu lassen?

Ganz nebenbei gesagt: Eigentlich wäre es besser, man würde Kartoffeln bis direkt vor dem Kochen gar nicht waschen. Die leichte Erdschicht auf der Knolle stellt nämlich einen natürlichen Schutz dar. Dreckig lässt sich eine Kartoffel wesentlich länger lagern. Man müsste weniger Kartoffeln in den Kompost werfen und so auch insgesamt weniger Geld für Kartoffeln ausgeben. Aber das wäre schlecht fürs BIP.

Jetzt wird es Zeit, Ihnen etwas zu beichten: Der Lastwagenfahrer heißt gar nicht Thomas Müller. Er heißt in Wirklichkeit Markus Bogner.

Ja, ich war es. 1996 habe ich diese Fahrt zweimal als Aushilfsfahrer gemacht. Als ich dann kapiert hatte, was ich da anrichte, war mein kurzes Gastspiel als Lkw-Fahrer auch schon wieder beendet.

Ich kann mich noch gut daran erinnern. An dem Abend, nachdem ich das erste Mal wieder aus Italien zurück war, rückte ich mit der Freiwilligen Feuerwehr zu einem schweren Verkehrsunfall aus. Mehr als fünf Stunden und bis tief in die Nacht waren über zwanzig Feuerwehrmänner und -frauen ehrenamtlich im Einsatz, um ein Menschenleben zu retten. So ein Ehrenamt, egal, ob bei der Feuerwehr, im Sportverein, bei der Nachbarschaftshilfe, in den unzähligen Helferkreisen für Asylsuchende, in der örtlichen Musikkapelle, im Kirchenchor – diese unzähligen Stunden zum Wohle der Allgemeinheit werden Sie im BIP vergeblich suchen.

Das BIP interessiert auch nicht, ob Sie glücklich sind oder nicht. Eigentlich ist es dem BIP vielleicht sogar ein klein bisschen lieber, wenn Sie unglücklich sind. Denn dann ist die Chance größer, dass Sie aus lauter Frust heraus mehr konsumieren. Vielleicht werden Sie sogar eher krank und brauchen Therapie oder Medikamente. Da wird dann wenigstens das BIP glücklich!

> Das BIP interessiert nicht, ob Sie glücklich sind

Und genau dieses BIP muss immer weiter wachsen, damit es uns gut geht – so wird es uns immer wieder gebetsmühlenartig gepredigt. Aber wo kommt diese Überzeugung her? Sie hat zwei wesentliche Gründe. Erstens meinen viele Menschen, dass sich mit wachsender Wirtschaft in einem Land auch der Wohlstand der Bürger des Landes verbessert. Das wäre rein rechnerisch auch richtig, wenn das Mehr an Geld gerecht verteilt würde – das ist aber leider nicht der Fall. Der zweite Grund für den Wunsch nach immer währendem Wirtschaftswachstum liegt am Finanzsystem im Allgemeinen begründet.

Wie Geld arbeitet

Ein Großteil unserer Wirtschaft basiert auf Bankkrediten. Banken können nicht nur das Geld verleihen, das ihre Kunden bei ihnen angelegt haben. Legt man sein Geld bei einer Bank an, erhält man Zinsen. So soll sichergestellt werden, dass das Geld nicht unter dem Kopfkissen verschwindet, sondern auf die Bank gebracht wird, wo man dafür Zinsen bekommt. Nur so steht das Geld der Bank wieder für neue Kreditvergaben zur Verfügung. Leihen Sie sich von der Bank Geld, müssen Sie Zinsen bezahlen. Das heißt, die Zinsen, die jemand für sein Guthaben erhält, muss ein anderer erst erarbeiten. Das sage ich nur, damit Sie wissen, wer da wirklich arbeitet, wenn es heißt: »Lassen Sie Ihr Geld für sich arbeiten.«

> Zinsen, die jemand für sein Guthaben erhält, muss ein anderer erst erarbeiten

Banken können aber nicht nur das Geld verleihen, das ihre Kunden bei ihnen angelegt haben, sie können auch neues Geld schöpfen. Das ist dann Geld, das es vor Kreditvergabe noch nie gegeben hat – irgendwie muss die Geldmenge ja mehr werden, sonst könnte ja auch die Wirtschaft nicht wachsen. Die Firmen oder Privatleute bringen dann das Geld aus diesem Kredit in den Umlauf. Ist mehr Geld im Umlauf, steigt automatisch die Nachfrage nach Gütern und Dienstleistungen. Das bedeutet wiederum Wirtschaftswachstum auf der einen und Inflation auf der anderen Seite (Inflation ist die Erhöhung des Preisniveaus von Gütern oder die Minderung der Kaufkraft von Geld, was in der Wirkung gleichbedeutend ist). Und dann sind da noch die Zinsen, die für die Kreditvergabe bezahlt werden müssen. Alleine schon diese Zinslast erarbeiten zu müssen bringt automatisch ein gewisses Wirtschaftswachstum mit sich. Ein ziemlich komplexes System, aber Sie erkennen womöglich schon an dieser kurzen Schilderung, dass es sich hier um einen unguten Kreislauf, gewissermaßen um einen Teufelskreislauf handelt. Das große Problem an diesem Kreislauf ist, dass nie jemand einen Zielpunkt definiert hat. Kein Politiker, kein Wirtschaftswissenschaftler kann Ihnen sagen, was das Ziel dieses Wachstums ist und wo es liegt.

Es gibt nämlich kein Ziel. Dieses System ist darauf ausgelegt und darauf angewiesen, dass es immer so weiter geht. Lassen Sie sich von einem Biobauern aber eines sagen: Dauerhaft exponentielles Wachstum ist bereits aus rein mathematischer Sicht nur auf dem Papier möglich. In der Natur, noch dazu mit limitierten Ressourcen, ist es ein Ding der Unmöglichkeit. Das wird Ihnen auch jeder Mathematiker bestätigen.

Abgesehen davon, merken wir zunehmend, dass uns dieses stetige Wachstum nicht automatisch glücklich(er) macht. Immer mehr Menschen beginnen zu realisieren, dass diese Art des Wachstums keine Lösung für unsere derzeitigen Probleme bietet, weil sich Probleme nach dem berühmten Einstein-Wort »niemals mit derselben Denkweise lösen lassen, durch die sie entstanden sind«.

Wenn Wachstum also kein Ziel hat und obendrein zerstörerisch wirkt, gibt es dann etwa einen Zusammenhang zwischen unserem Wirtschaftswachstum und dem Hunger und Elend in den Entwicklungsländern dieser Welt?

Urlaub als Hobbybauer

Unser Bauernhof hat sich in den letzten Jahren zu einem nationalen und internationalen Treffpunkt entwickelt. Nicht nur ein paar der in Deutschland lebenden Flüchtlinge haben bei uns schon ein Praktikum gemacht, sondern auch Menschen, die nicht aus ihrer Heimat flüchten mussten. Zum einen waren viele Praktikantinnen aus Deutschland und Österreich bei uns, die während ihrer Ausbildung zur ländlichen Hauswirtschafterin mehrere Praktika absolvieren müssen.

Dann kamen aber auch Leute aus einem ganz anderen Grund: Sie interessieren sich für kleinbäuerliche Strukturen und wollen wissen, wo ihre Lebensmittel herkommen. Und das erfahren sie am besten, wenn sie einmal ein paar Tage auf einem Bauernhof mitarbeiten.

Mit WWOOF »seinen« Bauernhof finden

Woofer, so bezeichnet man heute so jemanden. Woofer sind Menschen, die sich über WWOOF (World-Wide Opportunities On Organic Farms) finden.

WWOOF ist ein weltweites Netzwerk, das von der Idee getragen wird, Menschen zusammenzubringen, die einen naturverbundenen Lebensstil auf dem Land führen – oder aktiv kennenlernen wollen. Um herauszufinden, was es bedeutet, seine eigenen Lebensmittel herzustellen, als kleinbäuerlicher Betrieb von der Landwirtschaft zu leben, oder um Wege in die Selbstversorgung auf dem Land auszuprobieren, helfen WooferInnen freiwillig auf ökologisch bewirtschafteten Höfen und werden dort in die Hofgemeinschaft und in die Familie integriert. WWOOF-Deutschland wurde im Herbst 1987 nach britischem Vorbild gegründet und ist als gemeinnütziger Verein »Freiwillige Helfer/innen auf ökologischen Höfen e. V.« eingetragen. Im Internet ist WWOOF-Deutschland unter www.wwoof.de zu finden.

In der Praxis sieht das so aus:
- Auf der genannten Website kann man sich registrieren, sowohl als teilnehmender Hof als auch als potenzieller Helfer. Die Registrierung kostet zwar ein paar Euro pro Jahr, dafür wird man aber regelmäßig über Neuerungen und interessante Projekte informiert. Auf dieser Seite stellen sich die Biohöfe vor und veröffentlichen dort auch, wann sie einen oder mehrere Helfer benötigen. Auch als Helfer kann man dort seine Hilfe anbieten und warten, bis einer der Betriebe sich meldet.
- Ein Woofer/eine Wooferin aus Deutschland oder irgendeinem anderen Land kommt zu uns auf den Hof. Ein paar Stunden am Tag hilft er oder sie bei der Arbeit und erhält dafür Kost und Unterkunft frei. Die restliche Zeit des Tages haben die Woofer frei, um die Gegend zu erkunden.
- Wir zeigen ihnen unseren Hof und die Arbeiten, die wir für die Zeit der Mithilfe geplant haben.
- Das größte Interesse besteht meistens an der Herstellung von biologischen Lebensmitteln, ganz egal, ob wir diese Lebensmittel produzieren oder ein anderer Biobauer.

Wer überlegt, sich als Woofer/in aufzumachen, sollte sich zuallererst selbst ein paar Fragen stellen:
- Welche Arbeit interessiert mich?
- Wie geländetauglich bin ich (gerade bei Winzern und Bergbauern kommen schnell ein paar hundert Höhenmeter täglich zusammen)?
- Welchen Anspruch habe ich an Zimmer/WC/Dusche?
- In welches Land/welche Region möchte ich?

Wenn Sie Antworten auf diese Fragen gefunden haben, ist es schon viel einfacher, sich auf der Webseite von WWOOF durch die einzelnen Höfe zu klicken. Doch dann kommt noch die wichtigste Frage, die Sie sich stellen sollten:

- Wie viel Zeit habe ich, um auf einem Hof mitzuarbeiten?

Mein Rat: Planen Sie wenigstens fünf Tage ein, denn so viel Zeit braucht man, um die Menschen und den Bauernhof kennenzulernen. Und von der Gegend möchte man ja auch etwas sehen.

In der Welt zu Hause

Ob Flüchtlinge bei uns ein Praktikum machen oder ob uns Woofer ein paar Stunden am Tag bei der Arbeit helfen, in beiden Fällen ist deren Mitarbeit für uns kostenlos. Sollte man aber vorhaben, auf diese Weise billige Arbeitskräfte an Land zu ziehen, soll gleich gesagt sein: In beiden Fällen ist das keine gute Idee!

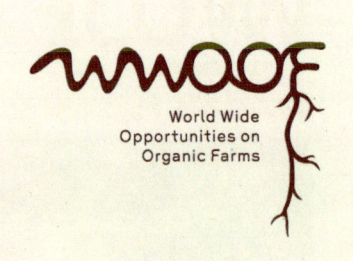

Ja, unsere Gäste aus nah und fern sind uns oft wirklich eine große Hilfe und sorgen manchmal dafür, dass wir etwas früher am Tag mit der Arbeit fertig sind. Aber diese gewonnene Zeit kommt dann wieder unseren Gästen zugute.

Wir genießen es, wenn die Welt zu uns auf den Hof kommt. Und da wollen wir auch etwas erfahren von der Welt. Gleichzeitig zeigen wir der großen weiten Welt gerne unsere kleine. Daraus sind viele interessante Begegnungen und Gespräche geworden, die uns noch lange begleitet haben.

Jasemin, Miguel und Nathan

Meine Familie und ich sind sehr aktiv engagiert im örtlichen Helferkreis für asylsuchende Flüchtlinge, die in unserer Region ankommen. Wir versuchen, ihnen zu helfen, sich hier zurechtzufinden, und zeigen den jungen Männern und Frauen auch, welche Bräuche und Sitten es bei uns gibt. Vor allem unsere Kinder hatten von Anfang an einen beneidenswert unvoreingenommenen Umgang mit den Flüchtlingen. Einige von ihnen waren schon einmal ein paar Tage bei uns auf dem Bauernhof und haben als Praktikanten mitgearbeitet. Ziel dieser Praktika war es herauszufinden, ob eine Arbeit in der Landwirtschaft oder in einer Gärtnerei eine Option für eine künftige Beschäftigung sein kann. Während so eines Praktikums unterhalte ich mich sehr viel mit den Asylbewerbern. Das geht mit Händen und Füßen und ein bisschen Englisch ganz gut.

Wir unterhalten uns über ihr Leben in ihrem Heimatland, in Nigeria, im Senegal, in Gambia, in Syrien, in Pakistan und wo immer sonst sie herkommen mögen. Und dann erfahre ich meistens eine ganze Menge über die Gründe, durch die die Menschen zur Flucht getrieben wurden. Ganz oft merke ich, dass wir, also die Bundesrepublik Deutschland, nicht selten an den Gründen für die Flucht beteiligt sind. Und da taucht bei mir unwillkürlich die Frage auf, ob in solch schwierigen Situationen die Menschenwürde denn gar nichts wert ist.

Die Menschenwürde ist immer mal wieder Thema, vor allem Politiker setzen sich zumindest verbal gerne mit ihr auseinander. Aber was genau ist diese Menschenwürde? Klar, in der »Allgemeinen Erklärung der Menschenrechte« der UN wurden die Menschenrechte fixiert. Sie enthält grundlegende Ansichten über die Rechte, die jedem Menschen zustehen, »ohne irgendeinen Unterschied, etwa nach Rasse, Hautfarbe, Geschlecht, Sprache, Religion, politischer oder sonstiger Überzeugung, nationaler oder sozialer Herkunft, Vermögen, Geburt oder sonstigem Stand.« Im Artikel 1 der Erklärung heißt es: »Alle Menschen sind frei und gleich an Würde und Rechten geboren«, und auch in unserem

Grundgesetz findet sich die Menschenwürde an exponierter Stelle: »Die Würde des Menschen ist unantastbar. Sie zu achten und zu schützen ist Verpflichtung aller staatlichen Gewalt«, heißt es dort ebenfalls in Artikel 1.

Doch hat die Menschenwürde heute überhaupt noch eine wirkliche Bedeutung? Für mich bedeutet Menschenwürde, dass mein Gegenüber mir ebenbürtig ist. Woher auch immer mein Gegenüber stammt, ob es einen Titel trägt, welche Hautfarbe es hat – wir beide sind gleichwertig.

Hört sich in der Theorie erst mal ganz gut an, ist in der Praxis aber manchmal schwer, vor allem wenn es gar nicht mein Gegenüber ist, sondern irgendwer, jemand, den oder die ich gar nicht kenne, geschweige denn je gesehen habe oder sehen werde.

Würden Sie Jasemin, eine 21 Jahre junge Frau aus Bangladesch, bei sich zu Hause beschäftigen, damit sie Ihre T-Shirts, Hosen und Jacken näht, und ihr dafür täglich 1,20 Euro bezahlen? Wahrscheinlich nicht! Wenn wir diese Näherin aber nicht kennen, dann müssen wir auch nicht an sie denken, wenn wir bei KiK, Tchibo oder C&A ein Kleidungsstück kaufen.

Oder würden Sie Miguel, den siebenjährigen Jungen aus Lateinamerika, anstellen, um ihn für rund 1,50 Euro am Tag in Ihrem Garten die Bohnen für den morgendlichen Kaffee pflücken zu lassen? Wahrscheinlich auch nicht. Aber die acht Millionen »Coffee to go«, die täglich in Deutschland getrunken werden, sprechen genau diese Sprache.

Und würden Sie den 29-jährigen Familienvater Nathan aus der Republik Kongo umbringen, nur weil Sie ein neues Smartphone haben wollen? Natürlich auch nicht, aber genau das passiert in einem Land, in dem um den Bodenschatz Coltan, ohne den keine Digitaluhr, kein Handy, kein Laptop, kein Tablet, kein eBook und auch kein Flachbildfernseher funktioniert, Krieg geführt wird. Der Coltanabbau bzw. der Profit aus dem Abbau von Coltan ist eine der Hauptursachen für den Kongokrieg, einen Bürgerkrieg, der mehr als fünf Millionen Menschen das Leben gekostet hat. Während sich die Industrienationen mit Computerspielen, Smartphones und Laptops eindeckten, profitierten die Kriegstreiber im Kongo von der großen Nachfrage nach Coltan und konnten ihren Krieg immer weiter fortsetzen. Übrigens: Menschen, die aus der Demokratischen Republik Kongo nach Europa fliehen und dort Asyl suchen, gelten als Wirtschaftsflüchtlinge, da der Bürgerkrieg offiziell seit 2006 beendet ist, obwohl noch immer gekämpft wird und täglich rund 1.000 Menschen in den Kämpfen den Tod finden.

Verstehen Sie jetzt, warum ich frage, welche Bedeutung Menschenwürde heute für uns hat? Heute, jetzt und hier, in dieser globalisierten Welt? Je mehr Informationen Sie und ich darüber bekommen, was sich hinter der Globalisierung so alles versteckt, umso schwieriger wird es, eine klare Antwort zu finden.

Stehen wir Jasemin, Miguel und Nathan direkt gegenüber, blicken in ihre Augen und hören ihre Geschichte, dann sagen wir alle JA zur Menschenwürde. Stehen wir aber bei KiK, Starbucks oder im Apple-Store an der Kasse, antworten wir höchstens noch mit einem »Ja, aber ...«.

Auch ich ertappe mich manchmal dabei, wie ich warte, dass irgendwer irgendetwas ändert.

Ich warte, dass die Politiker das Wirtschafts- und Finanzsystem ändern. Ich warte, dass die Kirche ihre verkrusteten Strukturen durchbricht. Ich warte, dass endlich jemand unser Schulsystem reformiert.

Und so warten die meisten von uns permanent auf irgendwelche Veränderungen, die sie gerne hätten.

Aber inzwischen sehe ich persönlich die einzige Möglichkeit, gewünschte Änderungen herbeizuführen, im ganz einfachen TUN.

Ich will nicht, dass Jasemin in Bangladesch unter erbärmlichen Umständen Kleider für uns näht. Da hilft es nicht, wenn ich darauf warte, dass jemand etwas daran ändert. Ich will nicht, dass Miguel und andere Kinder in Lateinamerika unseren Kaffee ernten müssen. Auch da hilft es nicht, wenn ich warte, bis jemand etwas ändert. Und ich will auch nicht, dass Nathan in der Republik Kongo sein Leben verliert, nur weil mein Laptop schon wieder

> Die einzige Möglichkeit, gewünschte Änderungen herbeizuführen, liegt im ganz einfachen TUN

kaputt ist. Und wieder hilft es nicht zu warten, dass irgendwer kommt und daran etwas ändert.

WIR müssen etwas ändern!

Erinnern Sie sich noch an den Titel dieses Kapitels? Er war als Frage formuliert, und die lautete: »Weltbevölkerung – Wachstum – Würde: Wie passt das zusammen?«

Hier angekommen, kann ich nur antworten: »Es passt nicht zusammen!«

FÜNFTES KAPITEL
Der Globalacker – oder: mit 2.000 Quadratmetern die Welt ernähren

Wie die Welt von morgen aussehen wird,
hängt in großem Maß von der Einbildungskraft jener ab,
die gerade jetzt lesen lernen.
— Astrid Lindgren

Mit 2.000 Quadratmeter fruchtbarem Boden die Welt ernähren? Wie soll das denn gehen?
So oder so ähnlich reagieren die Menschen oft, wenn sie zu uns kommen. »Mit 2.000 Quadratmeter Boden die ganze Welt ernähren« lautet nämlich der Titel unserer Seminare und Vorträge. Im Gegensatz zu den Kursteilnehmern wissen Sie jetzt schon, dass jeder Mensch auf diesem Planeten ziemlich genau 2.000 Quadratmeter fruchtbaren Acker zur Verfügung hat, 2.000 Quadratmeter, um all das wachsen zu lassen, was wir zum Essen und noch für viele andere Dinge im Leben brauchen.

Sicher haben Sie schon mal ein Wettkampf-Schwimmbecken gesehen. So ein Becken mit acht Bahnen und einer Länge von 50 Metern hat eine Grundfläche von 1.000 Quadratmetern. Zwei derartige Becken sind also genauso groß wie unser Acker.

Aber wo ist unser Acker überhaupt? Was wächst darauf? Wer kümmert sich um Ihre 2.000 Quadratmeter? Wachsen da womöglich Sachen, die Sie gar nicht haben wollen? Und damit meine ich kein Unkraut!

Wo ist Ihr Acker, und was wächst da überhaupt?

Stellen Sie sich einmal vor, Ihr ganz persönlicher Acker wäre in Berlin. Das ist gar nicht so abwegig, denn die Zukunftsstiftung Landwirtschaft betreibt dort seit 2014 tatsächlich einen »kleinen Weltacker«, und zwar am Stadtrand von Berlin. Auf einer Fläche von 2.000 Quadratmetern haben die Betreiber im ersten Jahr ihres Versuchs die Welt im Kleinen »nachgebaut«. Auf den dortigen 2.000 Quadratmetern wurden Pflanzen in genau dem Mengenverhältnis gepflanzt, wie sie auf den insgesamt 1,4 Milliarden Hektar globaler Ackerfläche Jahr für Jahr angebaut werden. 150 Quadratmeter Sojabohnen, 1.000 Quadratmeter für Weizen, Reis und sonstiges Getreide, 300 Quadratmeter Mais und 200 Quadratmeter für Ölsaaten.

Mais, Reis, Getreide, Soja und Ölsaaten benötigen also schon 1.650 Quadratmeter unseres Ackers. Die restlichen 350 Quadratmeter bleiben übrig für Obst, Gemüse, Erd- und Hülsenfrüchte, Zucker, Zigaretten, Gummi und Fasern für Ihre Bekleidung, und, und, und. Sie sehen schon, da wird's ganz schön eng auf Ihrem Acker.

Unglaublich, aber wahr: Das gesamte Obst und Gemüse, inklusive der Erdfrüchte, die Sie essen, benötigt nur etwas mehr als vier Prozent Ihrer 2.000 Quadratmeter, nämlich 86!

Und die restlichen 1.914 Quadratmeter? Wie viel von dem, was auf dem Rest wächst, hat denn wirklich mit Ihrer Ernährung zu tun? Ganz schön viel! Auf dem Rest wachsen ja auch Ihr Olivenöl, Ihre Schokolade, Ihr täglich Brot, Ihr Kuchen und natürlich auch Ihr Schweinefilet und Ihr Frühstücksei. Nicht einmal die Fische aus den unzähligen Aquakulturen kommen mehr ohne Ihren Acker aus. Denn von den 1.000 Quadratmeter Reis, Weizen und anderen Getreiden dient weniger als die Hälfte Ihrem persönlichen Verzehr. Fast die gleiche Menge, die Sie verspeisen, wird an Tiere verfüttert, und der Rest wird zusammen mit Mais und Kartoffeln zu Sprit, Energie und anderen industriellen Rohstoffen umgewandelt.

Und dann werden wir Menschen täglich immer mehr, während gleichzeitig viel fruchtbarer Boden verloren geht, was bedeutet, dass Ihre und meine 2.000 Quadratmeter laufend weiter schrumpfen. Laut offizieller Berechnungen werden uns im Jahr 2050 nur noch 1.600 Quadratmeter zur Verfügung stehen. Eine Menge Zahlen und Fakten, aber eines wird klar: Der Konkurrenzdruck auf Ihrem Acker ist groß und wird von Tag zu Tag größer.

Nun kann man das, was auf Ihrem Acker wächst, auch in anderen Einheiten betrachten, etwa in Kilogramm statt in Quadratmetern. Dies ist eine erhellende Übung, denn so werden Zahlen wieder anschaulich. Auf Ihrem Acker wüchsen dann 8.500 kg Kartoffeln oder Karotten. Oder 15.000 kg Tomaten, 1.200 kg Getreide, wie Weizen oder Roggen, oder 7.500 kg Bohnen. Sie erkennen sicher gleich, dass es erheblich mehr wäre als das, was Sie als einzelner Mensch in einem Jahr je essen könnten, was auch immer Sie auf Ihrem Acker anbauten. Es darf also ohne Weiteres ein bisschen von Ihrem Acker für Fasern, Genussmittel und auch für Energie und Tierfutter verbraucht werden. Die Frage ist nur, was ist das richtige Maß?

Was ist das richtige Maß?

Würden Sie die ganze Fläche nur für Bioethanol-Erzeugung, also die Herstellung von Sprit, verwenden, könnten Sie mit Ihrem Auto von München nach Hamburg und wieder zurückfahren. Das wär's dann auch schon gewesen mit Autofahren. Für ein ganzes Jahr. Denn mehr Sprit gibt Ihr Acker nicht her.

All diese Berechnungen basieren auf statistischen Mittelwerten. Die Zahlen, die solchen Rechenmodellen zugrunde liegen, stammen übrigens von der Weltbank. Diese Weltbank ist keine Bank im klassischen Sinne. Ursprünglich wurde sie ins Leben gerufen, um den Wiederaufbau verwüsteter Staaten nach dem Zweiten Weltkrieg mit finanziellen Mitteln der Vereinten Nationen zu finanzieren. Sitz der Weltbank ist in den USA, in Washington, D.C. Die Ökonomen der Weltbank haben schon sehr früh erkannt, dass eine funktionierende Landwirtschaft die Basis darstellt, um die Wirtschaft in Entwicklungs- und Schwellenländern überhaupt ankurbeln zu können. Daher erhebt die Weltbank riesige Mengen von Daten über die landwirtschaftliche Produktion in allen Ländern der Erde. Durch die Erhebung und Auswertung dieser Daten war es überhaupt erst möglich, in Erfahrung zu bringen, wie viel Ackerfläche von den Bauern weltweit bewirtschaftet wird.

Es spielen natürlich noch unzählige weitere Faktoren hinein, wenn man Aussagen darüber treffen will, was und wie viel auf Ihrem Acker wachsen kann.

Ackerbau findet beispielsweise nicht überall statt, weil er aufgrund klimatischer Voraussetzungen gar nicht auf dem gesamten Erdball möglich ist. So ist die Vegetationszeit nördlich von Großbritannien und südlich von Chile für Ackerbau zu kurz. Ein Mindestmaß an Sonnenstunden und bestimmte Temperaturen sind unabdingbar, um Nahrungspflanzen aus einem Samenkorn bis zur Erntereife wachsen zu lassen.

Bei uns in Deutschland, das etwa mittig zwischen den Tropen und der Polarregion liegt, kann man die thermischen Voraussetzungen für den Ackerbau als durchschnittlich bezeichnen. Am Äquator können Sie Ihren Acker an 365 Tagen im Jahr bewirtschaften (zumindest was die Temperaturen betrifft) und ganzjährig ernten. In Deutschland verringert sich die Vegetationsperiode schon mindestens um die Winterzeit. In Süddeutschland wird sie wegen der Höhenlage noch ein wenig kürzer als im Norden unseres Landes. All diese Faktoren sind für Ihren Acker bedeutend.

Kann man nun aber auch feststellen, wo sich Ihr Acker befindet? Zumindest rein rechnerisch oder statistisch? Eines steht fest: Ihre 2.000 Quadratmeter befinden sich in unzählige kleine Stücke zerlegt und über die ganze Welt verteilt. Je weiter die Globalisierung voranschreitet, desto weiter verstreut sich auch Ihr Acker. Diese Globalisierung ist schon was Tolles! Obwohl ich hier am Tegernsee auf 800 Meter über dem Meeresspiegel lebe, wachsen auf meinem *globalen* Acker Orangen, Zitronen, Avocados, Bananen, Mangos und Erdbeeren. Erdbeeren wachsen zwar wirklich hier bei uns im Garten, aber eben nicht zu Weihnachten!

So angenehm diese Auswirkungen der Globalisierung auch sein mögen, sie haben auch ihre Schattenseiten. Welche das sind und ob Sie und ich etwas gegen sie tun können, dazu später mehr. Jetzt wollen wir aber noch einmal zu unserem »kleinen Weltacker« am Rande Berlins zurückkehren.

Im Jahre 2014 wurde der eben beschriebene Globalacker angelegt, der die weltweite Verteilung der Ackerfrüchte demonstrieren sollte. Das Jahr 2015 stand dort unter dem Motto »Ein Feld, ein Mensch, ein Jahr!«. Die 2.000 Quadratmeter sollten so gestaltet werden, dass sich ein Mensch ein ganzes Jahr von diesem Acker versorgen kann. Am Anfang stand die Anbauplanung: Welche Nährstoffe müssen berücksichtigt werden, und wie legen wir Vorräte an? Wie wollen wir uns eigentlich ernähren? Mit Fleisch oder ohne? Vegetarisch? Vegan? Um das Ganze möglichst abwechslungsreich und repräsentativ zu gestalten, musste nicht ein einzelner Mensch als Versuchsperson herhalten. Über ein ganzes Jahr verteilt, war zwar immer eine Person da, um sich vom Garten und von dem, was er hervorbringt, zu ernähren, aber man wechselte sich ab. Mal Mann, mal Frau, mal jung, mal alt.

Eindrucksvoll demonstrierte der »kleine Weltacker« an der Havel, dass auch auf dem dortigen kargen Boden viel mehr wächst, als ein einzelner Mensch in einem Jahr je verzehren kann. Das öffentliche und mediale Interesse an diesen 2.000 Quadratmetern in Berlin war enorm, und so wurde der Acker auch ganz schnell zu einem Ort der Begegnung. Viele Menschen unterstützten die Weltackerbäuerinnen und -bauern bei ihrer Arbeit und wurden anschließend mit Köstlichkeiten aus dem Garten versorgt. Und trotzdem war das, was auf dem Acker wuchs, immer noch mehr als genug!

Selbst auf dem kargen Boden an der Havel wächst mehr, als ein Mensch im Jahr verzehren kann

Berlin ist nicht (in) Äthiopien

Ob in Deutschland, Russland oder Äthiopien, jeder Mensch verfügt rein rechnerisch über genau die gleiche Menge Ackerland, also 2.000 Quadratmeter. Aber längst nicht alle werden satt,

Fünftes Kapitel

was auch in diesem Zusammenhang wieder einmal paradox anmutet.

Äthiopien war lange Zeit Sinnbild für den Hunger auf dem afrikanischen Kontinent. Das lag nicht zuletzt an der großen Hungerkatastrophe von 1984/85, als fast eine Million Menschen in Äthiopien starben. Hat sich das mittlerweile geändert?

Glaubt man den Statistiken der Weltbank, ist Äthiopien inzwischen sogar Selbstversorger in Sachen Landwirtschaft, denn das Land exportiert mehr Lebensmittel, als es für die Ernährung seiner Bevölkerung importiert. Und trotzdem leiden etwa acht Millionen Menschen in Äthiopien Hunger.

Äthiopien ist auch eines der Vorzeigeländer des Internationalen Währungsfonds (IWF), denn das Wirtschaftswachstum in Äthiopien liegt seit vielen Jahren bei jährlich rund zehn Prozent. Und trotzdem leiden etwa acht Millionen Menschen in Äthiopien an Hunger?

Den größten Anteil an diesem immensen Wirtschaftswachstum hat sogar die Landwirtschaft, die fast die Hälfte zum Bruttoinlandsprodukt Äthiopiens beiträgt. Und trotzdem leiden etwa acht Millionen Menschen in Äthiopien an Hunger!

Erkauft wurde das Wachstum in der Landwirtschaft mit Zwangsumsiedlungen ganzer Ortschaften, denn es sind Agrarkonzerne aus Indien, China, Saudi-Arabien und Südkorea, die Äthiopien für sich entdeckt haben und viel Fläche benötigen. Landwirtschaftliche Betriebe mit 10.000 Hektar und mehr sind dort keine Seltenheit. Da gibt es riesige Schnittblumenfelder für niederländische Großhändler oder den größten Bestand an Rindern in ganz Afrika. Das Leder aus der Rinderhaltung versorgt wiederum die Schuhindustrie, und die ist in Äthiopien deshalb so stark vertreten, weil nirgendwo in Afrika die Löhne so niedrig sind wie an dessen Horn im Osten des Kontinents. Die Rindfleischproduktion hat in Äthiopien in den letzten drei Jahren um 58 Prozent zugenommen – und trotzdem leiden immer noch etwa acht Millionen Menschen Hunger, Tendenz steigend!

Auf dem Papier legt Äthiopien seit Jahren eine enorme wirtschaftliche Entwicklung an den Tag. Nur leben die Profiteure dieser Entwicklung nicht in Äthiopien, sondern es sind ausländische Konzerne. Äthiopien ist nur ein Beispiel, das für viele Länder in Afrika, Asien, Mittel- und Lateinamerika steht. Eigentlich dachte ich, dass der Kolonialismus, »die meist staatlich geförderte Inbesitznahme auswärtiger Territorien und die Unterwerfung, Vertreibung oder Ermordung der ansässigen Bevölkerung durch eine Kolonialherrschaft«, wie es auf Wikipedia heißt, längst vorbei sei. Aber er hat sich nur verwandelt, denn heute sind nicht mehr Staaten Treiber dieser Entwicklung, sondern Konzerne. Wieder so eine, wenn nicht sogar die dunkelste Schattenseite der Globalisierung.

Was ist aber nun der Unterschied zwischen den 2.000 Quadratmetern, die jedem Äthiopier zur Verfügung stehen, und denjenigen 2.000 Quadratmetern, über die wir Deutschen (oder andere Menschen aus Ländern der sogenannten Ersten Welt) verfügen?

Ganz einfach: Wir haben auch den Zugang zu dieser Fläche! Aber sie reicht uns nicht! Wir brauchen mehr – viel mehr!

Zur Erinnerung: Wir verfügen nicht nur über 2.000 Quadratmeter Acker. Da waren ja noch 5.000 Quadratmeter Weideflächen und 5.000 Quadratmeter Wald. Wenn uns die 2.000 Quadratmeter Acker nicht ausreichen, warum machen wir dann nicht einfach aus dem Wald oder der Weide Ackerland? Weil es nicht geht! Der Großteil der Weideflächen und auch der Wälder liegt in Regionen, in denen Ackerbau nicht möglich ist, sei es, weil die Temperaturen und/oder die Niederschläge nicht ausreichen, weil die Bodenkrume zu dünn ist oder das Gelände zu steil. Und wenn der tropische Regenwald in Acker verwandelt wird, hat das verheerende Folgen für das Klima. Kurzum: Die Ausdehnung der Ackerflächen ist (auf Dauer) nicht möglich, und wer es trotzdem versucht, gefährdet seine eigenen 2.000 Quadratmeter durch Klimawandel und Wetterextreme.

> Eine Ausdehnung der Ackerfläche ist auf Dauer nicht möglich – und auch nicht nötig

Aber eigentlich gibt es gar keinen guten Grund, die Ackerfläche der Welt zu vergrößern, denn auf unserem Acker wächst ja schon jetzt ein Vielfaches dessen, was ein einzelner Mensch in der Lage ist zu verzehren ...

Der gezähmte Boden

Es war im Herbst 2007. Wir waren noch nicht auf dem Boarhof, aber bereits Bauern. Bei uns im Landkreis Miesbach hatte sich eine Interessengemeinschaft zusammengefunden, die einen Agro-Gentechnik-freien Landkreis voranbringen wollte. Der Gentechnikanbau war und ist hier im Landkreis kein großes Thema, weil der Ackerbau allgemein nur eine sehr geringe Rolle spielt. Allerdings wurden große Mengen an gentechnisch verändertem Soja an die Kühe verfüttert – und für die ist der Landkreis Miesbach besonders berühmt.

Das Miesbacher Fleckvieh prägt das Landschaftsbild des Landkreises wie keine andere Rinderrasse und wird von hier aus in die ganze Welt exportiert. Die meisten der konventionell gehaltenen Kühe bekamen Kraftfutter zu fressen, in dem gentechnisch verändertes Soja enthalten war. Gentechnisch veränderte Produkte sind kennzeichnungspflichtig. So ist natürlich auch im Kleingedruckten auf den Anhängern der Futtersäcke zu lesen, dass sogenanntes GVO-Soja (Gentechnisch Veränderte Organismen) enthalten ist. Die Milch und auch das Fleisch dieser Kühe sind allerdings nicht kennzeichnungspflichtig. Im Labor ist keine Veränderung der Lebensmittel nachzuweisen – daher keine Hinweispflicht.

In unserer Interessengemeinschaft für einen gentechnikfreien Landkreis Miesbach war es unser oberstes Interesse, die Landwirte aufzuklären. Viele meiner Berufskollegen wussten damals nur sehr wenig über das Thema Gentechnik, und das wollten wir ändern. So haben wir nicht nur versucht, die Landwirte zu informieren, wir haben auch Veranstaltungen organisiert, in denen Bauern und Verbraucher zusammenkommen.

Ab und zu wurden bei diesen Treffen auch Dokumentarfilme gezeigt, und häufig waren es Filme des Münchner Filmemachers Bertram Verhaag, zu dem die Zivilcourage Miesbach (so hieß unsere Interessensgemeinschaft) ein sehr enges Verhältnis hatte. Bertram Verhaag hat in den letzten zwei Jahrzehnten viele hervorragende Streifen über Alternativen in der Landwirtschaft produziert. Unser Ziel war es, Landwirte und Konsumenten zusam-

Kompost aus der Wurmkiste

Offiziell produziert jeder von uns jährlich etwa 125 kg Biomüll. In Wahrheit sind es noch viel mehr. Das ist nämlich nur die Menge, die auch in den Biomülltonnen der Entsorger landen. Der organische Abfall, der im Restmüll oder in privaten Kompostbehältern landet, ist in dieser Zahl nicht berücksichtigt.

Eine hervorragende Möglichkeit der privaten Kompostierung ist die Wurmkiste. Mit einer Wurmkiste können Sie absolut geruchsneutral Ihren Biomüll zu hochwertigem Humus verwandeln.

Im Internet kursieren Dutzende Bauanleitungen für solche Kisten. Die meisten davon erscheinen mir allerdings für den täglichen Gebrauch etwas umständlich.

Die Kisten vorbereiten

Meine Wurmkiste habe ich aus ausgemusterten Metzgerkisten gebaut. Von diesen roten Kisten, in denen die Metzger ihr Fleisch aufbewahren und transportieren, werden sehr viele entsorgt, weil sie den Anforderungen der Lebensmittelhygiene nicht genügen. Mit vier solcher Kisten und einem Bohrer ist im Handumdrehen das Hotel für die Würmer gebaut. Sollten die Kisten seitlich irgendwelche Öffnungen haben, kleben Sie auf der Innenseite der Kiste einfach ein Klebeband dagegen.

Die erste Kiste dient als Boden Ihrer Kompostieranlage. Dort sammelt sich die Flüssigkeit an, die während des Umwandlungsprozesses entsteht. Da dies ein sehr hochwertiger Dünger ist, macht es Sinn, in die unterste Kiste einen Ablaufhahn einzubauen. In zwei weiteren Kisten bohren Sie ganz viele Löcher in den Boden (Lochdurchmesser 6 bis 8 mm). Und schon ist die Wurmkiste fertig. Nun geht es ans Befüllen.

Die Kisten befüllen
Was Sie brauchen:
- vier Kisten zum Stapeln
- ein Bohrer
- Klebeband
- evtl. ein Ablaufhahn
- Kartonschnipsel
- etwas Erde
- 2 kg Pferdemist
- Kompostwürmer
- Biomüll

Ganz unten in eine der Kisten mit Löchern geben Sie eine Schicht kleingeschnittener Kartonabfälle. Diese dienen als Drainage und Belüftung. Dann ein paar Zentimeter Erde.

Jetzt die zwei wichtigsten Komponenten: Würmer und Pferdemist. Die Würmer bekommen Sie entweder in Geschäften für Anglerbedarf, im Internet, oder Sie kennen jemanden, der bereits so eine Wurmkiste hat. In jedem Fall brauchen Sie unbedingt Kompostwürmer. Die Würmer geben Sie zusammen mit 2 kg abgelagertem Pferdemist in die Kiste. Und schon fangen die Würmer an zu arbeiten.

Nun drei Kisten aufeinanderstellen (die vierte Kiste brauchen Sie erst später). Unten die Kiste mit dem Ablaufhahn, dann die Kiste mit den Würmern und obendrauf eine Kiste ohne Löcher als Deckel. In diese obere Kiste können Sie all das geben, was Sie im Umgang mit Ihrer Wurmfarm brauchen.

Nun können Sie, wann immer Biomüll anfällt, diesen in die Kiste mit den Würmern geben. So eine Wurmkiste ist völlig ausreichend, um den Biomüll einer vier- bis fünfköpfigen Familie zu verwerten.

Je nachdem, wo Sie Ihre Kiste hinstellen wollen, macht es Sinn, sämtliche Öffnungen der Kisten mit einem Fliegengitter abzudichten, damit lästige Obstfliegen in der Kiste bleiben.

Am besten legen Sie das Wurmfutter klein geschnitten immer nur auf eine Seite, dann können die Würmer sich ihr Essen holen, wann sie wollen und wann es ihnen schmeckt.

Wenn dann irgendwann die Kiste ganz voll ist, können Sie mit der vierten Kiste aufstocken. Hier wieder mit Kartonschnipseln und ein bisschen Pferdemist beginnen, dann die Kiste über die bisherige Behausung der Würmer stellen (unter die »Deckelkiste«), und schon wandern die Würmer ein Stockwerk höher.

Der Wurmhumus ist fertig
Nach etwa einer Woche ist die erste Kiste »wurmfrei«, und sie können den Humus im Garten verteilen.

- Wichtig: In der Wurmkiste darf es nie zu trocken sein. Ab und zu ein bisschen Wasser draufsprühen oder mal einen Kaffee- oder Teerest! Überflüssige Feuchtigkeit sickert durch die Wurmkiste hindurch und liefert wieder hochwertigen Dünger.

Den Flüssigdünger aus der untersten Kiste können Sie, ganz fein dosiert, ins Gießwasser mischen. Auch zur Herstellung von Schwarzerde nach dem Vorbild der Terra Preta (Seite 111) können Sie den Kompostsaft gut einsetzen.

Sollten Ihre Kompostwürmer einmal nicht genug zu essen finden, erkennen Sie das ganz einfach:
- Einige Würmer suchen irgendwo den Weg aus der Kiste heraus, um dort nach Nahrung zu suchen? Sie brauchen mehr Futter!

Die Würmer in Ihrer Kiste haben mächtig Hunger und wollen vor allem regelmäßig gefüttert werden. Wenn Sie mal in den Urlaub fahren wollen, hilft Ihnen eine Portion Pferdemist. An der haben die Würmer viel zu knabbern.

menzubringen, nicht nur im Kino, sondern auch zur anschließenden Diskussion und darüber hinaus – damit der Verbraucher die Möglichkeit hat, beim Landwirt kritisch nachfragen zu können. Und dieses Nachfragen bewirkt oft mehr als eine reine Diskussion unter Berufskollegen.

Im Herbst 2007 also hat unser Aktionsbündnis wieder einmal einen Film von Bertram Verhaag vorgeführt. »Der Bauer mit den Regenwürmern«, so der Titel der 45-minütigen Dokumentation. Als kurze Information zum Film schreibt Bertram Verhaag:

»*Sepp und Irene Braun sind seit 1984 Biobauern. Auf ihrem Hof in der Nähe von Freising betreiben sie neben biologischem Ackerbau auch biologische Viehzucht. Der Ökolandbau ist für die beiden eine Antwort auf die Frage des Klimawandels. Während sich auf konventionell bewirtschafteten Äckern durchschnittlich 16 Regenwürmer pro Quadratmeter finden lassen, tummelt sich bei Sepp und Irene Braun ungefähr die 25-fache Menge. Dass sie die Lebensbedingungen der fleißigen Helfer berücksichtigen, versteht sich von selbst: Ihre ›Wohnungen‹ werden nicht durch schwere Maschinen platt gewalzt, und eine eigens gesäte Klee-Kräuter-Mischung dient als Winterfutter für die kleinen Helfer. Regenwurmkot liefert bis zu 2 cm wertvollen Humus pro Jahr, und die kleinen Helfer graben 2 m tiefe Regenwurmröhren, die pro Stunde bis zu 150 Liter Wasser aufnehmen und im Boden speichern können.*

Durch die erhöhte Bodenfruchtbarkeit erwirtschaften Sepp und Irene Braun weit mehr als ihre auf chemische Düngung setzenden Nachbarn. Das spricht sich herum: Selbst die Frau des senegalesischen Präsidenten kündigt überraschend ihren Besuch an.«

Natürlich habe ich mir den Film damals auch angesehen. Noch während dieser Filmvorführung wurde mir klar, dass ich mir zwar Gedanken darüber gemacht hatte, was auf meinen Wiesen alles wächst – und ich wollte, dass es eine möglichst große Vielfalt unterschiedlicher Gräser und Kräuter sind –, wie es allerdings unter dem Gras aussieht und was da unter der Grasnarbe so alles los ist, darüber hatte ich mir bis dahin noch wenig Gedanken gemacht.

Gleich am nächsten Tag, es war Mitte Oktober, und ich hatte meine Wiesen zum letzten Mal für dieses Jahr gemäht, machte ich mich auf, um zu zählen, wie viele Regenwürmer denn bei mir an der Arbeit sind. Zwei ausgeklappte Meterstäbe, bei einem Meter rechtwinklig abgeknickt, zeigten mir am Boden liegend eine Fläche von einem Quadratmeter an. Nun mit der Gießkanne und dem Aufsatz, der das Gießwasser wie einen Regenschauer verteilt, ein paar Liter Wasser auf dem Quadrat verteilt, und gewartet. Nach kurzer Zeit kamen die ersten Regenwürmer an die Oberfläche, wurden kurzerhand aufgesammelt und gezählt. Das war so eine Art Regenwurm-Zensus im Kleinen. Ich war sehr stolz darauf, dass ich damals schon 99 Würmer fand, ohne mich bisher gezielt um meine Regenwürmer gesorgt zu haben.

In den folgenden zwei Jahren habe ich mich dann schon mehr um sie gekümmert, denn jetzt wusste ich ja, dass sie da sind. Vor allem wusste ich nun, was die Regenwürmer für mich bzw. meine Wiesen tun. Ich wusste, wann sie arbeiten und wann sie schlafen. Ich wusste, was sie gerne essen. Und ich wusste auch, dass sie sich besonders gut vermehren, wenn sie genügend zu essen haben. 2009 haben wir dann den Betrieb verlassen, auf dem wir ja »nur« angestellt waren. In diesen zwei Jahren konnte ich durch einfachste Maßnahmen den Besatz an Regenwürmern fast verdreifachen.

Mit dem Boden als komplexem Lebenssystem begann ich mich erst so richtig auseinanderzusetzen, als wir unseren Garten und unseren Acker hier am Boarhof angelegt hatten. Erst da habe ich regelmäßig Erde in die Hand genommen, daran gerochen, sie geschmeckt und gesehen, dass da noch weit mehr geboten wird als nur Regenwürmer. Seither beschäftigt mich das Thema Boden sehr, weil ich erkannt habe, dass es nicht die Karotte ist, die irgendwo irgendwie wächst, sondern dass es der Boden ist, der sie wachsen lässt. Weil es einen großen Unterschied macht, in was für einen Boden ich ein und denselben Samen stecke.

> Den Boden wirklich zu verstehen ist wohl noch keinem Menschen vollständig gelungen

Den Boden wirklich zu verstehen ist wohl noch keinem Menschen vollständig gelungen. Meine ganz persönliche Auffassung ist aus wissenschaftlicher Sicht wohl ohnehin eher unprofessionell. Das mag daran liegen, dass mir Aspekte wichtig sind, die in der Wissenschaft nichts zu suchen haben. Es spielen bei mir geistige Aspekte mit hinein – Feinstofflichkeit, Spiritualität –, nennen Sie es, wie Sie wollen. Für mich gehört dies zur Betrachtung eines jeden Themas unbedingt dazu, so auch und vor allem beim Thema des Bodens. Seit ich angefangen habe, den Boden zu meinen Füßen zu verstehen, empfinde ich ein tiefes Gefühl der Ehrfurcht, wann immer ich mit meinen Händen in der Erde arbeite.

Alles, was wir als Ressourcen bezeichnen, entspringt dem Boden, ob Holz, Kohle, Öl, Gas, Biomasse, Obst oder Gemüse. Es entstammt dem Boden oder ist in ihm gespeichert. Wie wichtig Boden für unser Leben ist, zeigt sich darin, dass der Planet, auf dem wir leben, und der Boden den gleichen Namen tragen: Erde.

Als »Pachamama« bezeichnen die indigenen Völker Südamerikas nicht nur den Boden an und für sich. »Pachamama« ist auch und vor allem die Mutter Erde, die allmächtige Göttin, die allen Kreaturen das Leben schenkt. Daher sehen sich diese Völker über Pachamama mit allen anderen Lebewesen, mit Tieren und Pflanzen, verbunden und ihnen gleichwertig.

> Pachamama ist die Mutter Erde, die allen Kreaturen das Leben schenkt

Aber was genau ist nun Boden? Boden ist sicher mehr als nur der Teil der Erdkruste, der nicht mit Wasser bedeckt ist. Es gibt folgende Kurzdefinition, die Wesentliches enthält: »Der Boden, umgangssprachlich auch Erde oder Erdreich genannt, ist der oberste, im Regelfall belebte Teil der Erdkruste. Nach unten wird der Boden von festem oder lockerem Gestein begrenzt, nach oben meist durch eine Vegetationsdecke.«

Der belebte Teil der Erdkruste also. Und wie viel Leben tatsächlich in ihr steckt, sieht man oft schon mit bloßem Auge, wenn man etwas Erde in die Hand nimmt. Und was man nicht direkt wahrnimmt, kann man unter dem Mikroskop sehen. In einer Hand voll Erde befinden sich mehr Lebewesen als Menschen auf der Erde.

Selbst wenn wir im Jahr 2050 wirklich zehn Milliarden Menschen sein sollten, befinden sich in einer Hand voll Erde immer noch deutlich mehr Lebewesen. Diese Lebewesen – Spinnen,

Würmer, Maden, Larven, Pilze und unzählige Mikroorganismen – bilden zusammen mit etwas Humus, Sand, Lehm und Steinen unsere Lebensgrundlage. Im Boden ist deshalb so viel Leben, weil dort permanent organische Substanz, also Pflanzen und Tiere, in Humus verwandelt werden. Allerdings geschieht das sehr langsam. Für den Aufbau von zehn Zentimeter fruchtbarem Boden benötigt die Natur bis zu 2.000 Jahre. Pro Hektar wiegen diese zehn Zentimeter rund 400 Tonnen. Durch die Art und Weise, wie unsere industrielle Landwirtschaft mit dem Boden umgeht, sorgt sie dafür, dass jährlich zehn Tonnen wertvoller Humus pro Hektar unwiederbringlich verschwinden. Das bedeutet, dass wir in rund vierzig Jahren industrieller, intensiver Landwirtschaft die Menge Boden verlieren, für deren Aufbau die Natur 2.000 Jahre gebraucht hat.

Vor rund 12.000 Jahren wurden die Menschen sesshaft. Sie begannen, Wälder zu roden und die Flächen zu bepflanzen oder mit Vieh zu beweiden. Der natürliche Lebensraum wurde umgestaltet. Aus Naturland entstand Kulturland. Kulturland bedeutet Bauernland. Die Entwicklung vom Jäger und Sammler hin zum Landwirt hat damals zu einer regelrechten Bevölkerungsexplosion geführt. Die Bauern konnten eine bessere Versorgung garantieren, mehr Menschen konnten ernährt werden, eine stetig wachsende Bevölkerung und immer intensivere Formen der Landwirtschaft sorgten für eine nahezu weltweite Ausbreitung der Lebensweise der Bauern.

Doch wie hat diese Entwicklung den Boden verändert? Ich stelle mir das immer so vor wie in der Geschichte »Der kleine Prinz« vom französischen Schriftsteller Antoine de Saint-Exupéry. Als der kleine Prinz zum ersten Mal den Fuchs sah – und es war der erste Fuchs, den er überhaupt jemals sah –, sagte er zu dem Tier: »Komm und spiel mit mir!«. »Ich kann nicht mit dir spielen«, erwiderte der Fuchs. »Ich bin noch nicht gezähmt!«

So war es auch mit dem Boden, bevor es die ersten Landwirte gab. Der Boden war einfach so, wie Pachamama ihn gemacht hatte. Aber nach einiger Überlegung sagte der kleine Prinz: »Was bedeutet das: Zähmen?«, darauf der Fuchs: »Zähmen, das ist eine

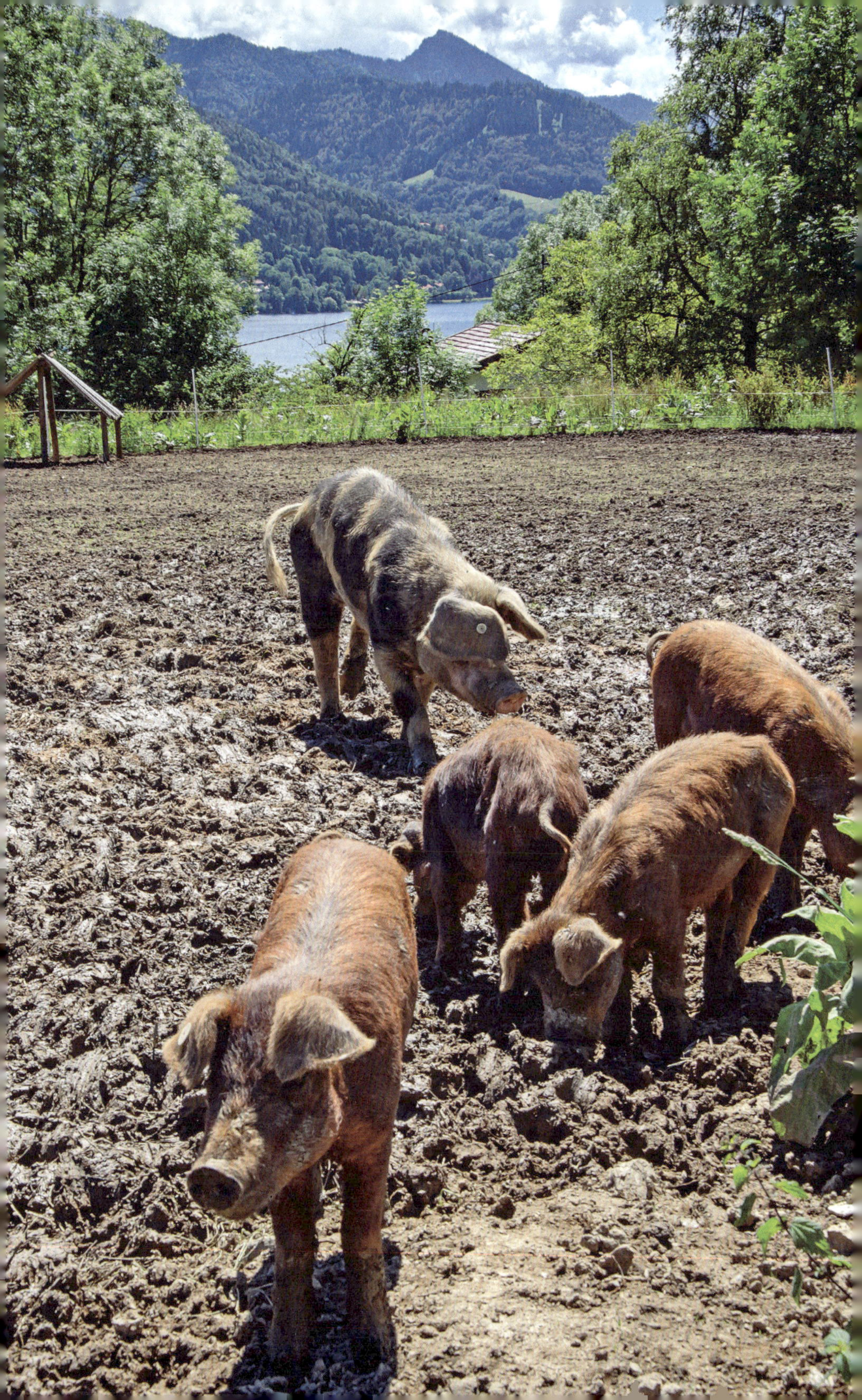

in Vergessenheit geratene Sache. Es bedeutet: sich vertraut machen«. »Vertraut machen?«, fragte der kleine Prinz. »Gewiss«, antwortete der Fuchs. »Du bist für mich doch nichts als ein kleiner Knabe, der hunderttausend kleinen Knaben völlig gleicht. Ich brauche dich nicht, und du brauchst mich ebenso wenig. Ich bin für dich nur ein Fuchs, der hunderttausend Füchsen gleicht. Aber wenn du mich zähmst, werden wir einander brauchen. Du wirst für mich einzig sein in der Welt. Ich werde für dich einzig sein in der Welt ...«

Und so ist es auch mit dem Boden. Der Bauer muss ihn zähmen. Er muss ihn sich vertraut machen. Dann muss er aber auch für seinen Boden da sein. So wird der Bauer einzig sein für seinen Boden und der Boden einzig für seinen Bauern. Sie werden (und müssen) füreinander sorgen.

Wenn ich aufhöre, für meinen Boden zu sorgen, wird das Stück Land darauf langsam verwildern, und irgendwann ist da wieder Wald – wie vor rund 12.000 Jahren. Auf unzähligen Almflächen in den Alpen ist diese Entwicklung gerade zu beobachten. Vor rund 4.000 Jahren haben Bauern dort Wälder gerodet, um im Sommer ihr Vieh weiden zu lassen, damit sie das Futter im Tal für die Wintermonate als Vorrat hatten. Das Weidevieh hält diese Flächen frei und fördert Pflanzengesellschaften und Artenvielfalt, wie sie heute nur noch auf diesen Almen vorkommen. Viele der Almen wurden in den letzten Jahren jedoch aufgegeben, weil sie nicht mehr rentabel waren. Und so verschwinden nicht nur die Almen, sondern mit ihnen viele Pflanzenarten.

Will ich die Vielfalt der Arten erhalten, egal, ob oben auf der Alm oder im Tal, muss ich für meinen Boden da sein. Es ist ja auch nicht nur mein Boden, sondern auch der Ihre und der vieler anderer Menschen, die mir ihren Boden anvertraut haben.

Tut nun dieser Boden noch etwas, außer uns zu ernähren?

Tatsächlich ist der Boden neben dem Wald und den Meeren der größte Speicher für das Klimagas Kohlendioxid. Der Boden ist in der Lage, Unmengen davon aufzunehmen. Wird durch bodenschonendes Wirtschaften dafür gesorgt, dass sich der Boden vermehrt, kann auch mehr Kohlendioxid in der Erde dauerhaft gespeichert werden. Geht aber durch unsachgemäße Bewirtschaftung des Bodens Humus verloren, kann nicht nur das Kohlendioxid nicht mehr gespeichert werden. Wenn sich der Boden in seine Bestandteile auflöst, wird auch das in der Erde gespeicherte Kohlendioxid freigesetzt und der Klimawandel abermals beschleunigt. Oft hören wir das Wort »Klimakatastrophe«. Ich denke aber, die Krankheit, unter der unser Planet eigentlich leidet, sollte längst Bodenkatastrophe heißen. Die Klimakatastrophe ist nur ein Symptom dieser Krankheit.

2015 war das von den Vereinten Nationen ausgerufene Jahr des Bodens. Das Umweltbundesamt hat hier in einer Presseerklärung geschrieben: »Etwa 46 Prozent der Siedlungs- und Verkehrsflächen in Deutschland sind versiegelt, das heißt bebaut, betoniert, asphaltiert, gepflastert oder anderweitig befestigt. Damit gehen wichtige Bodenfunktionen, vor allem die Wasserdurchlässigkeit und die Bodenfruchtbarkeit, verloren. Mit der Ausweitung der Siedlungs- und Verkehrsflächen nimmt auch die Bodenversiegelung zu – Jahr für Jahr um rund 100 Quadratkilometer.«

Der Flächenfraß findet aber noch in einem wesentlich größeren Maße statt als hier beschrieben. Die genannten 100 Quadratkilometer sind nämlich nur diejenige Fläche, die unter Asphalt und Beton verschwindet. Täglich gehen zusätzlich riesige Flächen an bäuerlicher Kulturlandschaft, Äcker und Felder, die uns ernährt haben, verloren und werden zu Siedlungen, Gewerbe- oder Industriegebieten. Und genau zum Jahr des Bodens hat Bayerns Minister für Finanzen, Landesentwicklung und Heimat (!), Markus Söder, dann auch seine Planungen präsentiert, um die Ansiedelung von Gewerbegebieten auf der grünen Wiese zu erleichtern.

Unser Boden und unsere Wirtschaft – zwei »Widersacher«, deren Wachstumsbegriff wohl unterschiedlicher nicht sein könnte.

Terra Preta – das Wunder aus dem Regenwald

Haben Sie schon einmal etwas von Terra Preta gehört? Wissenschaftler haben im tropischen Regenwald, genauer im Amazonasbecken, riesige Vorkommen einer extrem fruchtbaren, tiefschwarzen Erde entdeckt. Eine Wundererde, die sehr unempfindlich gegen Erosion ist, immer fruchtbarer bleibt und ein Vielfaches normaler Ernteerträge hervorbringt. Für die Indios ist Pachamama, die Göttin des Bodens, die Schöpferin dieser Wundererde. Bei der Untersuchung der Terra Preta, was auf Portugiesisch nichts anderes heißt als »schwarze Erde«, haben Wissenschaftler neben Humus noch andere Beigaben entdeckt. Terra Preta besteht zu einem sehr hohen Anteil aus Holz- oder Pflanzenkohle, winzigen Tonscherben, menschlichen und tierischen Exkrementen und dem, was wir heute als Biomüll bezeichnen würden. Die Hauptvorkommen der schwarzen Erde befinden sich in frühzeitlichen Siedlungsgebieten in unmittelbarer Flussnähe. Vermutlich haben die Menschen damals ihren Biomüll in großen Tontöpfen gesammelt, ihre eigenen Fäkalien dazugegeben und das Ganze gegen den Geruch mit Asche und Kohleresten ihrer Feuerstätten abgedeckt. Nach einiger Zeit haben sie dieses verrottete Gemisch auf ihren Feldern ausgebracht – so die etwas vereinfacht dargelegte Theorie der Wissenschaftler.

> Terra Preta besitzt das Potenzial, viele Probleme der heutigen Zeit zu lösen

Wer sich mit dieser schwarzen Erde näher beschäftigt, stellt schnell fest, dass sie das Potenzial besitzt, viele Probleme der heutigen Zeit auf einen Schlag zu lösen.

Sowohl der Hunger auf der Welt als auch der drohende Klimawandel könnten binnen kurzer Zeit besiegt oder aufgehalten werden, glauben einige Wissenschaftler. Dem Welthunger würde durch die deutlich höheren Ernteerträge bei gleichzeitig steigender Bodenfruchtbarkeit der Garaus gemacht.

Und die Klimaerwärmung würde durch die Speicherung klimawirksamer Treibhausgase abgebremst. Mittlerweile weiß man auch, dass es diese Wundererde nicht nur im Amazonasgebiet gibt, sondern auch in vielen anderen Teilen der Welt, wenn auch

Terra Preta herstellen

Wie soll das denn funktionieren? Terra Preta selbst herstellen? Einen Prozess, für den Mutter Natur Hunderte Jahre benötigt hat, kann ich doch nicht in kurzer Zeit nachmachen!

Das stimmt. Aber eine Erde, die der Terra Preta, dem schwarzen Wunder aus dem Regenwald, sehr ähnlich ist, können Sie herstellen. (Da gibt es noch einen Grund, warum das, was Sie da herstellen, gar keine Terra Preta ist: Den Begriff »Terra Preta« hat sich eine Firma aus Deutschland rechtlich schützen lassen. Eine Firma, die auch eine Erde herstellt, die dem uralten tropischen Substrat sehr ähnlich ist.)

Was man dazu braucht
Die Zutaten für die ganz einfache Grundmischung dieser fruchtbaren Erde haben Sie entweder schon zu Hause, oder Sie bekommen sie im gut sortierten Landhandel:

- 20 kg fertige Komposterde, z. B. aus Ihrer Wurmkiste
- 500 g Urgesteinsmehl
- 100 g Holzasche (aus einem Holzofen)
- 1 kg zerkleinerte Holzkohle (keine Briketts)
- 200 g Sägemehl (am besten von frischem Holz)

Alle diese Zutaten gut vermengen, und fertig ist die Grundmischung.

Noch viel hochwertiger wird Ihre Schwarzerde, wenn Sie die Holzkohle vor dem Zerkleinern in dem Flüssigdünger Ihrer Wurmkiste einlegen. Holzkohle ist, bedingt durch die offenen Poren, in der Lage, große Mengen an Wasser aufzunehmen.

Wie man dabei vorgeht
- Nach einem Tag im Flüssigdünger lassen Sie die Kohlestücke einige Tage an der Sonne trocknen. Das Wasser des Düngers entweicht, und die Nährstoffe bleiben in der Kohle gespeichert.

- Nach dem Trocknen zerkleinern Sie die Kohle möglichst fein. Wir machen das mit einem Gartenhäcksler. Sie können die Kohle aber auch in eine Tüte stecken und mit dem Hammer zerkleinern.
- Vor allem wenn Sie Ihr Gemüse auf sandigen Böden anbauen, ist auch die Zugabe von 100 Gramm Kohleasche und 500 Gramm Tonmehl zu Ihrer Erdmischung sehr hilfreich.

Die Asche enthält das Edelmetall Bor, das viele Prozesse im pflanzlichen Stoffwechsel äußerst positiv beeinflusst. In humusreichen Böden ist der Borgehalt von Natur aus deutlich höher als in sandigen Böden.

Das Tonmehl fördert eine spätere Ton-Humus-Bildung im Boden, was den sandigen Boden weniger erosionsanfällig macht.

Diese Grundmischung ist sofort nach dem Mischen gebrauchsfertig.

Ihre Schwarzerde wird allerdings noch deutlich hochwertiger, wenn Sie gleich mehr als einen Eimer mischen und das Gemisch irgendwo an einem schattigen Ort in Form einer Erdmiete lagern. Sehr gut zum Aufsetzen einer solchen Miete eignet sich der Waldrand.

- Ihr Gemisch verteilen Sie locker zu einem länglichen Hügel.
- Den Hügel decken Sie zuerst mit einer dünnen Schicht abgelagertem Pferde- oder Kuhmist, einer dünnen Schicht Waldboden und dann mit einer Lage Heu oder Stroh ab.
- Nach etwas sechs Monaten setzen Sie Ihre Miete noch einmal um. Das heißt, Sie mischen Ihr Substrat einmal von unten nach oben durch und arbeiten so noch einmal frische Luft ein. Die umgesetzte Miete noch mit Heu oder Stroh abdecken, und nach weiteren sechs Monaten ist Ihre Schwarzerde fertig.

Das alles müssen Sie nicht machen. Wenn Sie aber einmal angefangen haben, in den Kreislauf der Kompostierung und der Herstellung eigener Pflanzerde einzusteigen, wird Sie das Phänomen Erde wahrscheinlich nicht mehr loslassen.

Erde keimfrei machen

Apropos Pflanzerde. Wenn Sie Ihr Gemüse aus eigenem Saatgut und mit selbst hergestellter Erde ziehen wollen, empfehle ich Ihnen eine keimfreie Pflanzerde. In dieser Erde befinden sich keine keimfähigen Samen. So sehen Sie sofort, wann Ihre Samen anfangen zu keimen, und können sich vor allem darauf verlassen, dass das, was da keimt, auch wirklich Ihre Samen sind.

- Für den Hausgebrauch eignet sich für das Keimfrei-Machen ein alter Topf mit Dämpfaufsatz besonders gut. In so einem Kartoffeldämpfer können Sie einige Liter Ihrer Schwarzerde mit Wasserdampf sterilisieren.

Wenn die Erde heiß genug wird, sterben die Samen, die sich in der Erde befinden, ab. Natürlich wird es nicht nur den Samen zu heiß, sondern auch den meisten Mikroorganismen in der Erde. Die Nährstoffe bleiben in der Schwarzerde zwar erhalten, den größten Teil der lebendigen Strukturen zerstören Sie allerdings beim Dämpfen.

Wir haben uns für den Einsatz sterilisierter Erde entschieden. Man kann auch die selbst hergestellte, unbehandelte Erde verwenden und mit einer Schicht gedämpfter Erde bedecken. So wachsen zumindest die Samen nicht, die Licht zum Keimen benötigen. Diese Entscheidung müssen Sie alleine treffen.

In jedem Fall werden Sie mit Ihrer selbst hergestellten Terra Preta, die natürlich streng genommen nur eine Annäherung an die Regenwalderde ist, viel Freude haben. Ihre Pflanzen werden es Ihnen mit reichlich Wachstum danken.

in etwas anderer Zusammensetzung. Sogar Funde aus der Zeit der Kelten lassen vermuten, dass sie von der Wundererde wussten.

Meistens bin ich ja erst einmal skeptisch, wenn Wissenschaftler ins Schwärmen geraten. Nachdem wir aber selbst versucht haben, auf dem Boarhof Terra Preta »herzustellen«, und diese in unserem Gemüsegarten und im Gewächshaus eingesetzt haben, kann ich mich dem Enthusiasmus nur anschließen. Diese Erde hat den Namen »Wundererde« wirklich verdient. Vielleicht steckt ja doch ein bisschen Pachamama in ihr.

Und das Potenzial, den Hunger zu besiegen! Aber derlei Wege werden aus einem einfachen Grund nicht beschritten: Sie sind nicht lukrativ! Es ist für die Agrarindustrie viel einfacher, mit immer größeren Maschinen oder neuen Pestiziden viel Geld zu verdienen. Und solange diese Quellen ausreichend sprudeln, hat der flächendeckende Einsatz von Terra Preta das Nachsehen.

SECHSTES KAPITEL
Die Sache mit dem Fleischkonsum

Kein Wissen scheint schwerer zu erwerben als die Erkenntnis, wann man aufhören muß.

— Jonathan Swift, irischer Theologe

Meine Frau, unsere drei Kinder und ich haben uns ganz bewusst für eine Ernährung entschieden, die tierische Produkte und auch Fleisch beinhaltet. Da wir aber Fleisch, Wurst und Eier nur noch von den Tieren essen, die auf unserem Bauernhof leben oder gelebt haben, hat sich unser Verbrauch tierischer Produkte inzwischen daran angepasst. Das heißt, dass es unmittelbar nach einem Schlachttermin mehr frisches Fleisch und zu anderen Zeiten haltbar gemachtes Fleisch und oft auch gar kein Fleisch zu essen gibt. Mal haben wir mehr Eier und kochen dann eben so, dass wir viele Eier verbrauchen. Mal bekommen wir wenige Eier von unseren Hühnern, dann gibt es eben auch mal keine.

Selbst wenn wir uns für eine vegetarische Ernährung entschieden hätten, wäre die Vielfalt an Nutztieren bei uns am Hof ähnlich groß, weil wir Milch oder Eier essen und anfallenden Tierdung für die Felder verwenden würden.

Wir haben außerdem festgestellt, dass man für eine Entscheidung pro oder kontra Fleischkonsum ganz schön viel über Tierhaltung und Fleischproduktion wissen muss, wenn man eine wirklich fundierte Entscheidung treffen will.

Aber welche Punkte sind wirklich wesentlich? Ich will Ihnen im Folgenden gerne ein paar Fakten benennen, entscheiden sollen und müssen Sie dann natürlich allein. Der allerwichtigste

Aspekt gleich zu Anfang: Es gibt Tiere, die stehen mit uns in direkter Konkurrenz um unsere Nahrung.

Noch einmal zur Erinnerung: Sie haben irgendwo auf der Welt 2.000 Quadratmeter Acker zur Verfügung und zusätzlich 5.000 Quadratmeter Weideland. Was auf dem Weideland wächst, steht üblicherweise nicht auf Ihrem Speiseplan. Was auf dem Acker wächst, dagegen schon. Daher befinden sich Kühe, Schafe und Ziegen nicht in direkter Nahrungskonkurrenz zu Ihnen. Diese Tiere sind durch ihren Verdauungsapparat in der Lage, ausschließlich mit dem auszukommen, was auf den 5.000 Quadratmetern Weideland wächst. Denn Kühe, Schafe und Ziegen sind Wiederkäuer, ihr Verdauungsapparat ist auf die Verdauung von Gräsern und anderen zellulosehaltigen Pflanzen ausgelegt.

Kühe, Schafe und Ziegen, die nur Gras essen, stehen in keiner Nahrungskonkurrenz zu uns

Hühner, Puten, Enten, Gänse und Schweine hingegen konkurrieren ganz erheblich mit Ihnen um Ihre 2.000 Quadratmeter Ackerland. Denn diese Tiere essen vorwiegend Getreide. Genau wie wir. Andere Tiere lassen wir hier einmal unberücksichtigt, denn die am häufigsten verspeisten Tiere sind – zumindest hier bei uns in Westeuropa – eben Hühner, Schweine, Puten, Rinder, Gänse, Enten, Schafe und Ziegen.

Jetzt könnte man meinen, es ist doch egal, ob das Schwein den Weizen isst oder ich, frei nach dem Motto »Salat esse ich viel lieber, wenn ihn vorher das Schwein gegessen hat«. Stimmt aber nicht. Es spielt sehr wohl eine Rolle, ob Sie den Weizen, die Kartoffeln oder ebenden Salat essen oder ob Sie das Getreide oder Gemüse in veredelter Form über den Umweg eines Schnitzels verzehren. Mit einem Kilogramm Weizen könnten Sie fünf Tage lang satt werden. Frisst das Schwein dieses Kilogramm Weizen, wird daraus nur ein mittelgroßes Schnitzel.

Dann essen wir doch einfach ab jetzt nur noch Fleisch von Tieren, die mir nichts wegessen, also Rinder, Schafe und Ziegen, könnte man jetzt argumentieren. Aber auch hier lauert ein Problem: Die Industrialisierung der Landwirtschaft hat dazu geführt, dass diese Tiere zusätzlich zu Gras und Heu auch erhebliche Mengen an Getreide verfüttert bekommen. Das ist notwendig, damit die Tiere in deutlich kürzerer Zeit ihr Schlachtgewicht erreichen. So schafft man es, dass in einem Stall über denselben Zeitraum mehr Tiere gemästet werden können, ohne dass der Bauer einen größeren Stall braucht, und das wiederum wirkt sich positiv auf die Erzeugungskosten aus. Auf diese Art und Weise haben wir es geschafft, dass Fleisch zu absoluten Ramschpreisen in den Supermärkten erhältlich ist. Und sobald Fleisch ein billiges Nahrungsmittel geworden ist, steigt wiederum die Nachfrage danach. Jetzt brauchen wir entweder noch mehr Riesenställe, oder wir schaffen es, dass die Tiere in noch kürzerer Zeit ihr Schlachtgewicht erreichen. Dazu brauchen wir dann nur noch neue Hybridzüchtungen, die mit noch weniger Gras oder Heu auskommen, dafür aber in der Lage sind, noch mehr Getreide zu fressen. Die Folge: Der Konkurrenzdruck auf unsere 2.000 Quadratmeter nimmt noch einmal zu.

Die Sache mit dem Fleischkonsum

Wieder so ein Teufelskreis!

Mit den heute üblichen Tierzüchtungen wären Sie übrigens mit Ihren 2.000 Quadratmetern in der Lage, zwei Schweine pro Jahr zu mästen oder so viele Hühner zu halten, dass Sie 8.000 Eier gelegt bekommen. Dann ist Ihr Acker aber komplett an die Tiere verfüttert. Für Sie bleibt darüber hinaus nichts mehr übrig. Und wenn Sie gerne Fisch aus Aquakultur essen, müssten Sie den auch noch miternähren, denn keine Fischfarm funktioniert ohne Zufütterung von Getreide von Ihrem Acker.

Apropos Fisch aus Aquakultur. Den brauchen wir, weil wir die Meere mittlerweile annähernd leer gefischt haben. Unseren letztjährigen Familienurlaub verbrachten wir an der Ostsee – natürlich auf einem Biobauernhof. Es war unser erster gemeinsamer Urlaub am Meer. Einen Tag machten wir einen Ausflug an die Nordsee und nahmen an einer Schiffsrundfahrt durch den Nationalpark Wattenmeer teil. Eine Nationalpark-Rangerin war mit an Bord und erzählte uns vieles über den Lebensraum Meer. Dort habe ich auch aus erster Hand erfahren, was es mit dem »Beifang« auf sich hat, mit dem Fische und andere Meerestiere bezeichnet werden, die nicht dem primären Fangziel eines Fischers entsprechen. Dieser Beifang wird zum größten Teil als Abfall wieder ins Meer zurückgeworfen. Leider ist der Beifang zu diesem Zeitpunkt meist schon tot. Krabbenkutter haben beispielsweise rund 80 Prozent Beifang. Wegen 200 kg Krabben werden 800 kg meist tote Tiere ins Meer zurückgeworfen. Dass die Krabben dann unter massivem Einsatz von Konservierungsmitteln nach Marokko transportiert und dort geschält werden, um dann, wiederum mit einer Menge Haltbarmachern versehen, auf die Rückreise nach Deutschland zu gehen und hier als Nordseekrabben verkauft zu werden, sei nur der Vollständigkeit halber erwähnt. Der eigentliche Skandal ist der Beifang – aber so verstehen wir nun wenigstens, warum wir mit unseren 50.000 Quadratmeter Weltmeer nicht auskommen!

Spätestens jetzt wollen einige vielleicht doch lieber Vegetarier werden. Kein Fleisch, kein Fisch, nur noch Milch und Eier? Dafür muss wenigstens kein Tier sterben.

Doch leider ist auch das nicht so einfach.

Auch was Rinder und Hühner betrifft, hat der Mensch seine Züchtungen ins Extreme getrieben. Wenn Rinderrassen auf Milchleistung gezüchtet werden, sind die männlichen Kälber ein Problem, bei den auf Fleischleistung gezüchteten Rassen ist es genau umgekehrt. In beiden Fällen gibt es eine »einfache« Lösung, wenngleich es im Bereich der Rinderhaltung noch nicht die Regel ist, die jeweils »überflüssigen« Kälber gleich nach der Geburt zu töten, da viele Bauern noch auf sogenannte Zweinutzungsrassen setzen. Die haben sowohl eine ganz ordentliche Milchleistung bei den Kühen als auch eine passable Mastleistung bei den Bullen. Allerdings geht auch hier ohne massiven Getreideeinsatz in der Fütterung nichts mehr. Es ist Getreide, das Ihnen dann später fehlt – es sei denn, wir holen es uns vom Acker eines anderen Menschen wieder.

In der Eierproduktion – selbst von glücklichen Hühnern – bzw. bei der Produktion von unzähligen halben Hähnchen, Hähnchenbrustfilets oder Chicken-Wings ist das Vorgehen schon viel extremer.

Bei denjenigen Tieren, die später Eier legen sollen, werden die männlichen Geschwister, sofort nachdem sie aus dem Ei geschlüpft sind, vergast oder geschreddert. In Deutschland sterben so jährlich über 45 Millionen Küken einen erbärmlichen Tod. Dass diese sogenannte Kükenselektion schon ethisch höchst bedenklich ist, steht außer Frage. Aber sie wirkt sich auch negativ auf Ihren Acker aus.

So ein Huhn muss etwa 130 Gramm Getreide fressen, um ein einziges Ei zu legen. Für die 45 Millionen Küken, die wegen ihres falschen Geschlechts sterben mussten, haben deren Mütter erst einmal 45 Millionen Eier legen müssen. Um diese Eier legen zu können, mussten sie knapp 6 Millionen Kilogramm Getreide fressen, Getreide, von dem 150.000 Kinder in den Armenvierteln der Welt ein Jahr lang satt werden könnten.

> Ein Huhn muss etwa 130 Gramm Getreide fressen, um ein einziges Ei zu legen

Warum unsere Tiere keine Konkurrenz für Sie sind

Dies alles hatten wir zu bedenken, als wir uns entscheiden mussten: Fleisch essen – oder besser nicht? Die schlichte Tatsache, dass die Tiere bei uns groß geworden sind und ein gutes Leben führen, ändert ja nichts an den restlichen Argumenten. Aber: Man kann durch die Auswahl der Tiere sehr wohl den Konkurrenzdruck auf dem Globalacker möglichst klein halten – und das tun wir auf dem Boarhof.

Unsere Zauberformel heißt: Wir halten ausschließlich alte Nutztierrassen. Meist sind diese Nutztierrassen vom Aussterben bedroht. Grund für die massive Dezimierung der alten Rassen ist fast immer die zu niedrige Rentabilität gegenüber modernen Züchtungen. Oft kreuzen wir auch zwei alte Rassen, um die Vorzüge beider Elterntiere in der Kreuzung zu vereinen.

> Unsere Zauberformel heißt: Wir halten ausschließlich alte Nutztierrassen

Unsere Schweine sind eine Kreuzung aus dem Duroc-Schwein als Mutter und dem Turopolje-Schwein als Vater. Die Turopolje-Schweine stammen aus dem ehemaligen Jugoslawien. Dort wurden sie eingesetzt, um die Auen der großen Flüsse auszugrasen. Während des Jugoslawienkriegs ist diese Rasse durch Wilderei dort total verschwunden. Hätten nicht ein paar österreichische Liebhaber dieser alten Nutztierrasse schon während des Krieges ein paar dieser Schweine gefangen und illegal über die Grenze gebracht, gäbe es diese Rasse nicht mehr.

Das Besondere an diesen Tieren ist, dass man sie ausschließlich mit Gras statt Getreide füttern kann. Da unsere Schweine ganzjährig auf die Weide dürfen, holen sie sich ihr Gras überwiegend noch selbst und haben dadurch viel Bewegung. Sie bringen allerdings nicht schon nach vier Monaten einhundert Kilogramm auf die Waage, was »Schlachtreife« bedeuten würde. Wir bringen sie in einem Alter von ca. 15 Monaten zum Schlachter. Zusätzlich zum Gras bekommen die Tiere Gemüse aus unserem Garten; es ist Gemüse, das wir bei der Ernte aussortiert haben, weil es beispielsweise beschädigt war und sich nicht lagern lässt. So entsteht keine Konkurrenz auf unserem Acker – mit Ausnahme desjenigen Gemüses, das sonst auf dem Kompost gelandet wäre.

Bei den Hühnern halten wir mit dem Bresse-Huhn eine alte französische Rasse. So dürfen die Hühner aber nur dann genannt werden, wenn sie auch wirklich aus der Region Bresse nordöstlich von Lyon stammen. Daher heißt die Hühnerrasse in Deutschland Les Bleus, wie die französische Flagge: Oben der rote Kamm, in der Mitte das weiße Gefieder und unten blaue Ständer, so heißen die Beine der Hühner. Diese Rasse hat den Vorteil, dass die Hühner ordentlich Eier legen, aber die Hähne sich auch gut zur Mast eignen. Und es handelt sich nicht um eine Hybridrasse. Wir können also die Eier von den eigenen Hühnern ausbrüten lassen und bekommen so wieder Küken der gleichen Rasse – und haben auf diese Weise in der Hühnerhaltung einen geschlossenen Kreislauf. Der große Vorteil ist außerdem, dass Hühner und Hähne durch ihren ständigen Zugang zu unseren Wiesen einen großen Teil ih-

Die Sache mit dem Fleischkonsum

res Futters aus frischem Gras beziehen. Den Rest fressen sie allerdings von unserem Acker in Form von Getreide – ganz ohne Konkurrenz zu unserer eigenen Ernährung geht es hier also nicht.

Jetzt bleiben noch Gänse und Rinder, dann ist unsere persönliche Speisekarte in puncto Fleisch komplett.

Unsere Bayerischen Landgänse gehören zu den rund 40 Brutpaaren, die es von dieser Rasse überhaupt noch gibt. Diese Gänserasse ist schlank und damit relativ leicht, weshalb man sie auch beinahe komplett hätte aussterben lassen. Ihr Vorteil ist, dass sie sich bei uns ausschließlich von Gras ernähren kann. Unsere Gänse bekommen nur als kleine Küken für ein paar Tage etwas Hafer. Den Rest ihres Lebens wandern sie gemeinsam mit ihren Eltern über die Wiese und fressen Gras, viel Gras. Konkurrenz für unseren Acker: fast null! Gänse sind übrigens ganz schlechte Futterverwerter. Das meiste Gras kommt unverdaut wieder hinten aus der Gans heraus. Da unsere Gänse immer Zugang zu unserem kleinen Weiher haben, gelangt ein Großteil der gänsischen Hinterlassenschaften ins Wasser. Und dieses Wasser wiederum verwenden wir als Gießwasser für unseren Gemüsegarten – was uns der Boden und das Gemüse sehr danken.

Nun bleiben nur noch die Rinder – und die sind bei uns nur zur »Sommerpension«, weil sich unser Stall für sie nicht eignet. Da wir keine großen Maschinen haben, um unsere Wiesen dreimal im Jahr zu mähen, nehmen wir von April bis zum ersten Schnee, der uns meistens schon Ende Oktober ereilt, eine Herde Rinder bei uns auf. Diese Ochsen und Färsen, so heißen die weiblichen jungen Rinder, fressen unsere Weiden direkt vor Ort ab, und wir sparen uns das Mähen.

Murnau-Werdenfelser Rinder, so heißt die Rasse, die jährlich bei uns zu Gast ist – und die ebenfalls vom Aussterben bedroht ist. Die Murnau-Werdenfelser waren bis vor einiger Zeit eine »Dreinutzungsrasse«, was bedeutet, dass diese Rasse sich sowohl als Milchkuh als auch als Mastbulle oder -ochse eignet. Die dritte Nutzung war bis vor ein paar Jahrzehnten mindestens genauso wichtig: die Arbeit. Diese Rinderrasse eignete sich durch ihre Statur besonders gut, um vor den Pflug oder Wagen gespannt zu werden. Da die Murnau-Werdenfelser Rinder weder im Bereich Milch noch im Bereich Fleisch spitze sind, steht ihre Art seit vielen Jahren auf der Roten Liste der aussterbenden Nutztierarten. Der große Vorteil dieser Rinder ist, dass auch sie ohne Kraftfutter auskommen, also ohne das Zufüttern von Getreide. So praktiziert es auch der Bauer, dem unsere Pensionsgäste gehören. Konkurrenz für unseren Acker: wieder null!

Nun kennen Sie unseren Speiseplan, und Sie haben gesehen, dass man Fleisch, Eier und Milch erzeugen kann, ohne eine nennenswerte Konkurrenz zur eigenen Nahrungsquelle zu kreieren. Die rein ethische Entscheidung, ob man Tiere töten darf, um sich zu ernähren, bleibt hiervon natürlich unberührt, und die muss auch jeder für sich selbst treffen.

> Die Entscheidung, ob man Fleisch essen will, muss jeder für sich selbst treffen

Warum Tiere zum Schlachten reisen müssen

Als wir 2009 unseren Hofladen eröffnet haben, waren wir totale Anfänger, was den Lebensmitteleinzelhandel betrifft. Es war interessant, über die Jahre hinweg das Verbraucherverhalten zu studieren. Wir hatten uns vorher noch nie Gedanken darüber gemacht, wo ein Produkt im Laden stehen muss, damit die Menschen es kaufen, bzw. haben erst lernen müssen, dass ein Produkt am falschen Platz von niemandem wahrgenommen wird.

Auch mit vielen Vorschriften haben wir uns vorher noch nie auseinandergesetzt. Es gab und gibt davon so einige, die mit dem, was ich als gesunden Menschenverstand bezeichnen würde, rein gar nichts zu tun haben. So dürfen wir zum Beispiel einem Kunden, der ein eigenes Gefäß mitgebracht hat, keine Wurst und keinen Käse in dieses Gefäß einfüllen. Wir dürfen auch niemandem Eier in eine mitgebrachte Eierschachtel legen. Alles aus hygienischen Gründen. Mir scheint, da hat die Lobby der Verpackungsindustrie ganze Arbeit geleistet.

Eine immens wichtige Verordnung ist die EU-Richtlinie 2001/113/EG, besser bekannt als Konfitürenverordnung. In dieser

Verordnung ist genau geregelt, dass Marmelade nur heißen darf, was aus Zitrusfrüchten, also Orangen, Zitronen, Limetten, hergestellt ist. Auch ein Zucker-Frucht-Gemisch aus Quitten darf man Marmelade nennen. Alles andere darf seit Einführung dieser Richtlinie nur noch Konfitüre extra, Konfitüre, Gelee extra, Gelee oder Gelee-Marmelade heißen. Und das in ganz Europa einheitlich! Obwohl das nicht ganz richtig ist: Österreich hat als einziges Land der EU damals Einspruch eingelegt und musste in der Folge diese Richtlinie nicht umsetzen. Da einem Bayern das Wort »Konfitüre« allerdings nur sehr schwer über die Lippen geht, galt es hier irgendein Schlupfloch in der EU-Richtlinie 2001/113/EG zu finden. Daher heißt bei uns nun alles, was nur annähernd mit Marmelade, Konfitüre und Co. verwandt ist, einfach Fruchtaufstrich – das ist zwar auch nicht bayerisch, aber es bewahrt uns vor Sanktionen.

Wirklich hart hat uns allerdings die letzte Reform der EU-Schlachtverordung getroffen. Es gibt in der Nachbarschaft ein kleines Schlachthaus, das den Bauern gemeinsam gehört. Leider war es baulich und finanziell damals nicht möglich, das Schlachthaus auf die Anforderungen der EU-Richtlinie »aufzurüsten«. Nicht nur für dieses kleine Schlachthaus bedeutete dies das Ende, sondern insgesamt für unzählige kleine Metzgereien. Diese Handwerker konnten sich die Umsetzung der EU-Verordnung schlicht nicht leisten. Bis zum Inkrafttreten des Gesetzes konnten wir unsere Schweine in das kleine Schlachthaus bringen. Unsere Schweine sind so zutraulich, dass es wahrscheinlich kein Problem gewesen wäre, mit der Sau zum Metzger zu wandern. Aber das konnte ich nie ausprobieren, weil wir nur einmal dort geschlachtet haben, bevor die Verordnung kam.

Das Schlachthaus gibt es immer noch, es hat nur keine EU-Zulassung mehr. Die Jäger dürfen dort noch ihr Wild zerteilen, und Notschlachtungen können dort auch stattfinden. Bei so einer Schlachtung ist auch ein Tierarzt dabei, der das Tier sowohl lebend einmal begutachtet als auch nach der Tötung die sogenannte Fleischbeschau durchführt. All das wäre in unserem Schlachthaus auch heute noch möglich und legal. Als Zeichen, dass das

Fleisch und die Innereien des Tieres in Ordnung sind, würde der Tierarzt das Tier auf der Haut mehrfach stempeln. Vielleicht haben Sie schon mal auf einem Stück Schweinefleisch in der Fleischtheke eines Metzgers so einen ovalen Stempel gesehen. Das ist der Stempel der Fleischbeschau.

Mein Schwein würde allerdings keinen ovalen Stempel aufgedrückt bekommen, sondern einen dreieckigen, weil das kleine Schlachthaus nicht mehr den EU-Anforderungen entspricht. An dem dreieckigen Aufdruck kann man dann erkennen, dass mein Schwein »nur bedingt genusstauglich« ist, wie es im Amtsdeutsch heißt. Im wahren Leben bedeutet das, ich darf das Fleisch der Sau zwar kochen und weiter zu Wurst und Speck verarbeiten, ich darf aber nichts davon verkaufen, nicht einmal verschenken. Stellen Sie sich vor, Sie wären bei mir zu Besuch, und an dem Tag gäbe es Schweinebraten ausgerechnet von diesem Schwein. Ich dürfte Ihnen nicht einmal ein Stück von diesem Braten anbieten!

Hätte ich allerdings dasselbe Tier in einen Viehtransporter gesteckt und 60 Kilometer in den nächsten Schlachthof bringen lassen, hätte es dort den ovalen Stempel bekommen und wäre »uneingeschränkt genusstauglich« gewesen. Allerdings wäre es dann auch einem wesentlich höheren Transport- und Schlachtstress ausgesetzt gewesen, und dass sich Stress während des Schlachtens oder auf dem Weg dahin negativ auf die Fleischqualität auswirkt, ist ja mittlerweile bekannt und auch wissenschaftlich belegt.

Mit Stress meine ich natürlich nicht die Angst vor dem Sterben, denn die Tiere ahnen ja nicht, was da gleich passieren wird. Für jedes Tier bedeutet es aber Stress, wenn es mit anderen, fremden Artgenossen auf engem Raum eingesperrt wird. In so einer Situation kommt sofort ein Kampf um die Rangordnung unter den Tieren in Gang, und so ein Rangkampf braucht Platz. Ist dieser Platz nicht vorhanden, bedeutet das Stress und Angst.

Ich persönlich habe übrigens bei der Sache mit dem Stress noch eine ganz andere These, die allerdings wissenschaftlich nicht belegt ist und vermutlich auch nicht belegbar wäre. Ich bin der festen Überzeugung, dass vom Fleisch von Tieren, die bei der Schlachtung oder kurz davor Angst hatten, eine Wirkung auf den

Menschen übergeht, der dieses Fleisch isst. Ich habe an mir selbst mehrfach beobachten können, dass ich nach dem Verzehr von Schweinefleisch aus Massenschlachtungen regelmäßig nachts extrem schlecht schlafe, was manchmal bis hin zu Angstattacken geht. Esse ich Fleisch von unseren Tieren, bleibt das aus.

Das ist aber nur dem glücklichen Umstand zu verdanken, dass es in unserer Nachbarortschaft noch einen Metzger gibt, der diese EU-Verordnung damals umgesetzt hat. Und dieser Metzger schlachtet unsere Tiere ohne Stress, ohne Rangkämpfe vor dem Schlachten und immer in meinem Beisein. Das bin ich unseren Tieren schuldig. Ob dieser Metzger die nächste EU-Verordnung auch noch umsetzen kann, weiß ich nicht.

> Unsere Schweine werden nur in meinem Beisein geschlachtet, das bin ich ihnen schuldig

Und so müssen wir uns Tag für Tag mit unzähligen Gesetzen herumschlagen. Eines haben die meisten dieser Verordnungen aber gemeinsam: So etwas wie unseren Hofladen, in dem ein Bauer seine eigenen, von ihm verarbeiteten Produkte direkt am Hof verkauft, sehen diese Gesetze nicht vor – hier ist es auch einmal von Vorteil, wenn man klein ist.

SIEBTES KAPITEL

Wir haben bereits mehr als genug – für alle!

Ich weiß nicht, ob es besser wird, wenn es anders wird.
Aber es muss anders werden, wenn es besser werden soll.
— Georg Christoph Lichtenberg

Wenn Sie sich »Ihre« und natürlich auch meine 2.000 Quadratmeter nochmals ins Gedächtnis rufen, all die vielen schönen Dinge, die darauf wachsen können, und sich dann überlegen, was ein einzelner Mensch zum Überleben braucht, dann kommt man nicht umhin zu sagen: Es ist genug für alle da – nicht nur für uns, die Begünstigten der Ersten Welt, sondern auch für all diejenigen in den anderen Welten.

Es ist sogar so viel da, dass tagtäglich Unmengen von Nahrungsmitteln im Müll landen!

Obst und Gemüse macht fast die Hälfte des Lebensmittelabfalls aus; da ist der Salat mit ein paar welken Blättern genauso dabei wie die schrumpelige Möhre. Danach folgen Back- und Teigwaren sowie Speisereste.

Von denjenigen Lebensmitteln, die bei uns zu Hause ankommen, wandern laut einer Studie des WWF rund zwölf Prozent in die Tonne. Das sind jährlich über 80 kg bester Lebensmittel, für die Sie Ihr mühsam verdientes Geld investiert haben – pro Person und Jahr 235 Euro. Aber nicht nur Sie, sondern jeder Mensch in Deutschland. Das Baby genauso viel wie der Greis. Auf ganz Deutschland hochgerechnet, sind das jeden Tag eintausend Lastwagen, bis oben hin voll mit Essen. Diese riesigen Mengen kommen nicht nur dadurch zustande, dass Lebensmittel im Kühlschrank verderben oder als Essensreste auf dem Teller übrig bleiben. Bedenkenlos entsorgt wird auch das, was wir für verdorben halten, ein Schicksal, das besonders oft Milchprodukte ereilt.

Doch schon vorher sind bei Landwirten und Gärtnern, unterwegs beim Transport und im Supermarkt Unmengen Lebensmittel im Müll gelandet. Und über die Privathaushalte hinaus gibt es Tausende Gastronomiebetriebe, die ebenfalls enorme Mengen für die Tonne produzieren – weil die Portionen zu groß sind, die Speisekarte wechselt oder die Speisen vom Büfett aus hygienischen Gründen nicht mehr verwendet werden dürfen.

In der Summe kommen wir zu einem erschreckenden Ergebnis: Wir werfen mehr weg, als wir essen – zumindest, wenn man die ganze Kette berücksichtigt: vom Bauer bis zum Verbraucher! Und das tun nicht nur wir Deutschen. Die Lebensmittelverschwendung ist in allen Industrienationen extrem hoch.

Wenn der Joghurt übers Verfallsdatum hüpft

Im letzten Kapitel habe ich Ihnen von der einen oder anderen Verordnung berichtet, die uns Bauern das Leben nicht immer leicht(er) machen. Manchmal könnte man fast den Eindruck bekommen, dass diese Fülle von Richtlinien zwei große, eng miteinander verflochtene Ziele verfolgt: die industriellen Konzerne zu stärken und die kleinen Handwerksbetriebe zu schwächen. Von einer besonders perfiden Norm möchte ich Ihnen nun berichten, sie ist gleichermaßen einfach wie genial – so genial, dass man ihren Schöpfer schon fast(!) bewundern möchte.

Die Rede ist vom »MHD«, vom Mindesthaltbarkeitsdatum, einem der wirkungsvollsten Verkaufstreiber der Lebensmittelbranche. Eigentlich besagt dieses Datum nur, bis wann ein Produkt die spezifischen Eigenschaften wie Geschmack und Geruch, Farbe, Konsistenz und Nährwert beibehält. Es ist eine Empfehlung des Herstellers, bis wann dieses Lebensmittel aufgebraucht sein sollte. Es gibt einige wenige Lebensmittel, bei denen es behördliche Vorgaben gibt. Bei Fleisch und Molkereiprodukten zum Beispiel gibt es Richtlinien, die besagen, wie viele Tage das MHD maximal nach dem Produktionsdatum liegen darf. Allerdings steht es dem Hersteller frei, eine kürzere Mindesthaltbarkeit aufzudrucken als vorgeschrieben.

Es ist schon interessant, dass es das MHD geschafft hat, dass wir diesen vier bis sechs Ziffern mehr vertrauen als unseren eigenen Sinnen. Da landet ein Joghurtbecher einen Tag nach Ablauf ungeöffnet im Müll – und das, obwohl Joghurt nichts anderes ist als durch Milchsäuregärung haltbar gemachte Milch. *Haltbar* gemacht! Bei optimaler Lagerung und guter Verpackung können Sie diesen Joghurt noch Wochen danach essen. Ist er wirklich nicht mehr genießbar, würden Sie das sehen und/oder riechen. Da werden Essiggurken zwei Tage nach Ablauf des MHD weggeworfen. *In Essig und Zucker eingelegte Gurken* – eine der zuverlässigsten Methoden, um Gemüse lange haltbar zu machen!

> Es ist interessant, dass wir dem Haltbarkeitsdatum mehr vertrauen als unseren Sinnen

Seit vielen Jahren geben Politiker vor, dass sie das MHD reformieren wollen und nach Alternativen suchen. Doch bislang bleibt es bei Lippenbekenntnissen, zumindest war noch keine der vorgebrachten Ideen gegen die Industrie durchzusetzen. Stattdessen muss seit 2004 auch auf dem Honigglas ein Mindesthaltbarkeitsdatum zu lesen sein – und das, obwohl Honig, den man in ägyptischen Königsgräbern als Grabbeigabe gefunden hat, noch Tausende Jahre später vollkommen in Ordnung war!

Lebensmittel möglichst lange haltbar zu machen war schon lange vor Einführung des MHD wichtig – über-lebens-wichtig. Die bäuerlichen Familien waren überwiegend Selbstversorger, und so war es nicht nur von Bedeutung, genug zu produzieren, sondern auch für die Zeit vorzusorgen, in der nichts wächst, wie im Winter.

Obst und Gemüse musste so verarbeitet werden, dass man auch in der kalten Jahreszeit ausreichend Nahrung hatte. Das Schlachten legte man möglichst in die Wintermonate, da man dann länger Zeit hatte, das Fleisch haltbar zu machen, bevor es verdirbt.

Die Menschen *mussten* erfinderisch sein, denn sie konnten es sich nicht leisten, dass Nahrungsmittel verdarben – das MHD hätten sie sicher als etwas Merkwürdiges empfunden.

Die kommen uns nicht in die Kiste

Auch und gerade die Globalisierung ist für einen Großteil der weggeworfenen Lebensmittel verantwortlich. Gurken oder Tomaten durchlaufen viele Stationen und legen dabei meistens große Strecken zurück, ehe sie vom Landwirt über die Supermärkte bis zu Ihnen nach Hause gelangen. Da kann es bei unsachgemäßem Transport oder wenn einmal ein Kühlaggregat ausfällt, leicht zur Beschädigung der Ware kommen. Und so wird auf dem langen Weg vom Großhändler bis zum Regal im Supermarkt teils kräftig aussortiert.

Gerade die großen Supermärkte kennen in Sachen Lebensmittel-Wegwerfen wenig Skrupel. Seit einigen Jahren wird dies in vielen Medienberichten thematisiert. Und das ist gut so! Denn hier werden nicht nur Salatköpfe weggeworfen, bei denen die äußeren Blätter etwas trocken sind, da reicht es schon aus, dass die neue Lieferung eintrifft. Dann wird der gesamte Altbestand entsorgt.

Ein weiterer Faktor, der so viele landwirtschaftliche Produkte auf dem Kompost landen lässt, ist die Verpackungs- und Transportlogistik des Marktes: Eine Zucchini muss so groß sein, dass sie in eine genormte Gemüsekiste mit 300 Millimeter Außenmaß passt. Ist die Zucchini größer, landet sie schon beim Bauern oder Gärtner auf dem Kompost. Die meisten Gärtner gehen schon bei der Kalkulation ihres Gemüses davon aus, dass etwa 50 Prozent der Zucchinis weggeworfen werden. So kann man nur in einer Welt kalkulieren, in welcher der Zeit-ist-Geld-Imperativ zum Glaubensbekenntnis geworden ist und in der es billiger ist, eine Karotte mit zwei Spitzen oder eine krumme Gurke auf dem Acker zu lassen, anstatt sich dieses Gemüses anzunehmen und dafür eigene Vermarktungswege zu suchen.

Wir leben in einer Welt, in der der Zeit-ist-Geld-Imperativ zum Glaubensbekenntnis geworden ist

Mittlerweile ist das Auge der Verbraucher auf diesen Verpackungsdurchschnitt in Aussehen und Größe mancher Obst- und Gemüsesorten geeicht. Die Versuche einzelner Gärtner, »überlange« Zucchinis, krumme Gurken oder zu kleine Sellerieknollen an Supermärkte direkt zu verkaufen, sind kläglich gescheitert. Entweder haben schon die Supermarktbetreiber abgewunken oder später die Verbraucher.

Kein Kontakt, kein Qualitätsbewusstsein

Der Kern des Problems liegt meines Erachtens jedoch weder beim Supermarkt noch beim Verbraucher. Könnte der Bauer oder der Gärtner direkt mit dem Kunden sprechen und erklären, warum das Obst und Gemüse anders aussieht, als der Kunde es gewohnt ist, wären Früchte, die sich jenseits der Norm befinden, kein Problem mehr.

Der Gärtner könnte erklären, dass »krumm und bucklig« ein Ausweis für Natürlichkeit ist und dass diese »Makel« dem Geschmack keinen Abbruch tun.

Der Landwirt könnte erklären, wie aufwendig es ist, Schweine oder Hühner artgerecht zu halten, wie viel Herzblut in Aufzucht und Pflege von Tieren steckt (oder stecken kann).

Er könnte erklären, warum ein »Biohuhn« 20 Euro und mehr kostet und wie der Preis zustande kommt – und dass etwas faul sein muss, wenn zwei Hähnchenbrustfilets für 5 Euro verramscht werden.

Was uns in den letzten Jahrzehnten abhandengekommen ist, ist ein Gespür für Qualität. Zum einen sind Lebensmittel tatsächlich unglaublich billig geworden, zum anderen wurden wir von einer Geiz-ist-geil-Mentalität infiziert. Beides führt dazu, dass wir für Lebensmittel immer weniger ausgeben; waren es 1960 noch rund 50 Prozent des verfügbaren Einkommens, sind es heute nur noch etwas über 10. Besonders Deutschland spielt hier eine unrühmliche Rolle; kaum einer anderen Nation sind Essen und Lebensmittel so wenig wert wie uns.

Basics des Haltbarmachens

In unserem Hofladen ist es uns auch wichtig, verschiedene traditionelle Formen der Haltbarmachung zu zeigen. Natürlich kommt bei uns auch viel Obst, Gemüse und vor allem Fleisch in die Gefriertruhe, trotzdem wird der größere Teil unserer Produkte auf andere Art haltbar gemacht. Dies hat den Vorteil, dass sie bei der weiteren Lagerung keine Energie mehr verbrauchen.

Obst und Gemüse
verarbeiten wir meistens zu Marmeladen, Sirups, Säften und Chutneys.

Am empfindlichsten sind dabei Marmeladen, vor allem wenn man den Zuckergehalt niedrig halten will, der neben dem Erhitzen für die Konservierung verantwortlich ist. Hat man früher noch mit gebrauchsfertigem Gelierzucker im Frucht-Zucker-Verhältnis 1:1 gearbeitet, sind mittlerweile zuckerärmere Varianten die Regel. Da kommen dann auch mal 2 oder 3 kg Früchte auf 1 kg Zucker.

Wir versuchen, den Zuckergehalt noch weiter zu reduzieren, und vermeiden daher fertige Gelierzuckermischungen.

- Dazu mischen wir braunen Rohrohrzucker mit Pektin, dem natürlichen Gelierstoff, wie er z. B. auch in Äpfeln enthalten ist. Reines Pektin erhält man mittlerweile in vielen Bioläden und Reformhäusern.
- Die fertigen Zubereitungen füllen wir heiß in saubere Gläser und verschließen sie mit einem Dichtgummi und dem Deckel. Die wohl bekanntesten Gläser hierfür stammen von der Firma Weck, deren Produkte sogar namensgebend für diese Form des Konservierens geworden sind (»Einwecken«).
- Die Gläser werden im Ofen oder im Wasserbad erwärmt (je nach Menge und Zubereitung unterschiedlich lange).

Dabei dehnt sich die Restluft im Glas aus und entweicht über die Dichtung im Deckel. Sobald die Gläser dann abkühlen, zieht sich auch die restliche Luft im Innenraum der Gläser zusammen. Dieser Unterdruck garantiert, dass die Dichtung im Deckel das Glas luftdicht verschließt. Und solange keine Luft an die Lebensmittel kommt, sind sie auch meist ungekühlt lange haltbar.

Eine weitere Art der Haltbarmachung ist bei uns das **Trocknen**.

- Äpfel oder Birnen schneiden wir in dünne Scheiben, »fädeln« sie auf einen Kochlöffelstiel und lassen sie in wenigen Stunden an einem warmen Ort trocknen.
- Für Beeren und Steinobst hat sich ein einfacher Holzrahmen, den wir mit Fliegengitter bespannt haben, bewährt. Man kann dabei durchaus mehrere dieser Rahmen übereinanderstapeln.

Fleisch

Der größte Teil der Würste, die wir herstellen, wird in Gläser gefüllt und eingekocht. So ist die sonst so schnell verderbliche Wurst sogar bei Kellertemperaturen von etwa 8 Grad Celsius über Monate hinweg haltbar.

Nun ist das Wursten im Rahmen normaler Haushalte sicher oft nicht möglich, aber man kann Kurse besuchen.

Das wohl umfassendste Kursangebot zum Thema »Wurst selber machen« (und noch vieles mehr) bietet die »Handwerkstatt« der Herrmannsdorfer Landwerkstätten. Ein Besuch dort lohnt allemal und lässt sich prima in den Urlaub integrieren: www.herrmannsdorfer.de.

Könnten Erzeuger und Verbraucher miteinander sprechen, bekäme unsere Nahrung wieder den Stellenwert zurück, den sie verdient, sie wäre wieder ein geachtetes Lebens-Mittel und kein Konsumgut. Und schon würde die Hemmschwelle größer, Essen in die Tonne zu werfen.

Den Lebensmitteln ihre Bedeutung zurückgeben – darin steckt ein Lösungsansatz, um die Verschwendung einzudämmen. Denn kein Bauer und kein Gärtner wirft gerne seine Produkte weg. Viele haben sich über die Zeit nur daran gewöhnt und denken nicht mehr darüber nach. Deshalb ist es auch verständlich, dass Hybridsamen mit offenen Armen empfangen wurden, denn sie bringen Früchte hervor, wie sie von den Verpackungs- und Transportlogistikern gefordert werden. Jetzt haben wir zwar mehr Gemüse, das gleich groß ist und schöner aussieht, aber der Geschmack ist auf der Strecke geblieben.

> Den Lebens-Mitteln ihre Bedeutung zurückgeben

Der Geschmacksverlust hat sicher viele Gründe, zwei erscheinen mir jedoch wesentlich: Zum einen kommt ein Großteil unseres Obsts und Gemüses aus fernen Ländern. Da diese Früchte häufig unreif geerntet werden müssen, um den langen Transport überstehen zu können, weisen sie oftmals nicht das Maximum an Geschmack auf. Ein sonnengereifter Apfel frisch vom Baum oder eine reife Tomate aus dem Gemüsegarten schmeckt einfach besser – die meisten haben das nur noch nie gewusst oder haben es längst vergessen.

Der andere Grund ist, dass viele geschmacksintensive Sorten aus dem Sortiment verschwunden sind. Erinnern Sie sich noch an den Geschmack der unförmig gewachsenen Äpfel aus Nachbars Garten? Haben Sie schon mal sogenannte Alte Gemüsesorten probiert?

> Erinnern Sie sich noch an den Geschmack der unförmig gewachsenen Äpfel aus Nachbars Garten?

Die Karotte ist so ein Beispiel für ein Gemüse, das eigentlich eine große Vielfalt aufweist. In ihrer orangen Farbe entstand sie erst im 17. Jahrhundert in den Niederlanden; angeblich war diese Farbschöpfung ein Geschenk eines niederländischen Züchters an den König. Die alten Rübensorten sind jedoch je nach Herkunft nicht orange.

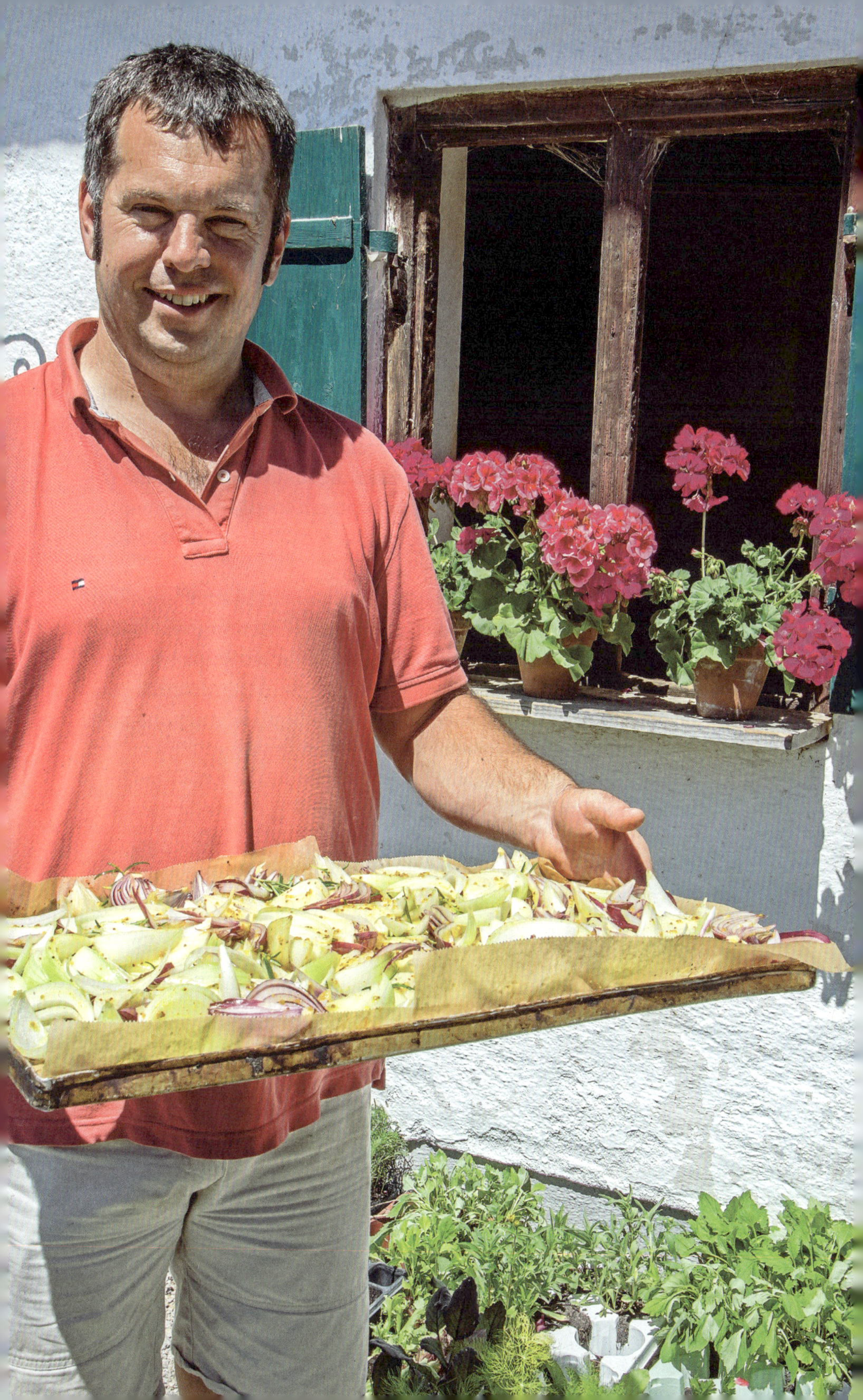

Die weißen stammen eher aus dem Mittelmeerraum, die gelben und violetten aus Afghanistan – und sie schmecken ganz anders als ihre orangefarbenen Pendants.

Ähnlich verhält es sich bei Tomaten, in deren Sortenregister mehr als 3.000 verschiedene Sorten stehen! Der gut sortierte Gemüsehandel hat davon noch etwa 30 verschiedene im Angebot – und da sind die Wohlschmeckendsten Sorten gar nicht mehr dabei.

Und so liegen immer öfter neu gezüchtete Sorten im Supermarkt, Sorten, die gleichförmiger und vor allem schneller wachsen, was meist daher kommt, dass sie mehr Wasser aufnehmen und dann eben auch wässrig schmecken.

Den Gipfel der Geschmacksverirrung und Verschwendung haben wir mittlerweile aber beim Brot erreicht, dem Grundnahrungsmittel, das heute kaum noch von einem Bäcker selbst gebacken wird.

Ich hatte einmal die Gelegenheit, in einen Vertrag zwischen einem der größten deutschen Supermarktketten und einem Bäcker zu blicken. Der Bäcker wollte einen Backshop im Eingangsbereich eines Supermarktes übernehmen. Im Vertrag stand, dass er sich dazu verpflichtet, bis eine Stunde vor Ladenschluss sein komplettes Warensortiment im Backshop anzubieten. Das führt natürlich dazu, dass täglich riesige Mengen von Brot und anderen Backwaren direkt auf dem Müll landen. Gibt es wirklich Bäcker, die solche Verträge unterschreiben?

Dieser Bäcker hat unterschrieben. Er hat vermutlich einen ähnlichen Vertrag unterzeichnet wie viele andere Bäcker vor und nach ihm, die allesamt Backshops in den Eingangsbereichen der Supermärkte betreiben. Die meisten dieser Bäcker haben etwas gemeinsam. Sie verwenden industrielle Backmischungen. Zu so einer Backmischung muss der Bäcker noch die vorgegebene Menge Wasser unterkneten und das Brot backen – fertig. Das hat für den Bäcker viele Vorteile. Der Teig ist jedes Mal gleich. Saisonale Unterschiede beim Getreide und so banale Faktoren wie das Wetter spielen keine Rolle mehr. Dass der Verbraucher erweiterte Chemiekenntnisse haben muss, um zu wissen, welche Inhaltsstoffe so ein »Brot« enthält, interessiert da keinen mehr. Der größte Vorteil für den Bäcker ist jedoch: Spätestens am nächsten Tag schmeckt das frische Brot alt. Der Kunde kommt schon am nächsten Tag wieder und kauft erneut ein.

Seit einiger Zeit gibt es zu diesen Fertigbackmischungen eine Steigerung, die besonders in Backshops genutzt wird: den fertigen Teigling. Tiefgefrorene Brote, Semmeln, Brötchen, Brezen und Gebäck. Einfach aufbacken – fertig! Heute wird ein Großteil dieser Teiglinge aus fernen Ländern importiert. Chinesische Anbieter erhalten bei hiesigen Großbäckern wegen der günstigen Preise oft den Zuschlag – und so ist bei einem typisch bayerischen Frühschoppen längst nichts mehr bayerisch: Das Fleisch für die Weißwürste kommt aus Dänemark, die Weißwursthaut und die Breze hatten eine Fahrgemeinschaft und kamen beide aus China.

Die Ware im Backshop A unterscheidet sich von der des Back-

Wir haben bereits mehr als genug – für alle! ▪ 137

shops B allerhöchstens noch im Preis. Die Betreiber der Supermärkte, die den Bäckern solche Verträge anbieten, sind natürlich daran interessiert, dass die Kunden nicht nur Brot kaufen, sondern im Supermarkt all das besorgen, was der Kunde sonst noch braucht. Hat nun der Bäcker A eine Stunde vor Ladenschluss die Lieblingsbrotsorte des Kunden nicht mehr, ist die Gefahr sehr groß, dass der Kunde zum Supermarkt B geht und dort sein Glück versucht. Die Chance, dass das Brot von Bäcker B genauso (»gut«) schmeckt, ist sehr groß. Wahrscheinlich verwenden beide Bäcker dieselbe Backmischung. Natürlich wird der Kunde dann auch den Rest im Supermarkt B kaufen. So schnell kann es gehen, und Supermarkt A hat einen Kunden verloren – und schon beginnt man zu ahnen, warum es diese Klausel im Vertrag zwischen Bäcker und Supermarkt gibt.

Zocken – *für* den Hunger!

Ein globalisierter Markt mit langen Transportstrecken, ein Datum, das dafür sorgt, dass wir mehr wegwerfen, als wir eigentlich müssten, Dumpingpreise für Lebensmittel und eine entsprechend mangelhafte Ehrfurcht vor dem Essen – diese Liste ist noch nicht die ganze Wahrheit.

10. März 2016: Mario Draghi und seine Europäische Zentralbank senken den Leitzins auf 0,00 %. Gleichzeitig werden die fraglichen Anleihekäufe auf monatlich 80 Milliarden Euro erhöht. So versucht die EZB, die lahmende Konjunktur in Europa anzukurbeln. Die Banken sollen über die Null-Zins-Politik einen noch größeren Anreiz erhalten, möglichst viele Kredite zu verleihen, damit dieses Geld möglichst schnell in den Kreislauf gelangt. Hat man bisher darauf geachtet, die Seifenblase – unser Wirtschaftssystem – nur ganz langsam aufzublasen, sind nun alle Beteiligten aufgefordert, kräftig mitzupusten.

Innerhalb dieser Seifenblase spielt sich aber dann doch einiges ab, das durchaus reale und stellenweise sogar sehr große Auswirkungen auf unsere 2.000 Quadratmeter hat. Den wohl weltweit größten Einfluss auf die Preise landwirtschaftlicher Produkte wie Getreide, Wolle, Zucker, Fleisch und Holz hat die Börse in Chicago. Die »Chicago Board of Trade« ist die älteste und größte Börse für Agrarprodukte. Hier werden bäuerliche Erzeugnisse quer über den ganzen Globus gehandelt.

Es gab zwei Momente in meinem Bauerndasein, die mein Denken und Handeln stark geprägt haben. Der erste Moment war, als ich realisiert hatte, dass jeder Erdenbürger über 2.000 Quadratmeter Acker verfügt (und ich mir im Anschluss daran immer wieder die Frage stellen musste, warum uns dieser Acker nicht genügt).

Der zweite Moment war, als ich anfing zu verstehen, warum wir viel mehr brauchen, als wir haben. Es war November 2014, als ich zwei Dokumentarfilme des Journalisten Claus Kleber sah. Claus Kleber, bekannt als Moderator des ZDF-heute-journals, reiste in die Regionen der Welt, in denen Hunger und Wasserknappheit das Leben der Menschen bestimmen. Eine Zahl aus dem Film »Hunger« (der andere hieß konsequenterweise »Durst«) hat mich besonders erschüttert: »Jährlich verrotten weltweit ca. 150 Millionen Tonnen Reis und Getreide auf irgendwelchen Halden, nur weil jemand an den Börsen auf steigende Preise gewettet hat und diese Wette verlor. 150 Millionen Tonnen, das ist sechsmal so viel, wie man bräuchte, um den Hunger auf der Welt zu beseitigen«, so Claus Kleber.

Da verfaulen Millionen Tonnen Nahrungsmittel, nur weil jemand falsch gewettet hat?! Was geradezu unglaublich klingt, funktioniert in der Praxis so: Üblicherweise steigen kurz vor den neuen Getreideernten die Preise, weil die Bestände weltweit zur Neige gehen. Ein Teil der Ernte ist zu diesem Zeitpunkt allerdings schon durch Spekulanten vom Markt genommen. Sie kaufen unmittelbar nach der Ernte riesige Mengen an Getreide und Reis, wenn die Preise dafür noch recht niedrig sind. Dann erteilen sie einem Börsenmakler den Auftrag, das Getreide erst wieder zu verkaufen, wenn der Preis einen bestimmten Wert überschritten hat. Dieser Zeitpunkt ist meist kurz vor der neuen

> Millionen Tonnen Nahrungsmittel verfaulen, weil jemand falsch gewettet hat!

Kröten statt Schneckenkorn

»Was, ihr habt keine Schnecken?«

Das hören wir ziemlich oft. Aber ich muss gestehen, das war nicht immer so. Wir hatten Jahre, da sind wir in Sachen Schnecken fast verzweifelt. Trotzdem kam Schneckenkorn für uns nie infrage.

Wir haben unser Ökosystem Garten genau beobachtet und justieren bzw. beeinflussen das natürliche Gleichgewicht so, dass die Schnecken kein Problem mehr darstellen – obwohl sie noch immer da sind. Unsere »Schneckenabwehr« ist daher ziemlich breit aufgestellt:

- Unsere **Laufenten** haben immer freien Zugang in unseren Gemüsegarten, und sie fressen Schnecken. Besonders viele Schnecken fressen sie in der Zeit, in der sie Eier legen, denn dann ist ihr Bedarf an Eiweiß und Kalk besonders hoch, und den decken sie über den Verzehr von Schnecken.
- Da Laufenten einem Beilagensalat zum Schneckenmahl leider nicht abgeneigt sind, haben wir nach »Ersatz« gesucht und sind auf **Erdkröten** gestoßen – Erdkröten fressen (im Gegensatz zu Schildkröten, über die wir auch nachgedacht hatten) gerne Schnecken, und zwar auch ohne Salatbeilage.

  Allerdings stellen sie einen hohen Anspruch an ihren Lebensraum. Einen geschützten Platz für ihre Erdhöhlen haben sie bei uns unter den unzähligen großen Steinen in unserem Garten, und der Weiher ist auch gleich nebenan, sodass das Problem der Eiablage und somit der Vermehrung der Kröten gelöst ist.
- Auch **Igel** mögen Schnecken. Ein Haufen Stroh, Laub oder Heu dient unseren Igeln als Basislager, aber auch als Nest für den Winterschlaf.
- Zu guter Letzt haben wir noch unsere **Schweine**. Ein paar von ihnen, meist ist es unsere Muttersau mit ihren Kleinen, verbringen den Sommer direkt neben unserem Garten. Das ist praktisch, weil man dann einen Großteil der Gartenabfälle verfüttern

kann, und reduziert die Zahl der Nacktschnecken, denn Schweine sind keine Kostverächter. Und weil die Schnecken offenbar den Schweinekot sehr anziehend finden, »laufen« die Schnecken unseren Schweinen regelrecht zu.

All das hat dazu geführt, dass wir keine Probleme mit Schnecken im Garten haben – zumindest im Moment. Denn momentan ist das Schneckenangebot offensichtlich so groß, dass sich Kröten und Igel optimal vermehren können. Sinkt das Angebot an Schnecken, kann es durchaus sein, dass auch die Population an Kröten und Igeln zurückgeht. Dann nehmen die Schnecken wieder überhand, was Kröte und Igel wieder stärkt usw.

Natürliche Synergieeffekte unterliegen einer natürlichen Pendelbewegung. Wenn man um dieses Auf und Ab weiß und sich darauf einstellt, betrachtet man Schnecken im Garten mit einer geradezu ungewohnten Gelassenheit.

Schneckenabwehr im eigenen Garten
Nun hat natürlich nicht jede/r die Möglichkeit und den Platz, sich zur Schneckenabwehr Enten, Kröten, Igel und Schweine zu halten. Jede einzelne dieser Varianten ist es aber schon wert, ausprobiert zu werden.

Versuchen Sie doch einmal, Ihren Garten so anzulegen, dass sich Kröten und/oder Igel darin heimisch fühlen. Das schafft nicht nur Natürlichkeit, das lindert auch Ihr Schneckenproblem und macht die Schweine verzichtbar.

Kröten statt Schneckenkorn

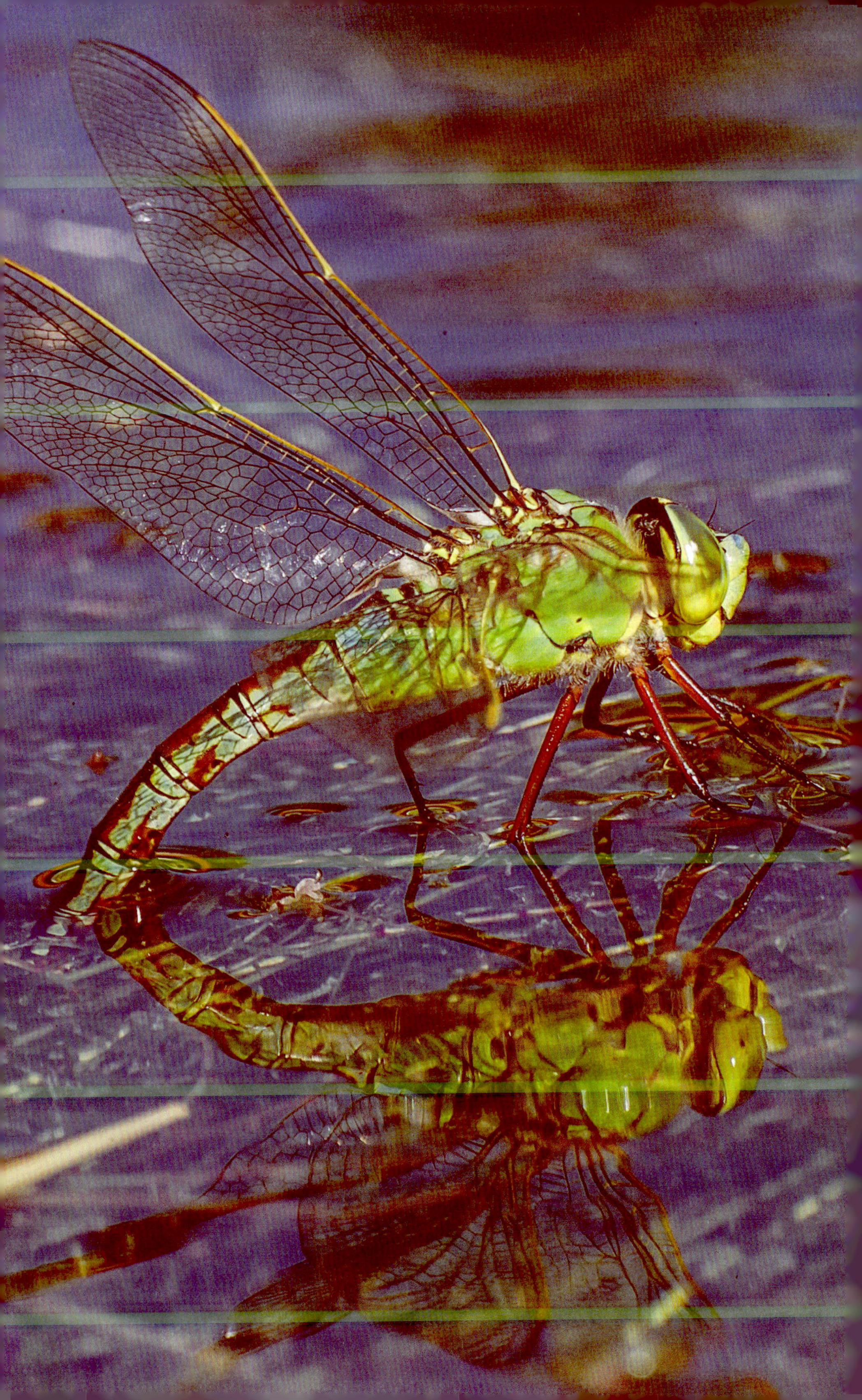

Ernte. Manchmal klettern die Preise für das Getreide aber nicht so hoch, wie die Spekulanten es erwartet haben – und wenn dann mit der neuen Ernte die Preise wieder fallen, ist die Wette verloren. Das Getreide vom Vorjahr verfault auf gut bewachten Halden, das »Spiel« beginnt von vorn. Natürlich verlieren die Spekulanten ihre Wette nicht immer. Ganz oft gewinnen sie, deshalb wetten sie ja auch immer weiter – die Verlierer sind aber so oder so immer die Gleichen.

Was hat das alles mit dem Boarhof zu tun und mit dem, wie wir hier wirtschaften?

Unser Bestreben ist es, uns und unsere Kunden mit hochwertigen, ökologisch erzeugten Lebensmitteln zu versorgen. Dabei achten wir darauf, dass wir Natur und Boden nicht überfordern, weshalb es auch nicht unser oberstes Erstreben ist, Höchsterträge zu erzielen.

Aber ist diese Art der Landwirtschaft egoistisch oder gar unfair? Schließlich leiden Menschen in anderen Weltgegenden Hunger. Würden wir Hybridsaatgut einsetzen, schwere Maschinen und viel Chemie, könnten wir deutlich mehr ernten als mit unseren alten Sorten und biologischer Bewirtschaftung.

Diese Frage habe ich mir oft gestellt, aber mittlerweile tue ich es nicht mehr.

Denn erstens sorgt die Evolution (wenngleich viel langsamer) auch so dafür, dass ein optimaler Ertrag erzielt wird.

Zweitens ist der Einsatz von Chemie auf Acker und Wiesen langfristig schädlich.

Und drittens brauchen wir gar nicht mehr Lebensmittel, denn wir produzieren Nahrung für mindestens zehn Milliarden Menschen!

Wir könnten es uns problemlos erlauben, weltweit eine Landwirtschaft zu betreiben wie hier am Boarhof: ökologisch produziert und in höchster Qualität. Für alle! Und ganz nebenbei würden wir dafür sorgen, dass sich die Böden erholen und sich mit Humus anreichern, um so den Klimawandel einzudämmen.

Und trotzdem bekommen wir immer wieder erzählt, dass wir die Lebensmittelproduktion weiter steigern müssen.

Warum?

Weil wir das Wirtschaftswachstum brauchen! Darum erzählt man uns, dass wir immer mehr produzieren müssen – um die Bekämpfung des Hungers geht es hierbei nicht wirklich, denn den brauchen wir dringend!

Und weil das so nicht weitergehen kann, müssen wir handeln – und zwar jetzt, denn wir wissen längst, wie es anders geht!

Wir wissen längst, wie es anders geht!

ACHTES KAPITEL

Der Weltagrarbericht – eine Blaupause für eine andere Landwirtschaft

Die Ahnung der Frau ist meist zuverlässiger als das Wissen der Männer
  — Joseph R. Kipling

- Wir brauchen einen Wandel unserer Denkmuster. Wir müssen weg von dem Streben nach immerwährendem Wachstum. Stattdessen müssen wir erreichen, die vorhandenen Ressourcen optimal auszunutzen und dabei unsere Lebensgrundlagen nicht zu zerstören.
- Wir brauchen keine standardisierte, sondern eine vielfältige Landwirtschaft. Vielfalt im pflanzlichen Bereich, Vielfalt im tierischen Bereich. Vielfalt im Denken, Vielfalt im Tun.
- Wir müssen uns vom Gedanken befreien, immer perfekt sein zu müssen. Wir brauchen eine »fehlerfreundliche« Kultur. Die Natur macht Tausende von Fehlern beim Versuch, ihre Geschöpfe weiterzuentwickeln. In jedem Fehler steckt das Potenzial unzähliger neuer Innovationen.
- Die Bauern dieser Welt sollen sich nicht permanent fragen müssen, wie sie durch ihre Arbeit eine Steigerung des Mehrwertes erreichen. Sie müssen Zeit und Raum haben, sich kreative Ansätze zu überlegen, wie sie den Nährwert ihrer Arbeit steigern können.
- Wir müssen weg von den riesigen Monokulturen in der Landwirtschaft. Wir brauchen große Gärten. Nehmen wir uns die Gärten der Bäuerinnen und Bauern unseres Planeten zum Vorbild!

Der lange Weg zum Weltagrarbericht

Die obigen Zeilen entstammen nicht etwa der Satzung eines Bioverbands oder wurden vom BUND Naturschutz verfasst, sie entstammen – nicht im Wortlaut, aber sinngemäß – dem »Weltagrarbericht«.

Ich selbst hatte davon schon viele Male gehört, bevor ich 2013 eher zufällig entdeckte, dass es sich bei diesem Bericht um kein alljährlich veröffentlichtes statistisches Zahlenwerk handelt. Was rund 500 Wissenschaftler aus aller Welt hier einmalig – es gab ihn nur ein einziges Mal, und zwar im Jahr 2008 – formuliert haben, ist sehr viel mehr.

Der Weltagrarbericht enthält eine fundierte, mehrere hundert Seiten starke Zustandsbeschreibung der Landwirtschaft auf unserem Planeten. Zusätzlich haben die Verfasser des Berichts Empfehlungen ausgearbeitet, wie wir durch die Schaffung, Verbreitung und Nutzung von landwirtschaftlichem Wissen, von Forschung und Technologie den Hunger und die Armut verringern, ländliche Existenzen verbessern und gerechte, ökologisch, ökonomisch und sozial nachhaltige Entwicklung fördern können.

Ich war von dem Werk beeindruckt – auch als ich sah, wer an dessen Entstehung beteiligt war, denn das war im Grunde die ganze Welt: die UNO (Vereinte Nationen) sowie ihre Unterorganisationen UNEP (Umweltprogramm der Vereinten Nationen), UNESCO (Organisation für Bildung, Wissenschaft und Kultur der Vereinten Nationen) und UNDP (Entwicklungsprogramm der Vereinten Nationen), dazu die WHO (Weltgesundheitsorganisation), FAO (Welternährungsorganisation) und Weltbank, sowie Vertreter von Nichtregierungsorganisationen, Verbraucherorganisationen, Bauernverbänden, Wissenschaft und Agrarlobby. Fürwahr ein breites Bündnis, das hinter dem International Assessment of Agricultural Knowledge, Science and Technology for Development steht, wie der Weltagrarbericht im englischen Original heißt.

Da hatte die Weltbank um die Jahrtausendwende also tatsächlich nicht nur erkannt, dass die Menschheit drauf und dran ist, ihre Lebensgrundlage aufs Spiel zu setzen, sondern wollte auch etwas tun. Zu Beginn dieses Tuns stand 2002 die Gründung des Weltagrarrats, am Ende, 2008, der Weltagrarbericht mit seinen Empfehlungen.

Der Weg dorthin war steinig, es wurde diskutiert, um Fragestellungen gestritten und um Inhalte gekämpft. Vor allem die Fokussierung auf traditionelles Agrarwissen war der Agrarlobby und ihren Wissenschaftlern ein Dorn im Auge. Und so kam, was kommen musste: Noch bevor das Plenum der Regierungsvertreter der Vereinten Nationen den Bericht im Wortlaut beschloss, zogen sich die drei großen Agrarkonzerne Monsanto, Syngenta und BASF von der Mitarbeit zurück. Spätestens als die Vertreter dieser Industriegiganten erkannten, in welche Richtung die Empfehlungen des Weltagrarberichts gehen würden, zogen sie die Notbremse. Und auch die USA, Kanada und Australien gehörten zum Schluss nicht zu den Unterzeichnerstaaten.

Das war schade, aber noch trauriger war, dass die Aufmerksamkeit, die der Bericht erfuhr, mehr oder weniger gleich null war. Kein Aufschrei, kein Ruck ging durch die Welt. Dass ihn die Agrarindustrie als »viel zu ideologisch geprägt« abtat und die Forderung nach einer Ausweitung des Ökolandbaus und die Ablehnung der grünen Gentechnik als realitätsfremd kritisierte, war klar. Aber dass auch das mediale Interesse gering war, war dann doch befremdlich.

Kleinbauern und Frauen an die Macht!

»Weiter wie bisher ist die einzige Option, die es *nicht* gibt!« – so könnte man den Weltagrarbericht in einem Satz zusammenfassen, denn die Welt ist geprägt durch ungleiche Entwicklung, nicht-nachhaltigen Gebrauch der natürlichen Ressourcen, die negativen Auswirkungen des Klimawandels sowie durch andauernden Welthunger und Armut.

Um diese Probleme wirkungsvoll beseitigen zu können, schlagen die Verfasser des Berichts vor, Kleinbauern zu stärken, die für ihr lokales Umfeld produzieren – und damit genau das, was wir auf dem Boarhof machen! Für uns ist der Weltagrarbericht mit seinen Empfehlungen daher nichts anderes als eine Bestätigung unserer Arbeit, eine Blaupause dessen, wie wir hier Landwirtschaft betreiben!

Doch was ist ein Kleinbauer? Bei globaler Betrachtung lässt sich das Kleinbauerntum nicht an einer bestimmten Mindestfläche, Tieranzahl oder maschinellen Ausstattung festmachen. Die offizielle Definition lautet: »Ein Kleinbauer ist ein Landwirt mit einer geringen Ausstattung an Produktionsfaktoren.« Produktionsfaktoren sind in diesem Fall der Zugang zu Boden, Energie und Wissen sowie zu Produktionsmitteln wie Saatgut. Egal, wie wir Kleinbauer definieren, wichtig ist, dass es auf unserem Planeten laut Weltbank mehr als 1,5 Milliarden Menschen in kleinbäuerlichen Familien gibt. 1,5 Milliarden Menschen, die durch eine mangelhafte Ausstattung mit Produktionsfaktoren arbeiten und/oder reine Selbstversorgungs-Landwirtschaft betreiben.

> Für uns ist der Weltagrarbericht eine Bestätigung unserer Arbeit

Bei so vielen Kleinbauern liegt es nahe, dass in ihrer Förderung ein riesiges Potenzial steckt – wenn man sie fördert, wie es der Weltagrarbericht fordert:

- Der Weltagrarrat empfiehlt eine Revolution in der Forschung. Die Wissenschaftler sollen künftig problemorientiert arbeiten anstatt lösungsfixiert. Dazu benötigen wir mehr unabhängige Wissenschaftler, die bereit sind, von den (Klein)Bauern zu lernen. Das teils uralte Agrarwissen muss fester Bestandteil bzw. Grundlage der Forschung werden.
- Der Weltagrarbericht stellt fest, dass die Produktivität pro Fläche in kleinbäuerlichen Betrieben oft wesentlich höher ist als in Großbetrieben.

In einem landwirtschaftlichen Handbuch aus den 1950er-Jahren war zu lesen, dass der »bäuerliche Hausgarten« diejenige landwirtschaftliche Produktionseinheit mit den höchsten Erträgen ist. Er ist deshalb so ertragreich, weil er mit viel Handarbeit bewirtschaftet wird und sich auf kleiner Fläche eine große Artenvielfalt findet. Monokulturen sind daher

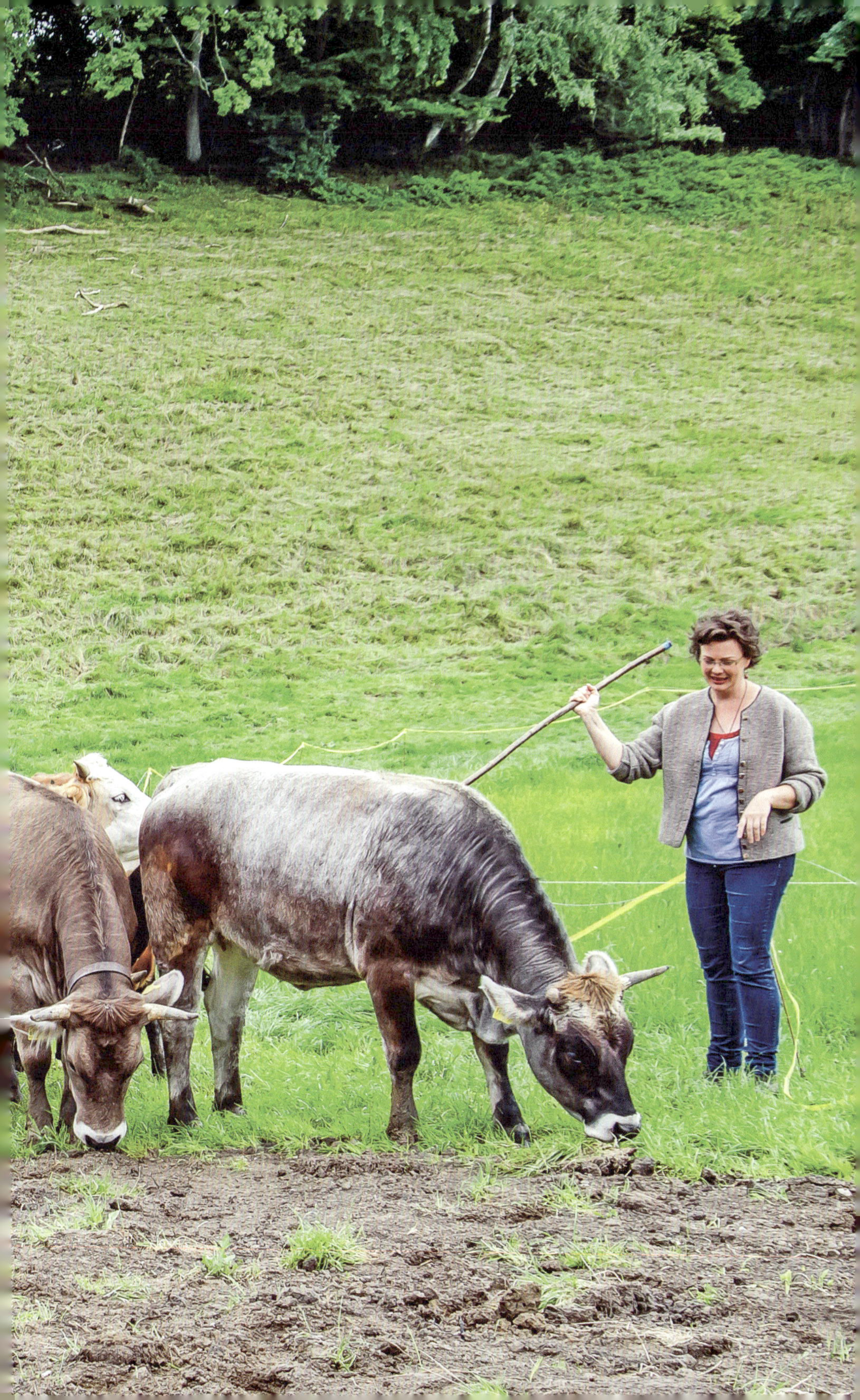

nicht »produktiver«, wie es immer heißt, sie sind »rentabler«, weil Handarbeit teuer ist.

- Last, but not least hat das Plenum der Regierungen in seinem Bericht festgehalten, dass Hunger und Armut nur beseitigt werden können, wenn die Lebensmittel vor Ort produziert werden – und zwar von Kleinbauern, die dazu natürlich den Zugang zu Boden, Technologien, Saatgut und Wissen benötigen.

Die zweite, wichtige zentrale Empfehlung des Berichts ist die Stärkung der Rolle der Frau in der Landwirtschaft.

Vor allem in Asien und Afrika wird der größte Teil der landwirtschaftlichen Arbeit von Frauen verrichtet. Gleichzeitig verfügen viele der Frauen dort über die geringsten Rechte. Hätten sie die Möglichkeit, eigenen Boden zu bewirtschaften, Technologien und Wissen auszutauschen und neues Wissen zu erwerben, sähe die Welt mit Sicherheit anders aus. Es gilt also, weltweit die weiblichen Aspekte in der Landwirtschaft stärker zu berücksichtigen und auszuweiten, auch weil ich mir nicht vorstellen kann, dass Frauen den Boden so verantwortungslos behandeln, wie manche Männer es tun. Und erst recht kann ich mir nicht vorstellen, dass Frauen den Profit so stark über den Erhalt der eigenen Lebensgrundlagen stellen.

Unser Kleinbauernhof – arbeiten MIT der Natur!

Nun ist es nicht so, dass es überall auf der Welt nur trostlose Monokulturen auf ausgelaugten Böden gibt. Die kleinbäuerliche, oftmals weiblich geprägte Landwirtschaft bringt nicht nur innovative, hochproduktive Betriebe hervor – sie ist für rund zwei Drittel der globalen Lebensmittelproduktion verantwortlich!

Riesige Monokulturen, kraftstrotzende Maschinen und der massive Einsatz von Pestiziden sind also nicht das dominierende Modell! Diese Minderheit, dieses eine Drittel hat allerdings das Sagen und bestimmt somit das Bild, auch das in unseren Köpfen.

Obstbaumpflege im Gartenjahr

Obstbäume eignen sich besonders gut, um verstehen zu lernen, wie natürliche Abläufe funktionieren.

Alle Lebewesen haben nur ein einziges Ziel: Sie wollen ihre Art sichern. Es ist *nicht* das Ziel eines Apfelbaums, uns mit leckeren Früchten zu versorgen. Was ein Apfelbaum will, ist sich fortpflanzen:

- Je mehr Blüten er hat, desto mehr Bienen lockt er an.
- Je mehr Blüten bestäubt werden, desto mehr Früchte wachsen.
- Je mehr Äpfel gedeihen, umso größer die Chance, dass irgendwann ein reifer Apfel zu Boden fällt und dort verfault – und so vielleicht wieder ein Apfelbaum daraus erwächst.

Winter- oder Frühjahrsschnitt?
In diesen natürlichen Prozess greifen wir nun ein, weil uns die Früchte des Baums so gut schmecken.

Um möglichst große, süße Äpfel an einem Baum zu haben, muss man die Äste des Baums regelmäßig schneiden. Wer schon mal einen Kurs für Obstbaumschnitt gemacht hat, weiß das. Wer schon zwei oder mehrere solcher Kurse gemacht hat, weiß auch, dass darin jeder Kursleiter seine eigene Wahrheit verbreitet.

Wenn man allerdings versteht, warum ein Baum nach so einem Pflegeschnitt eben so reagiert, wie er reagiert, merkt man, dass jede dieser Wahrheiten auch tatsächlich wahr ist – denn nach einem jeden Pflegeschnitt reagiert der Baum darauf.

- Entfernen Sie die Äste im Winter, damit die Früchte in der warmen Jahreszeit mehr Sonnenlicht bekommen, lässt der Baum im Frühling viele neue Äste wachsen, damit wieder mehr Blüten entstehen können.
- Schneiden Sie den Baum jedoch nach der Blüte, steckt er erst einmal seine Kraft in die Früchte, die er schon hat – mit vielen neuen Blüten kann er ja nicht reagieren.

Kurzum: Ein Apfelbaum reagiert zu jeder Jahreszeit anders auf das, was wir mit ihm tun. Deshalb gilt es, die Bäume über die Jahre »kennenzulernen«, zu lernen, wie jeder Baum reagiert, denn jeder Baum hat seinen ganz eigenen Charakter:

Manche bevorzugen den Schnitt im Sommer, andere im Winter. Bei manchen muss ich regelmäßig einzelne Äste »schienen«, damit sie dorthin wachsen, wo ich sie haben möchte. Bei anderen Bäumen ist jede Form der Erziehung zwecklos. Einen Apfelbaum habe ich, der braucht gar keinen Pflegeschnitt. Er ist zufrieden mit den Ästen, die er hat. Trotzdem kommen an die Äpfel genügend Sonnenlicht und Luft. Und jedes Jahr lässt dieser Baum herrliche Äpfel wachsen.

Für Einstiegsmöglichkeiten sorgen

Bei allen Obstbäumen versuche ich, die Äste so zu schneiden, dass ich später einmal gut mit einer Leiter in den Baum hineinsteigen kann. Dafür habe ich zwei verschiedene Leitern:

- Die doppelschenklige Leiter verwende ich bevorzugt, denn mit ihr kann die Rinde nicht beschädigt werden.
- Die andere Leiter ist eine Schiebeleiter, mit der ich bis auf vier Meter hoch komme. Höher lasse ich keinen Obstbaum werden, was ich wiederum mit dem Schnitt regeln kann.

Um die Rinde der Bäume zu schonen, polstere ich die Leiterspitzen mit einem alten Kartoffelsack ab.

So kann ich verhindern, später einmal einen dicken Ast wegschneiden zu müssen, nur damit ich einen Einstieg in den Baum habe.

Notschnitte durchführen

Sollte ich trotzdem einmal einen stärkeren Ast (über 3 cm) abschneiden müssen, mache ich den Schnitt möglichst im Winter:

- weil der Baum in der kalten Jahreszeit keinen Lebenssaft mehr in Richtung Wurzel schickt, gelangen auch keine Krankheitserreger, die sich auf der Schnittfläche ansiedeln können, in den Organismus.

- ist ein großer Schnitt im Sommer nicht zu vermeiden, z. B. weil ein Sturm einen Ast abgeknickt hat, arbeite ich beim Schnitt nur mit sauberem Werkzeug und verschließe die Wunde anschließend mit Wundbalsam aus dem Fachhandel.

Zwei Baumscheren, nicht mehr
- Eine Baumschere mit Wechselklingen für die kleinen Äste. Diese kleine Schere hat ihren Namen verdient. Die beiden Messer »scheren« den Ast richtig ab, das heißt, die beiden Klingen überlappen im geschlossenen Zustand. Diese Bauart verkantet allerdings gerne bei größeren Ästen und wird so schneller stumpf.
- Daher verwende ich die große Baumschere für Äste, deren Durchmesser größer als 1 cm ist. Hier schert das Messer den Ast nicht ab, sondern schneidet ihn ganz gerade gegen einen sogenannten Amboss.

Der Mondkalender
Unabhängig davon, welche Maßnahmen ich an einem Obstbaum durchführe: Ich achte auf den Mondkalender. Der richtige Moment für eine Pflegemaßnahme, eine Behandlung ist mir besonders bei den Obstbäumen sehr wichtig. Über den richtigen Zeitpunkt kann ich besonders gut »steuern«, ob der Baum seine Kraft eher in die Frucht oder ins Wachstum neuer Triebe und Blätter schickt.

Der Mond- bzw. Aussaatkalender von Maria Thun, den wir verwenden, unterscheidet vier sogenannte Fruchtorganimpulse: Frucht, Blüte, Wurzel und Blatt. Führt man z. B. an einem Fruchttag bestimmte Maßnahmen durch, wird dadurch die Frucht in besonderer Weise gefördert.

Und darüber hinaus bringt der Kalender Struktur in unseren Arbeitsalltag und verhindert, dass wir uns um Dinge kümmern, die an solchen Tagen nicht im Fokus stehen.

Daher gilt es, unser aller Aufmerksamkeit auf die Kleinbauern zu lenken und diese zu stärken. Kleinbauern wollen die Natur verstehen, sie wollen und *müssen* MIT der Natur arbeiten. Es macht Mut zu wissen, dass es Tausende verschiedene schöpferische Ansätze für eine bessere Landwirtschaft gibt – und das gilt auch für uns hier auf dem Boarhof: Auf knapp 800 Metern über dem Meer, auf einer eiszeitlichen Moräne 80 Meter über dem Tegernsee, bei rund 1.400 Millimeter Jahresniederschlag und einer Durchschnittstemperatur von 7,4 Grad Celsius, feucht-warmen Sommern und mitunter kalten, schneereichen Wintern haben wir ebenfalls angefangen, die Natur zu verstehen. Jahr für Jahr stellen wir uns auf das ein, was wir vorfinden, um damit zu arbeiten, denn die Natur ist nicht unser Gegner, sie ist unser Partner – alles andere kann meines Erachtens auf Dauer auch nicht funktionieren.

> Es gibt tausend schöpferische Ansätze für eine bessere Landwirtschaft

NEUNTES KAPITEL

Der Kassenbon als Wahlschein des 21. Jahrhunderts

*Zuerst ignorieren sie dich,
dann lachen sie über dich,
dann bekämpfen sie dich,
und dann gewinnst du.*

— Mahatma Gandhi

Stell dir vor, es ist Krieg, und keiner geht hin!« Ein bekannter Spruch nach Bertolt Brecht, der das Unmögliche denkt. Sich über etwas Utopisches, »Unerhörtes« Gedanken machen – manchmal steht das bei mir wirklich am Anfang eines größeren Veränderungsprozesses.

Viel öfter sind solche Gedanken natürlich reine Spielerei, aber sie können trotzdem spannend sein. Ein Gedanke beschäftigt mich dabei immer mal wieder. Im Mittelpunkt stehen die großen Discounter und die Vorstellung, dass da keiner mehr hingeht – wirklich keiner, und zwar von heute auf morgen! Was glauben Sie, was da bei Aldi, Penny & Co. los wäre?!

Alle Macht dem Volke!

Frühmorgens, halb neun in Deutschland: Pünktlich öffnen all die Filialen der Discounter, von Berchtesgaden bis zur Waterkant, aber die Kunden bleiben aus. Keiner kommt, denn sie gehen fast alle zum benachbarten Gemüsemarkt, manche gehen direkt zum Bauern, direkt zum Erzeuger. Ein paar verlaufen sich noch in die großen Supermärkte, aber immerhin kaufen sie dort bio ein. Die schmucklosen Regale der Discounter voll, die Gänge leer. Es dauert genau eine halbe Stunde, da ist das schon als Topthema in den Neun-Uhr-Nachrichten zu hören. Schon am nächsten Tag diskutiert die große Politik über dieses Phänomen, diskutiert darüber, ob die großen Discounter systemrelevant sind. Denn wenn sie es sind, muss man ja überlegen, wie man ihnen seitens des Staates helfen kann ...

Natürlich ist dieses Szenario nicht wirklich wahrscheinlich. Was ich damit auch nur andeuten möchte ist: Wir alle können wählen, jeden Tag – und durch diese Wahl Macht ausüben.

Laut Artikel 20 unseres Grundgesetzes geht alle Macht ohnehin von uns, dem Volke, aus. Diese Macht üben wir in Wahlen und Abstimmungen aus. Aber wofür ist diese Macht gut, wohin geht meine Stimme? Meine Stimme, mein Wahlschein – ich habe sehr oft nicht den Eindruck, dass da für mich oder, worum es ja eigentlich geht, »zukunftsfähig« im Sinne der Gesellschaft entschieden wird. Sieht so also meine ganze Macht aus? Da muss es doch etwas anderes geben. Und das gibt es auch.

Die GfK, die Gesellschaft für Konsumforschung in Nürnberg, sammelt riesige Mengen an Daten, die unser Konsumverhalten betreffen. Unter anderem hat die GfK festgestellt, dass jeder Mensch in Deutschland wöchentlich rund 28-mal *aktiv* etwas konsumiert. Aktiv heißt, ich kaufe etwas in einem Laden und bezahle an der Kasse oder bestelle im Internet und überweise. Passiv konsumieren heißt, ich mache einen Vertrag mit einem Handyprovider, der dann jeden Monat sein Geld direkt von meinem Konto abbucht. Oder einen Vertrag mit einem Stromversorger. Auch das ist eine Konsumhandlung, die ich aber nicht Monat für Monat oder Woche für Woche aktiv vollziehe.

> Rein statistisch betrachtet, gehen wir 28-mal pro Woche zur Wahl

Pro Woche 28-mal aktiv konsumieren heißt aber auch: Ich gehe 28-mal pro Woche aktiv zur Wahl. Rein statistisch betrachtet, ist viermal täglich Wahl – mit 100 Prozent Wahlbeteiligung. Sieben Tage die Woche, 365 Tage im Jahr. Die Wahlbeteiligung liegt dabei weit über jeder Wahl im herkömmlichen Sinne. Denn in dieser Konsumstatistik ist jeder Mensch mitgerechnet, auch solche, die in Deutschland gar nicht wählen dürfen – Kinder oder Ausländer zum Beispiel.

Ich bin mir sicher, dass diese Art zu wählen ein vielfach größeres Potenzial besitzt, etwas zu bewirken, als die klassische Wahl nach Artikel 20 unseres Grundgesetzes.

Aber: Man muss seine Wahlentscheidung auch bewusst treffen. Und um das tun zu können, muss man sich informieren.

Augen auf beim Konsumieren

Vor ungefähr zehn Jahren haben wir uns von einem Schreiner eine Küche machen lassen. Mit dieser Küche haben wir uns auch ein paar neue Elektrogeräte angeschafft. Bei dem, was und wie wir es tun, ist die Küche ein zentraler Arbeitsplatz. Deshalb war uns wichtig, dass dieser Raum qualitativ hochwertig, robust und praktisch, gleichzeitig aber auch ein Ort zum Wohlfühlen ist. Wir waren von Anfang an rundum zufrieden mit unserer Planung und dem, was der Schreiner angefertigt hat – zumindest das war Qualitätsarbeit. Den Geschirrspüler für unsere Küche hatten wir aber offensichtlich zu billig eingekauft.

Billig – das ist so ein Wort, mit dem ich schon früh Bekanntschaft gemacht habe. Aus dem Munde meiner Großmutter habe ich oft gehört: »Ich kann es mir nicht leisten, etwas Billiges zu kaufen.« Meine Großeltern lebten in einfachen Verhältnissen. Aber ich hatte nie das Gefühl, dass es ihnen an irgendetwas gefehlt hätte. Was sie hatten, hat ihnen genügt. Sie waren zufrieden.

Was sie mit ihrem Spruch sagen wollte, habe ich erst sehr viel später verstanden, auch dass »billig« viele Bedeutungen haben kann. Laut Duden heißt »billig«: »niedrig im Preis; nicht teuer; für verhältnismäßig wenig Geld zu haben«, aber auch: »von minderer Qualität; vordergründig, einfallslos, geistlos und daher ohne die erhoffte Wirkung«. Oft verbergen sich hinter einem billigen Produkt all diese Bedeutungen auf einmal: niedrig im Preis, von minderer Qualität, geistlos und daher ohne die erhoffte Wirkung.

Doch obwohl das Lebensmotto meiner Oma mittlerweile zu meinem geworden ist, tappe ich hin und wieder in die Billigfalle – so auch beim besagten Geschirrspüler.

Als wir die Spülmaschine gekauft haben, hatte ich Themen wie Ressourcenverbrauch und nachhaltiges Einkaufen noch nicht auf dem Schirm. Da war es wichtig, dass ein Markengerät mit guter Energieeffizienz ins Haus kommt, also habe ich meine Stimme einem börsennotierten Großkonzern gegeben, dem die Dividende seiner Aktionäre deutlich wichtiger erscheint, als ein gutes Produkt herzustellen. Leider habe ich meine Stimme auch nicht direkt beim Hersteller abgegeben, was auch gar nicht möglich gewesen wäre. Der Einfachheit halber haben wir die Elektrogeräte zwar selbst ausgesucht, dann aber über den Küchenschreiner bestellt, der sie über einen großen Elektrodiscounter bezogen hat.

Das kommt davon, wenn man jemandem eine Vollmacht für seine Stimmabgabe erteilt. Beim Kauf den örtlichen Elektriker zu wählen wäre die sinnvollere Entscheidung gewesen.

Als dann der Geschirrspüler zum ersten Mal kaputt war, hatte ich schon dazugelernt und habe meine Stimme dem Elektrofachgeschäft vor Ort gegeben. Das hat zwar nichts geholfen, weil dort nur getan wurde, was der toprenommierte Hersteller in solchen Fällen empfiehlt (Austausch der Baugruppe). Aber wenn der Fachhändler sorgsam mit meiner Stimme umgegangen wäre, hätte er mich zumindest auf die Möglichkeit einer Reparatur hingewiesen. Dann hätte ich wieder wählen können – wählen zwischen Austausch oder Reparatur, natürlich mit den jeweiligen Konsequenzen. Enttäuscht von dieser Wahl bzw. dem Wahlergebnis, habe ich anders gewählt, als die Maschine zum zweiten Mal defekt war. Da habe ich mich für das Selberreparieren entschieden – nur leider beim Kauf des Spezialschraubenziehers dem Baumarkt vertraut, statt dem örtlichen Werkzeughändler meine Stimme zu geben. Nur der Vollständigkeit halber sei erwähnt, dass die Eigenreparatur nur ein einziges Mal möglich war, denn danach war das Spezialwerkzeug kaputt.

Kurzum: Ich habe rund um den Geschirrspüler oft gewählt – leider nie richtig.

Ich kann also meine Stimme immer wieder so abgeben, wie es »normal« ist – oder ich frage mich bei jeder Stimmabgabe, was ich mit meiner Stimme bewirke: Was bewirke ich, wenn ich meine Stimme dem großen Baumarkt gebe? Was bewirke ich, wenn ich meine Stimme dem großen Baumarkt *nicht* gebe?

Ich kann mich bei jeder Stimmabgabe fragen, was ich bewirke

Erst mal nicht viel, könnte man meinen. Wenn das aber viele Menschen immer öfter tun, muss sich der örtliche Werkzeughändler nicht mehr ängstigen, ob er weiter existieren kann. Diese Angst muss dann irgendwann der Baumarkt haben.

Genauso ist es bei Lebensmitteln. Man kann seine Stimme einem großen Discounter geben, wenn man einen Liter Milch kauft. Der Discounter lässt Milch in der Molkerei abfüllen, die ihm das billigste Angebot macht. Die Molkerei füllt die Milch aber nicht unter eigenem Namen ab, sondern in Tetrapaks mit

Der Kassenbon als Wahlschein des 21. Jahrhunderts

dem Logo von Aldi, Lidl & Co. Findet sich eine Molkerei, die ihre Milch noch billiger abgibt, stammt die Milch eben künftig von dieser Molkerei. Die Tetrapacks sehen aber unverändert aus. Nur das Kleingedruckte darauf ändert sich. Das sogenannte Genusstauglichkeitszeichen, ein kleiner ovaler Kreis mit ein paar Buchstaben und Zahlen, gibt Auskunft, von welcher Molkerei die Milch stammt.

Steht da »DE-BY 110«, kann ich jederzeit im Internet nachlesen, dass diese Milch von den Milchwerken Berchtesgadener Land eG nahe der österreichischen Grenze stammt. Wer sich noch weiter informiert, weiß, dass diese Molkerei einen fairen Umgang mit ihren Bauern pflegt und einen relativ anständigen Milchpreis bezahlt. Nun bewirken Sie schon eine ganze Menge, wenn Sie nicht dem Discounter, sondern einer engagierten Molkerei Ihre Stimme geben.

Lokal einkaufen, Bürger sein

Noch besser ist, Sie geben Ihre Stimme direkt beim Bauern ab. Da können Sie dann sogar mit demjenigen Menschen sprechen, der Ihre Stimme bekommt. Ob Milch, Gemüse, Obst, Fleisch oder Getreide – Sie können Ihre Stimmabgabe mit Wünschen verbinden! Wünschen Sie sich doch eine alte Tomatensorte bei einem Gemüsebauern Ihrer Wahl. Dann wird er Ihnen sagen, dass der Anbau einer solchen Sorte teurer ist als der Anbau der Hybridsorten. Und schon haben Sie wieder die Wahl. Dann können Sie Ihrem Bauern sagen, dass er Ihre Stimme bekommt, wenn er die Sorte anbaut. Sie können ihm aber auch sagen, dass Sie ihm Ihre Stimme nicht geben, wenn er die Sorte nicht anbaut. Und wenn das viele machen, wird der Bauer schnell anfangen zu überlegen, ob er es nicht einmal mit dem Anbau der alten Tomatensorte versuchen sollte.

Wenn wir unsere Stimme anonym abgeben, weil wir keinen direkten Kontakt zum Stimmempfänger haben (können), verhält

Vintschgerl
St. 0,80 €

Körner-Laiberl
0,80 €

es sich natürlich genauso – dann ist eben der Kassenbon unser ganz persönlicher Stimmzettel.

Die ganze Sache hat aber einen »Haken«: Wer seine Stimme gezielt, bewusst und sinnvoll abgeben will, muss sich vorher informieren und damit die Komfortzone verlassen. Die Komfortzone ist der Bereich, in der alles so ist wie immer. So bequem, so einfach, so unkompliziert. Der Bereich, in dem einem alles leicht gemacht wird, vor allem der Konsum.

Stattdessen müssen wir uns fragen: Wo sind meine Lebensmittel gewachsen, wer hat sie gesät, wer geerntet? Was unterstütze ich mit meinem Konsum? Was gibt es für Alternativen? Diese Liste an Fragen ließe sich unendlich fortführen. Viele Fragen, viel Zeitaufwand. Viel Zeit aber auch, die man gar nicht besser investieren könnte. Denn schließlich geht es um unsere Gesundheit, um unsere Lebensgrundlage und die vieler anderer, nicht zuletzt auch die unserer Kinder und Enkelkinder.

Und die Politik? Wenn viele Menschen anfangen nachzudenken und ihre Stimmen ganz bewusst zu vergeben, werden bald auch die Politiker reagieren. Solange Sie alleine sind, werden die Politiker nichts davon merken. Wenn wir beide es tun, merken sie es, aber sie werden uns belächeln. Wenn wir irgendwann aber ganz viele sind, werden sie vielleicht noch gegen uns sein und ein paar Wachstumsbeschleunigungsgesetze verabschieden.

Vielleicht werden unsere Politiker aber irgendwann anfangen, langfristig zu denken. Dann haben wir gewonnen. Wir haben gewonnen, weil wir angefangen haben, wirklich zu wählen!

ZEHNTES KAPITEL

Genug statt immer mehr, anders statt immer gleich

*Perfektion ist nicht dann erreicht,
wenn es nichts mehr hinzuzufügen gibt,
sondern wenn man nichts mehr weglassen kann.*
— Antoine de Saint-Exupéry

Es war einmal in den 1970er-Jahren. Die Ökonomen der Weltbank boten dem König von Bhutan Geld an, um die Wirtschaft, also das Bruttosozialprodukt, seines Landes anzukurbeln. Bhutan ist ein kleines Königreich zwischen Indien und China, etwa so groß wie NRW, aber nur mit rund 700.000 Einwohnern. Der König von Bhutan nahm das Angebot an, nur nicht bedingungslos. Zusätzlich zum Bruttosozialprodukt solle künftig auch ein »Bruttosozialglück« gemessen werden. Was erst einmal seltsam klang – wie sollte so etwas wie »Glücksempfinden« gemessen werden? –, stellte sich letztlich als ein aufschlussreicher Versuch heraus, etwas Neues zu wagen.

Die Sache mit dem (Bruttosozial)Glück

Bhutan hat das Recht seiner Bürger auf Glück inzwischen sogar in seine Verfassung aufgenommen. Und damit dies nicht zur bloßen Utopie verkommt, wurde das Gross National Happiness Centre gegründet, eine Kommission, die Fünfjahrespläne in Sachen steigende Lebensqualität entwickelt. In regelmäßigen Abständen werden die Einwohner Bhutans zu Lebenszufriedenheit, Bildung, Gesundheit und anderen Aspekten befragt. Etwa siebzig für jedermann verständliche Fragen müssen die Bürger im Rahmen dieser Befragung beantworten.

Heute ist das Bruttosozialglück zentrale Richtschnur und das entscheidende, übergeordnete Konzept überall dort, wo es in Bhutan um Planung und Entwicklung geht. Natürlich ist auch in Bhutan nicht jeder Mensch mit jeder Entscheidung seines Königs glücklich. Natürlich hat auch jeder Mensch in Bhutan eine eigene Meinung. Aber allein die Tatsache, dass man versucht, Entscheidungen über die politische und wirtschaftliche Entwicklung eines Landes unter dem Blickwinkel des Glücks zu treffen, ist schon etwas Besonderes. Obwohl es das Bruttosozialglück in Bhutan nun schon fast seit vierzig Jahren gibt, wurde es mit vergleichbar hohem Stellenwert noch in keiner anderen Volkswirtschaft der Welt installiert.

Der Programmdirektor des Bruttonationalglück-Instituts der Regierung Bhutans, Dr. Ha Vinh Tho, hat ein buddhistisches Sprichwort zitiert, um das Denken in Glückskategorien auf den Punkt zu bringen: »Willst du eine Stunde lang glücklich sein, mach ein Nickerchen. Willst du einen Monat glücklich sein, heirate. Willst du ein Jahr lang glücklich sein, erbe ein Vermögen. Willst du ein ganzes Leben lang glücklich sein, hilf anderen.«

Mitgefühl und Güte als Wurzeln des Glücks – warum haben diese Werte bei uns so wenig Bedeutung? Weil wir uns immer mehr von uns selbst entfernen, von unseren Mitmenschen. Alles ist nur noch Wettbewerb, schon in der Schule. Wenn ein Kind dem anderen hilft, heißt das »Schummeln« und wird bestraft. Falsche Potenziale werden gefördert. Zu viel Kopf, zu wenig Herz. Mit fatalen Folgen: Die meisten Krankheiten haben heute ihren Ursprung in Stress und Leistungsdruck. Innerhalb von zehn Jahren ist alleine in den USA die Einnahme von Antidepressiva um 400 Prozent gestiegen. Dabei ist das einzig wirksame Gegenmittel rezeptfrei, kostenlos – und sehr wirksam: »Hör auf dein Herz!«

Karl-Heinz Brodbeck war bis vor Kurzem Professor für Volkswirtschaftslehre, Statistik und Kreativitätstechniken an der Fachhochschule Würzburg-Schweinfurt. Er vertritt eine buddhistische Wirtschaftsethik. In einem Vortrag benannte er einmal die drei Geistesgifte der Gesellschaft im Sinne des Buddhismus: »Diese drei Dinge, Unwissenheit, Gier und Hass, sind die drei Geistesgifte. Ihnen zu verfallen, das könnte man das Böse nennen. Auf sie zu achten und ihnen die Kraft zu nehmen, schrittweise, das ist das Gute. So einfach könnte man die buddhistische Lehre im Hinblick auf Gut und Böse zusammenfassen. Und genau diese drei Geistesgifte findet man eben auch in unserem Wirtschaftssystem in vielen unterschiedlichen Ausprägungen.«

Unwissenheit muss allein aus Zeitmangel sein. Nur wenige machen sich Gedanken darüber, was Geld eigentlich ist, wie es auf die Menschen wirkt, wie es unser Leben beeinflusst. Nur wenige machen sich kundig und wissen, wie ihre Lebensmittel, ihr täglich Brot hergestellt werden.

Die Gier wird überall befeuert. Die Werbung suggeriert uns Mangel, der sich nur durch Konsum beheben lässt. Die Gier nach immer mehr ist so mächtig, dass wir nicht merken, wie uns unser vermeintlicher Wohlstand Zeit und Lebensqualität raubt.

Hass heißt in unserem Wirtschaftssystem Konkurrenz. Konkurrenz belebt das Geschäft. Genau diese Konkurrenz zerstört aber auch unsere eigenen Lebensgrundlagen. Um billiger produzieren zu können als die Konkurrenz, sparen viele Hersteller an Qualität. So landen unzählige Konsumgüter schnell auf dem Müll und werden durch neue ersetzt. Laut einer aktuellen Studie müssen wir in Deutschland rund einhundert Milliarden Euro zusätzlich aufwenden, weil Geräte nicht mehr so lange halten. Das sind 1.250 Euro pro Einwohner oder 6.250 Euro für Familie Bogner. Geld, das wir erst einmal verdienen müssen – um es dann wieder in unnötige Ressourcenverschwendung zu investieren? Das kann nicht die Lösung sein.

Aber wie sehen die Lösungen aus? Wir auf dem Boarhof haben beschlossen, ein anderes Leben zu führen. Wir leben möglichst im Rhythmus der Natur, wir achten auf unsere Tiere, wir versuchen die Welt durch einfaches Tun ein wenig zu verändern – oder anders gesagt: Wir versuchen, den drei Geistesgiften ihre Kraft zu nehmen.

Mir persönlich hilft dabei das Nachhaltigkeitsdreieck, das ich Ihnen in diesem Kapitel unter anderem vorstellen möchte. Aber zuvor möchte ich Ihnen noch zeigen, wie wichtig es sein kann, wenn man zum richtigen Zeitpunkt aktiv wird.

Geburt eines Hühnerstalls – oder: vom Fokussieren auf das Wesentliche

»Wer, wenn nicht wir? Wann, wenn nicht jetzt?« ist wohl der berühmteste Ausspruch von Johanna von Orléans. In diesem Ausspruch kann ich mein Denken und Handeln gut wiederfinden. Meine Aufmerksamkeit liegt immer genau auf dem, was ich gerade tue. Da fällt es mir dann auch ziemlich schwer, für andere Dinge Zeit oder Gedanken zu haben – und das ist auch gut so, denn es ist wichtig, sich auf eine bestimmte Aufgabe zu konzentrieren.

»Wer, wenn nicht wir? Wann, wenn nicht jetzt?«

> »Es kamen ein paar Suchende zu einem alten Zen-Meister. ›Herr‹, fragten sie, ›was tust du, um glücklich und zufrieden zu sein? Wir wären auch gerne so glücklich wie du.‹
> Der Alte antwortete mit mildem Lächeln: ›Wenn ich liege, dann liege ich. Wenn ich aufstehe, dann stehe ich auf. Wenn ich gehe, dann gehe ich, und wenn ich esse, dann esse ich.‹
> Die Fragenden schauten etwas betreten in die Runde. Einer platzte heraus: ›Bitte, treibe keinen Spott mit uns. Was du sagst, tun wir auch. Wir schlafen, essen und gehen. Aber wir sind nicht glücklich. Was ist also dein Geheimnis?‹
> Es kam die gleiche Antwort: ›Wenn ich liege, dann liege ich. Wenn ich aufstehe, dann stehe ich auf. Wenn ich gehe, dann gehe ich, und wenn ich esse, dann esse ich.‹
> Die Unruhe und den Unmut der Suchenden spürend, fügte der Meister nach einer Weile hinzu: ›Sicher liegt auch ihr, und ihr geht auch und ihr esst. Aber während ihr liegt, denkt ihr schon ans Aufstehen. Während ihr aufsteht, überlegt ihr, wohin ihr geht, und während ihr geht, fragt ihr euch, was ihr

essen werdet. So sind eure Gedanken ständig woanders und nicht da, wo ihr gerade seid. In dem Schnittpunkt zwischen Vergangenheit und Zukunft findet das eigentliche Leben statt. Lasst euch auf diesen nicht messbaren Augenblick ganz ein, und ihr habt die Chance, wirklich glücklich und zufrieden zu sein.‹«

Genau so war es, als wir unseren Hofladen gebaut haben. Da gab es über ein paar Wochen hinweg in meinem Kopf für nichts anderes Platz als eben für diese »Baustelle«.

Die Geburt von etwas Neuem gestaltet sich bei uns am Boarhof fast immer gleich: Zuerst reift so ein Projekt in meinem Kopf, dann diskutiere ich mit meiner Frau einige Male darüber. Durch sie kommen neue Impulse, weibliche Impulse, hinzu, die für das Gelingen eines jeden Vorhabens sehr wichtig sind. Wenn der Plan dann fertig ist, will er raus, will Wirklichkeit werden. Aus dem »Mit-einem-Gedanken-schwanger-Gehen« soll eine Geburt werden. Da gibt es irgendwann kein Halten und keinen Aufschub mehr.

> Aus dem »Mit-einem-Gedanken-schwanger-Gehen« soll eine Geburt werden

Solche »Geburten« hatten wir schon viele, seit wir hier auf dem Boarhof sind. Der Hofladen, unsere BauernSchank, der Gemüsegarten, der große Weiher, der Schweinestall – all das waren solche Geburten. Und immer wenn so ein Plan Wirklichkeit werden will, fliegen uns diejenigen Dinge zu, die wir dazu brauchen.

So war es auch bei unserem letzten größeren Vorhaben, unserem Hähnchenstall. Schon über ein Jahr lang hatte ich nach einem alten Bauwagen gesucht, den ich zu einem mobilen Hähnchenstall umbauen wollte. Gebraucht werden diese Anhänger eher selten verkauft, und wenn ich doch einmal über ein Inserat auf einen gestoßen bin, war er entweder viel zu teuer oder stand viel zu weit weg. Aber eigentlich war es gut, dass ich im letzten Jahr keinen passenden Wagen gefunden habe. Das Projekt Hähnchenstall hätte uns vermutlich überfordert.

Vergangenen Winter habe ich dann auf einem Parkplatz, gar nicht weit von uns entfernt, einen Bauwagen stehen sehen. Auf

Hühnerhaltung im Hausgarten

Als meine Frau und ich den ersten gemeinsamen Sommer auf der Alm verbrachten, haben wir uns auch drei Hühner mit auf den Berg genommen, die uns mit Eiern versorgen sollten.

Seither erzähle ich oft, wie wenig Arbeit so ein paar Hühner machen und welcher Luxus es ist, mit »eigenen« Hühnereiern versorgt zu werden.

Und es ist wirklich so: Ein paar Hühner zu halten macht wirklich wenig Arbeit, wenn man ein paar Dinge beachtet:

Der Stall
An den Stall stellen Hühner wenig Ansprüche. Er muss so dicht sein, dass Fuchs, Waschbär & Co. nicht hinein können. Wenn die Hühner tagsüber genügend Auslauf haben, muss ein Stall auch nicht besonders groß sein. Unser Stall auf der Alm war nur aus ein paar alten Brettern zusammengezimmert, etwa 1,2 Meter breit, 60 cm hoch und rund 80 cm tief. Er stand auf vier Pfählen, und die Hühner konnten über eine Hühnerleiter auf- und absteigen.

Im Inneren des Stalls sind zwei Dinge wichtig:
- eine Sitzstange, auf der die Hühner die Nacht verbringen. Die verlief in unserem Stall etwa 15 cm über dem Boden quer durch den ganzen Raum,
- ein Legenest, in das die Hühner ihre Eier legen können.

Zum Eierlegen haben es die Hühner gerne geschützt und nicht zu hell. Unser Stall hatte links eine Türe, wodurch es an der rechten Seite auch tagsüber relativ dunkel war. Dort haben wir eine Ecke mit etwas Stroh ausgepolstert, die von den Hühnern sofort als Legenest akzeptiert wurde.
- In Nestnähe haben wir eine Klappe in die Bretter geschnitten, damit wir die Eier gut entnehmen konnten.

Weil man seinen Tieren gerne das Beste gönnt, sorgen viele »Stallbauern« dafür, dass jedes Huhn auch ein Legenest bekommt. Eigentlich genügt aber ein einziges Nest pro zehn Hennen, denn Hühner legen ihre Eier gerne in das Nest, in dem schon ein Ei liegt.

Wenn man das weiß, ist es auch ganz einfach, den Hühnern beizubringen, wo sie ihr Ei hinlegen sollen:

- Legen Sie Ihren Hühnern dazu eine Attrappe aus Gips ins Nest. Sie werden sehen, Ihre Hühner lernen schnell. Und wenn Sie statt Gips lieber ein hart gekochtes Ei verwenden wollen, auch gut – solange Sie es von den frisch gelegten unterscheiden können.

Hühner und Eierlegen

Bei Hühnern ist es so ähnlich wie beim Apfelbaum (siehe Seite 151): Das Huhn legt die Eier nicht, um Sie mit einem Frühstücksei zu beglücken. Das Huhn legt Eier, weil es vom Fortpflanzungstrieb dazu gezwungen wird. Wenn Sie die Eier im Nest lassen, wird das Huhn schon bald aufhören zu legen und anfangen, die Eier auszubrüten. Zumindest die alten Rassen tun das. Wenn Sie die Eier aber immer wieder entnehmen, legt es immer weiter. Die eine Rasse mehr, die andere weniger. Auf diese Art können es schon mal 200 bis knapp 300 Eier werden, die ein Huhn pro Jahr legt.

Der Hahn

Hühner legen auch Eier, wenn kein Hahn im Spiel war. Nur sind diese Eier dann nicht befruchtet. Trotzdem fängt das Huhn irgendwann an zu brüten. Nur schlüpft aus den Bruteiern ohne Hahn kein Küken.

Ob so ein Huhn nun mit oder ohne Hahn glücklicher ist, weiß ich nicht. Das ist vermutlich Typsache – wie auch der Umstand, ob sich ein Hühnerhalter auch einen Hahn anschafft.

Hühnerhaltung im Hausgarten

Bekanntermaßen macht so ein Hahn Lärm, weshalb lärmsensible Hühnerfreunde zumeist keinen Hahn halten.

Wenn Sie aber wollen, dass Ihre Hennen auch mal die Eier ausbrüten und selbst ein paar Küken großziehen, brauchen Sie einen Hahn oder befruchtete Eier von anderen Hühnerhaltern.

Aber Vorsicht: Auch aus diesen Eiern schlüpft mit 50-prozentiger Wahrscheinlichkeit ein Hahn, es sei denn, er landet vorher im Bratrohr oder in der Gefriertruhe.

Haben Sie sich für einen Hahn entschieden, haben Sie nun eventuell ein Problem mit dem Nachbarn. Aber wenn es als Entschädigung frische Eier oder gar ab und zu Hähnchenfleisch gibt, sind die Ihrem Hahn vielleicht gar nicht mehr gram. Viele Beispiele, auch aus der Stadt, beweisen das.

Und schon haben Sie jemanden, der Ihre Hühner versorgt, wenn Sie mal im Urlaub sind.

Der Auslauf

Zu viele Hennen auf zu wenig Platz sind ein sicherer Garant dafür, ein Stück Rasenfläche in kürzester Zeit in einen Acker zu verwandeln. Hühner wollen im Boden scharren, um so nach Würmern und anderem Essbaren zu suchen. Nun können Sie entweder ein Stück Garten opfern und die Hühner dort einzäunen – wenn das Wetter schön und der Rasen trocken ist, können die Hühner auch ab und zu im Rest des Gartens nach Essen suchen, ohne den Garten dabei zu ruinieren. Oder Sie haben genügend Platz, dann verursachen ein paar Hühner auch keinen nennenswerten Schaden.

- Wenn Sie Ihre Hühner einzäunen, sollte der Zaun mindestens 100, besser 150 Zentimeter hoch sein. Und der Zaun sollte so dicht sein, dass er bereits das erste große Hindernis für Raubtiere darstellt.

Im Auslauf sollten drei Dinge nicht fehlen:
- eine Tränke – das kann eine Schüssel mit Wasser oder eine spezielle Hühnertränke sein,
- ein Futtertrog – auch das kann eine Schüssel oder ein spezielles Behältnis sein. Wichtig ist nur, dass die Hühner den Fresstrog nicht zu sehr verschmutzen,
- ein Sandbad – Hühner säubern ihr Gefieder gerne mit Sand. So bekämpfen sie selbst ihre Haut- und Federparasiten. Eine kleine Wanne mit einem Gemisch aus Erde, feinem Sand und etwas Holzasche an einem geschützten trockenen Ort hilft Ihren Hühnern, frei von juckendem Ungeziefer zu bleiben.

Das Futter

Um ein Ei legen zu können, benötigt ein Huhn etwa 130 Gramm Futter. Dieses Futter besteht entweder komplett aus Getreide (Weizen, Hafer, Mais), oder das Huhn hat die Möglichkeit, sich im Gras, auf dem Kompost- oder Misthaufen einen Teil seiner Nahrung selbst zu suchen.
- Sie können Ihre gesamten Lebensmittelabfälle auch den Hühnern zuerst anbieten und nur das, was die Hühner nicht fressen, auf den Komposthaufen geben. Sie werden feststellen, dass die Hühner nicht besonders viel übrig lassen.
- Aber Vorsicht: Manche Hühnerrassen reagieren sehr empfindlich auf Salz. Da kann das Salz in altem Brot schon ausreichen, um einen Nierenschaden hervorzurufen.

Die Rasse

Welche Hühnerrasse am besten für Sie passt, müssen Sie selbst herausfinden. Da spielen ganz viele Faktoren eine Rolle, etwa ob Ihre Hühner viel oder wenig Auslauf haben, ob Sie nur Eier wollen oder auch mal Fleisch.
- Es gibt Rassen mit guter Legeleistung der Hennen, dafür wächst aber weder Huhn noch Hahn nennenswert Fleisch auf die Brust.
- Es gibt umgekehrt auch sehr gute Fleischrassen, die dann aber eher wenig Eier legen.

Hühnerhaltung im Hausgarten

- Es gibt aber auch Zweinutzungsrassen, wie das Bresse-Huhn oder die Sulmthaler-Hühner, die eine ordentliche Legeleistung haben, aber auch als Brathähnchen oder Suppenhuhn geeignet sind.

Sie können ferner zwischen großen und kleinen Rassen wählen, zwischen zahmen und extrem scheuen Rassen oder sich für eine Rasse entscheiden, die mit der Kälte im Winter besser klarkommt. Alleine die Liste der Rassehühner im deutschsprachigen Raum umfasst rund 200 verschiedene Rassen. Hier können Sie sich auch von den Fachleuten der unterschiedlichen Zuchtvereine beraten lassen.

Die rechtliche Situation

- Wer landwirtschaftliche Nutztiere hält, muss sich als landwirtschaftlicher Nutztierhalter registrieren lassen.

20 Katzen oder zehn Schildkröten sind kein Problem, aber wenn Sie zwei Hühner im Garten haben, müssen Sie bei der örtlichen Landwirtschaftsbehörde eine Betriebsnummer beantragen.

In der Theorie(!) bedeutet das, dass Sie, wie jeder andere Nutztierhalter auch, kontrolliert werden, ob Sie gängige Tierschutzbestimmungen auch umsetzen.

Tja, und jetzt steht dem Frühstücksei aus eigener Herstellung und Haltung nichts mehr im Weg!

PS: Wir waren damals, als wir unsere drei Hühner auf der Alm mit dabeihatten, überrascht: Drei Eier täglich sind ganz schön viel. Aber es gibt dann auch Tage, an denen es mal keine Eier gibt, speziell im Winter – das gilt es ebenfalls zu berücksichtigen.

einem Schild stand: »Zu verkaufen«. Eine Schönheit war er nicht gerade, aber groß genug für das, was wir vorhatten. Ein Anruf, und der Deal war perfekt. Zwei Wochen später wurde er geliefert. Aber so, wie der Bauwagen aussah, konnten wir ihn unmöglich auf unsere Wiesen stellen, er sollte als Mobilstall zwar funktionell sein, aber die Optik sollte auch stimmen. Wir hatten die Idee, den Wagen außen mit alten Brettern zu ummanteln, damit er aussieht wie ein Stadl, einer von denen, die in unserer Gegend vielfach auf den Wiesen stehen.

Vor zwei Jahren hatten wir einen Pferdestall abgebaut. Der Stall war schon alt, entsprechend bestand er aus einer Unmenge von über hundert Jahre altem, wunderschönem Holz. Freunde von uns hatten den Stall gekauft und wollten ihn abreißen, um dort ein Haus zu bauen. Für uns war sofort klar, dass das wunderschöne alte Holz keinesfalls »im Müll« landen sollte, und so verwendeten wir es, wo immer es ging, beispielsweise in unserem Backhäuschen oder in der BauernSchank. Und schon sehen derartige Bauten aus, als wären sie schon immer da. Kosten fielen keine an, es blieb bei einem bisschen schöner, produktiver Arbeit.

Auch für unseren Hähnchenstall wollte ich Bretter vom alten Pferdestall verwenden, doch wir hatten nicht mehr genug. Da kam uns wieder der Zufall zu Hilfe: Meine Frau entdeckte einen großen Abfallcontainer vor dem Grundstück unseres Nachbarn. Er war für die Überreste des alten Stadels vorgesehen, den unser Nachbar abreißen wollte. Und schon kamen wir ein zweites Mal in den Besitz herrlicher alter Bretter, die wir nur abmontieren mussten, um sie zweihundert Meter weiter wieder zu befestigen. Fertig war unser Mobilstall. Von außen ist er nicht mehr als Bauwagen erkennbar und fügt sich daher wunderbar in die Landschaft ein.

Was für ein Zufall! Wir brauchen ein paar Altholzbretter, und genau in dem Moment reißt der Nachbar seinen Stadl ab. Aber ist es wirklich Zufall? Wir hatten schon so viele solcher Zufälle, dass ich daran manchmal gar nicht mehr glauben will. Aber unabhängig davon, ob man dem Ganzen nun die Aura von etwas Besonderem geben will oder nicht: Sicher ist, dass die Fokussierung auf ein Projekt die Augen für das Wesentliche öffnet. Und dann sieht man eben den Container, den man sonst nicht wahrgenommen hätte.

Und so ist es wohl eine Variante des Gesetzes: Aus Gedanken werden Worte, aus Worten werden Werke, und aus den Werken wird Wirklichkeit.

Nachhaltigkeit – oder: vom achtsamen Umgang mit der Welt

Nachhaltigkeit – was für ein schreckliches Wort. Eine Professorin für Philosophie hat es in einer Radiosendung kürzlich einmal als »unsexy« bezeichnet. Vielleicht liegt es wirklich nur am Klang des Wortes, dass der Gedanke, der dahintersteckt, nicht

Fuß fasst, dass den vielen schönen Worten um die Nachhaltigkeit keine Taten folgen, nicht durch Politik und Wirtschaft, aber auch nicht durch uns Verbraucher – zumindest nicht im notwendigen Maße.

Dabei umschrieb der Begriff ursprünglich einen rundum positiven Gedanken, nämlich den, die nachfolgenden Generationen bei dem, was man im Hier und Jetzt tut, in seine Überlegungen miteinzubeziehen – und dass manche Dinge Zeit brauchen, ihre je eigene Zeit.

Ursprünglich stammt das Wort »Nachhaltigkeit« aus dem Bereich der Forstwirtschaft. Wer im Wald arbeitet, kann dieses Wort und seine Bedeutung sehr gut verstehen.

Wenn ich einen Baum fälle, dann ist das ein Baum, den irgendwer vor etwa siebzig bis hundert Jahren gepflanzt hat. Vielleicht war es auch nur ein Samen, der irgendwann zu Boden fiel und optimale Bedingungen vorfand, um zu einem Baum heranzuwachsen. Drei Bedingungen müssen erfüllt sein, damit so ein Samen fruchtet. Der Samen braucht Wasser, Licht und fruchtbaren Boden. Wasser und fruchtbarer Boden sind im Wald meist vorhanden, das Problem ist meistens das Licht. Erst wenn ein großer Baum umfällt, weil er alt und morsch ist, oder wenn er vom Waldbesitzer gefällt wird, erhält ein Samen ausreichend Licht. Wer meinem Baum den Weg bereitet hat, weiß ich nicht. Wurde er gefällt, gab es einen triftigen, vermutlich materiellen Grund. Entweder brauchte man Bauholz oder Brennholz oder Geld. In jedem Fall wurden aber nur kranke oder ausgewachsene Bäume gefällt. Oder es werden sogenannte Pflegeschnitte im Wald durchführt, damit andere, wertvollere Bäume besser wachsen können. Wertvoll muss nicht zwingend im materiellen Sinn gedacht sein. Ein Baum kann auch dann wertvoll sein, wenn er für den Wald als Ganzes wichtig ist, denn mit diesen Pflegemaßnahmen kann man dafür sorgen, dass ein gesunder Mischwald entsteht. Ob Pflege- oder Erntemaßnahme, in jedem Fall legt der Verantwortliche einen Grundstock dafür, wie dieser Wald in ein paar Jahren oder Jahrzehnten aussieht und wie gesund er ist.

> Wer meinem Baum den Weg bereitet hat, weiß ich nicht

Gurkenanbau – von der Saat bis ins Glas

Anfang März
Auf unseren Wiesen und Äckern liegt meist noch ein halber Meter Schnee. Obwohl es draußen noch bitterkalt ist, verbringt meine Frau seit zwei Wochen viel Zeit in einem Raum, den wir erst vor zwei Jahren eingerichtet haben. Dazu haben wir in unserer Garage eine Bretterwand eingezogen. Wir haben ein paar alte Fenster eingebaut, den Raum möglichst gut isoliert und ein paar Pflanzenlicht-Glühbirnen installiert. Dieses spezielle Licht ist dem Sonnenlicht sehr ähnlich, sodass Pflanzen auch darunter wachsen können. Der Raum ist sehr klein, damit wir ihn mit möglichst wenig Energieaufwand auf rund 23 Grad aufheizen können.

In dieser Kammer setzt meine Frau nun Tag für Tag neue Samen in die Erde, und heute sind unsere Gurken an der Reihe.

- Die Samen, die sie in die Erde legt, sind schon drei Jahre alt. So lange sollte man mindestens warten, bis man Gurkensamen nach der Ernte erneut sät. Erst dann bringt so ein Samen auch wieder genug neue Früchte hervor. Würde man den Samen gleich im Folgejahr wieder säen, wachsen die Pflanzen auch gut, bringen aber weniger Ertrag.
- Nun werden die Samen in kleinen Töpfen etwa 1 cm tief in die Erde gesteckt und etwas gegossen.

Mitte Mai
Aus den vielen verschiedenen Gurkensamen sind schon schöne, rund 15 cm hohe Pflanzen geworden. Nur zwei Samen haben nicht gekeimt. Aus allen anderen wurden neue Pflanzen. Im Gewächshaus ist es nun schon warm genug, um die kleinen Triebe in den Boden zu pflanzen.

- Der Boden wurde vorher mit abgelagertem Pferdemist gedüngt, damit sich die Gurkenpflänzchen auch wohlfühlen.

Mitte Juli
Die ersten Gurken sind reif.
- Jeweils eine der ersten Gurken pro Sorte wird mit einem kleinen roten Bändchen markiert. Das heißt für alle Beteiligten: »nicht ernten!« Diese Früchte werden in einigen Wochen abgenommen und deren Samen für die Folgejahre gewonnen.

Ende August
Gurkenschwemme. Fast jeden Tag können wir ein paar Eimer voll Gurken ernten. Die meisten liefert eine alte Sorte, die sich gut zum Einlegen als Essiggurke eignet. Ein paar Tage lang sammeln wir Gurken, die wir dann zu vielen Gläsern Essiggurken einkochen.

Ende September
Die Gurken mit dem roten Band werden geerntet. Diese Gurken sehen jetzt ganz anders aus, als man es gewöhnt ist. Sie sind ziemlich groß, haben ihre Genussreife schon lange überschritten, und die Schale ist gelb-orange. Wenn eine Gurke einmal so aussieht, kann man davon ausgehen, dass auch die Samen der Gurke reif sind.
- Die geerntete Frucht wird noch weitere vier Wochen gelagert, damit sie nachreift.

Ende Oktober
Für dieses Jahr sind die großen Gurkenernten vorbei. Ein paar Früchte kommen zwar noch nach, aber schon bald wird es den Gurken selbst im Gewächshaus zu kalt.
- Die Samengurke wird längs halbiert und die Samen mit einem Löffel herausgeschabt.
- Etwa 100 bis 500 Samen hat eine Gurke, je nach Sorte. Die Samen sind mit einer gallertartigen Substanz umgeben, die verhindert,

Gurkenanbau – von der Saat bis ins Glas

dass der Samen bereits in der Gurke keimt. Durch Gärung kann man diese Schicht abbauen.

- Dazu werden die ganzen Samen mit ein bisschen Wasser in ein Glas gefüllt und der Deckel vom Glas nur oben aufgelegt, damit Gärgase entweichen können.
- Dieses Samen-Wasser-Gemisch fängt nämlich sehr bald an zu gären, wodurch sich die Gallertmasse auflöst. Schon nach ein bis zwei Tagen spürt man, dass die Samen nicht mehr glitschig sind.
- Samen, die obenauf schwimmen, sind nicht keimfähig und werden gleich entfernt. Die restlichen Samen werden abgewaschen und getrocknet. Wenn die Samen trocken sind, kann man sie in Papiertütchen oder in Schraubgläsern an einem dunklen, kühlen Ort viele Jahre aufbewahren.

Anfang November
Nun ist es für die Gurken zu kalt. Wir entfernen die Pflanzen aus dem Boden und ersetzen sie durch Wintersalate, die meine Frau in den letzten Wochen bereits aus eigenen Samen vorgezogen hat.

Mitte Februar
Wir genießen unsere selbst eingekochten Essiggurken als Erinnerung an den letzten Sommer. Schon in zwei Wochen ist es wieder so weit, und wir säen die Samen für die Gurken der nächsten Saison.

Gurkenanbau – von der Saat bis ins Glas

Unabhängig davon, ob ich viel richtig oder falsch mache, die Konsequenzen meines Tuns sehe meistens nicht ich selbst, sondern erst die nächste oder gar übernächste Generation. Ich kann Holz aus dem Wald entnehmen und den Wald und sein Wachstum damit fördern, ich sollte allerdings langfristig denken. Zwar weiß ich nicht, wer in vierzig, fünfzig oder sechzig Jahren den Wald bewirtschaften wird, ich habe ihn ja nur gepachtet. Sind es vielleicht sogar unsere Kinder? Oder wird es jemand sein, den ich gar nicht kenne? Es ist gleichgültig, denn was immer ich tue, tue ich nicht aus rein wirtschaftlichem Interesse. Wenn mir nur das Geld wichtig wäre, würde ich den Wald komplett abernten.

Alle Bäume raus. Neue Bäume pflanzen. Alle zehn Jahre eine Pflegemaßnahme und in sechzig Jahren wieder Totalernte. So wäre es am wirtschaftlichsten. Damit würde ich aber auch den sensiblen Lebensraum Wald zerstören, der noch viele andere, wichtige(re) Funktionen hat. Er ist die Lunge der Natur. Er wandelt Kohlendioxid in Sauerstoff um. Mit seinen Wurzeln hält er den Boden fest, mit seinen Blättern schafft er ein ausgeglichenes Waldklima. Dies und noch ganz viel mehr muss ich bedenken, wenn ich entscheide, wie ich meinen Wald bewirtschafte. Und dieses langfristige Denken und Handeln unter einer möglichst ganzheitlichen Betrachtungsweise nannte und nennt man in der Forstwirtschaft »nachhaltig«.

Inzwischen wird dieses Wort in vielen anderen Bereichen gerne und oft verwendet, und tatsächlich lässt sich dieses Denken auf fast alle Lebensbereiche projizieren.

Die einfachste Art und Weise, sich das abstrakte Wort »Nachhaltigkeit« zu veranschaulichen, und eine Art »Anleitung« für sein eigenes Tun ist das schon erwähnte Nachhaltigkeitsdreieck, dessen drei Ecken man mit den Begriffen »Ökonomie«, »Ökologie« und »soziale Gerechtigkeit/Soziales« bezeichnet. Will ich möglichst nachhaltig handeln, denke ich bei meinem Tun darüber nach, (1) wie gut es für meinen Geldbeutel ist, (2) wie es sich mit Natur und Umwelt verträgt und (3) wie es sich auf meine Mitmenschen oder nachfolgende Generationen auswirkt.

Vertrauen ist alles, oder: der Boarhof im Nachhaltigkeitscheck

Ökonomisch wird der Boarhof durch unseren Hofladen, unsere BauernSchank und seit Kurzem auch über unsere Seminare getragen. Damit verdienen wir das Geld, das wir zum Leben brauchen. Den Aspekt Ökologie repräsentieren unsere Wiesen und Felder, unsere Tiere und Pflanzen. Und das Soziale, das sind wir, meine Frau und ich, unsere Kinder, unsere Freunde. Und wenn wir Praktikanten haben, gehören die natürlich auch dazu.

Jetzt gibt es bei uns am Hof ein paar Dinge, die für Außenstehende erst einmal schwer zu begreifen sind. Wir haben eine BauernSchank, unser Hofcafé – und die haben vier Tage die Woche geschlossen, darunter ausgerechnet auch am Sonntag! Wir bekommen viele Anfragen für Geburtstags- oder andere Familienfeiern außerhalb unserer normalen Öffnungszeiten, aber wir lehnen einen großen Teil dieser Anfragen ab. Natürlich könnten wir auch jeden Tag öffnen und richtig viel Geld verdienen. Allerdings könn-

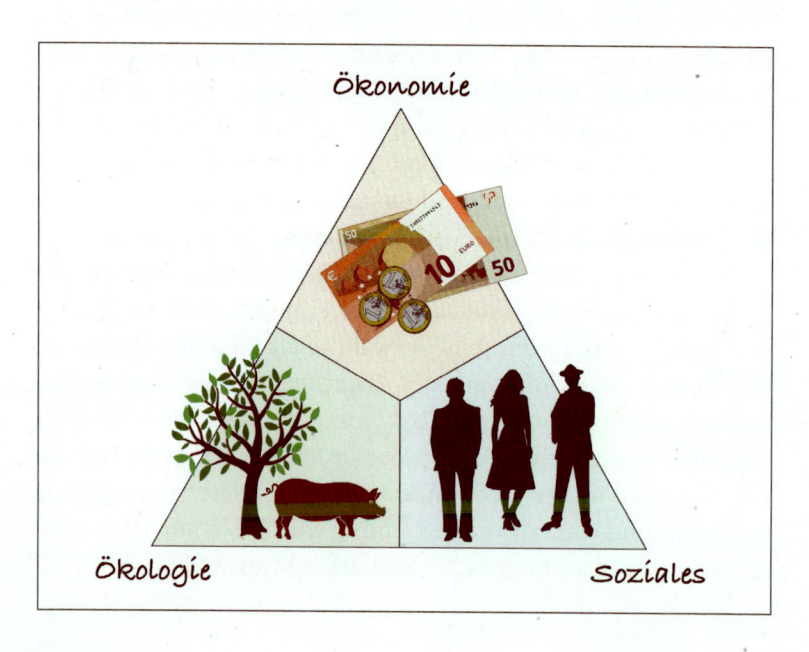

Natürlich könnten wir auch jeden Tag öffnen und richtig viel Geld verdienen

ten wir dann unsere Landwirtschaft nicht mehr so betreiben, wie wir dies wollen. Denn für unsere handarbeitsintensive Landwirtschaft, für Erhalt und Pflege einer großen Artenvielfalt bliebe dann nicht mehr genug Zeit. Und für uns als Ehepaar, als Familie, für Freunde, für Freizeitaktivitäten auch nicht. An dieser Stelle verstehen die Menschen dann meistens, warum wir nicht sieben Tage die Woche den Hofladen und die Schank geöffnet haben.

Wenn ich unsere 2.000 Quadratmeter Ackerland durch die Nachhaltigkeitsbrille betrachte, traue ich mich zu behaupten, dass es in Sachen Ökologie kaum etwas zu beanstanden gibt. Ökonomisch bin ich auch zufrieden und versuche, auch das Soziale nicht zu vernachlässigen. Im Nachhaltigkeitsdreieck würde ich einen dicken Punkt genau in die Mitte zeichnen. Natürlich ginge es sogar noch ein bisschen ökologischer. Ich könnte komplett auf Maschinen verzichten und alles in Handarbeit durchführen. Wenn der Aspekt Ökonomie dann aber nicht ins Hintertreffen geraten sollte, müsste ich mehr Zeit investieren, und das Soziale würde darunter leiden. Ich könnte auch kurzfristig wesentlich mehr Geld mit meinen 2.000 Quadratmetern verdienen, aber dies ginge nur auf Kosten der Ökologie – und auf Kosten der nächsten Generationen, wenn ich so weit ginge, den Boden massiv zu schädigen.

Als fünfköpfige Familie haben wir natürlich nicht nur 2.000, sondern 10.000 Quadratmeter. Das ist genau ein Hektar. Natürlich könnte nun jeder von uns seinen Acker selbst bewirtschaften, oder aber wir beackern unseren Hektar Land zusammen. Das heißt, zu einem Teil muss sich jeder von uns auch spezialisieren, und jeder kümmert sich um das, was er oder sie am liebsten macht und am besten kann. Die Abstimmung und Kommunikation, die jetzt nötig wird, braucht zwar auch Zeit, aber insgesamt bleibt im Endeffekt mehr davon übrig.

Nun gibt es bei diesem gemeinsamen Tun einen wichtigen »Nebeneffekt«: Er schafft Vertrauen, bzw. bei uns als Familie wird das bereits vorhandene Vertrauen vertieft.

Ich muss mich auf meine Frau verlassen können, dass sie sich gut um unsere Tomaten und Gurken kümmert, dass sie den Boden schonend behandelt; aber auch meine Frau und unsere Kinder verlassen sich auf mich, dass sie von mir genügend Kartoffeln für ein ganzes Jahr bekommen. Aus rein soziologischer Sicht ist das innerhalb einer Familie kein Problem. Wir kennen uns, und da wir uns alle in einer gewissen gegenseitigen Abhängigkeit befinden, können wir uns auch gut darauf verlassen, dass sich jeder bemüht, beste Lebensmittel für sich und die anderen zu produzieren und gleichzeitig den Boden zu schonen.

Nun müssen Menschen, die etwas zusammen tun, nicht unbedingt eine Familie sein. Auch zunächst einander Fremde können sich zusammentun, theoretisch sogar beliebig viele. In der Praxis wird es ab einer gewissen Zahl immer unpersönlicher. Irgendwann kenne ich nicht mehr all die Menschen, für die ich Kartoffeln anbaue. Dann verliere ich den Überblick, vergesse die Namen derer, die für mich gerade die Tomaten oder Melonen anbauen. An dieser Stelle wird das Vertrauen immer wichtiger. Aber weil hier Menschen am Werk sind, steigt automatisch auch die Gefahr, dass irgendwer diese aufkommende Anonymität ausnutzt. In dieser Anonymität kann es vorkommen, dass jemand den Boden nicht mehr so schonend behandelt, wie ich es tue und auch von den anderen erwarte. Und plötzlich wandert der Punkt in meinem Nachhaltigkeitsdreieck weg von der Mitte. Und zwar in Richtung Ökonomie, weil man durch den Einsatz von Pestiziden den Ertrag (kurz- und mittelfristig) steigern kann. Irgendwann aber, wenn die Bodenqualität spürbar nachlässt, entstehen Unmut und Misstrauen – und spätestens dann wandert der Punkt auch weg von der Ecke »Soziales«.

Aber wo ist nun die Grenze? Auf wie viele Menschen lässt sich so ein Gemeinschaftsacker ausdehnen, ohne dass der Punkt die Mitte des Dreiecks verlässt? Soziologen haben diese Grenze Facebook-Schwelle genannt; sie liegt etwa bei einhundert Menschen. Mehr als einhundert *wirkliche* Freunde kann ein Mensch nicht haben, spätestens dann wird es irrational – und eben rein virtuell.

Wenn wir also unsere Lebensmittel in neuen Gemeinschaften selbst herstellen wollen, und sei es nur ein Teil von dem, was wir eigentlich brauchen, können wir uns zusammentun. Anders als auf dem Agrarmarkt werden Sie vielleicht nur 20 Menschen sein, vielleicht auch 50 oder mehr. Sie werden sich aber alle kennen, sie werden einander vertrauen und so die Basis dafür schaffen, dass keiner die Ressourcen übernutzt.

> So ein Gemeinschaftsacker ist eine wunderbare Erfahrung

So ein Gemeinschaftsacker ist nicht nur eine wunderbare persönliche Erfahrung, er ist auch ein Schritt hin zu einer anderen Landwirtschaft.

Alles bio, alles paletti?

Bei der konventionellen, industriell betriebenen Großlandwirtschaft sieht die Sache mit der Nachhaltigkeit natürlich anders aus. In unserem Dreieck käme der Punkt wohl in der Ecke der Ökonomie zu liegen. Der flächendeckende, massive Einsatz von Pes-

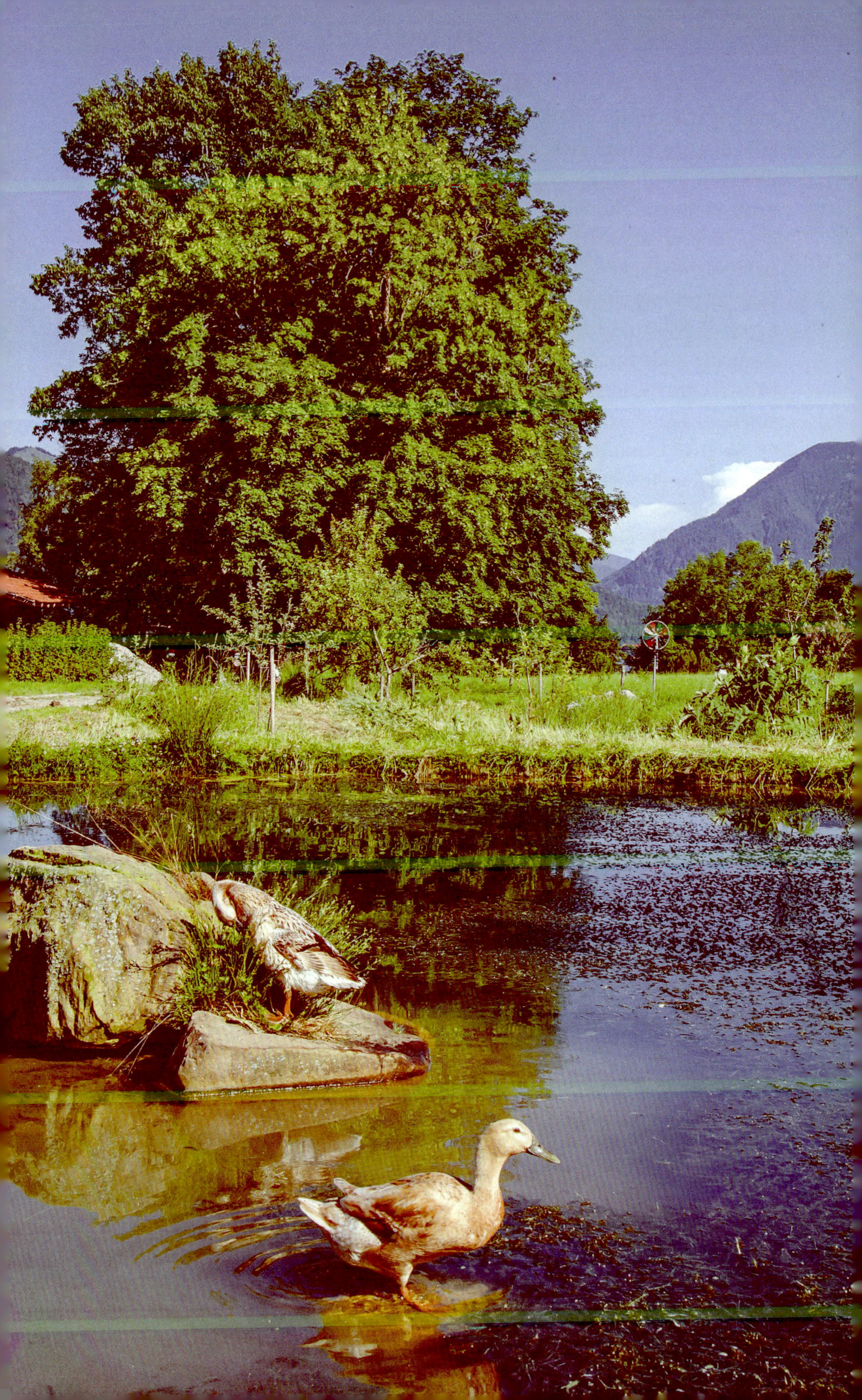

tiziden, der wenig schonende Umgang mit dem Boden, Monokulturen, all das würde verhindern, dass der Punkt in Richtung Ökologie wandert. Der Einsatz billiger Erntehelfer würde es nicht zulassen, dass er in die soziale Ecke wandert.

Um ehrlich zu sein: Selbstverständlich gibt es konventionelle Bauern, die die Natur nicht über die Maßen schädigen und nicht auf billige Saisonkräfte bauen. Ich kenne sogar einige. Aber die sind leider die Ausnahme.

Dann setzen wir doch einfach auf bio, dann wird alles gut! Oder? Tatsächlich ist es besser, ja, aber leider nicht viel besser. Als Ende der 1970er-Jahre die ersten Biobauern anfingen, waren das Pioniere. Sie lebten vor, was sie predigten, und zwar zu 100 Prozent. Das mussten sie auch, denn sie wurden in der Gesellschaft, in den Dörfern, in denen Kunstdünger und der Einsatz von chemischen Pflanzenschutzmitteln als die größte Errungenschaft galten, äußerst kritisch beäugt.

Heute ist das anders. Biobauern sind nichts Besonderes mehr und akzeptiert wie ihre konventionellen Kollegen. Sie sind oft aber auch keine Überzeugungstäter mehr. Immer häufiger sind es rein ökonomische Überlegungen, die einen Landwirt zur Umstellung auf ökologische Landwirtschaft bewegen. Das ist zwar einerseits scheinheilig, nützt aber andererseits Natur und Umwelt. Und ganz oft übernehmen die Nachkommen später den Hof als wirklich überzeugte Biobauern.

Insgesamt ist die Biolandwirtschaft mittlerweile aber stark industrialisiert und damit zunehmend ökonomisch getrieben – vor allem weil die Supermarktketten und Discounter den Trend erkannt haben und nun versuchen, ihn in bare Münze zu verwandeln. Und diese Ökonomisierung treibt bizarre Blüten, wie ein Blick in die Gemüseabteilung des Supermarktes bei uns am Ort zeigt.

> Die Biolandwirtschaft ist mittlerweile stark industrialisiert und ökonomisch getrieben

Dort gibt es viele Obst- und Gemüsesorten zweimal, »konventionell« und »bio«. Die konventionellen Äpfel kann man einzeln nehmen und abwiegen, die Bioäpfel sind als Sixpack in eine Pappschachtel mit Hochglanzdruck gepackt und mit Plastikfolie umwickelt. Die konventionellen Gurken liegen offen zum

Verkauf, die Biogurken sind in einem durchsichtigen Plastikschlauch verpackt. Die konventionellen Zitronen kann man einzeln kaufen, die Biozitronen warten jeweils zu viert in einem Plastiknetz auf Kundschaft. Da Biozitronen nicht gespritzt sind, kommt es häufiger vor, dass eine Zitrone anfängt zu schimmeln. Bei den viel billigeren konventionellen Zitronen würde ebendiese eine Zitrone im Müll landen, bei den »Bios« werden alle vier weggeworfen.

Inzwischen gibt es sehr viele Biosupermärkte, welche die kleinen Bioläden immer mehr verdrängen. In denen geht es zwar »bio« zu, aber eben nicht »nachhaltig«. Da gibt es dann eben auch zu Weihnachten Erdbeeren – aus Marokko. Da gibt es auch ganzjährig Kartoffeln. So ungefähr ab Mitte April kommen die Erdäpfel aus Israel. Obst und Gemüse aus der ganzen Welt. Saisonale Unterschiede merkt man nur noch am Preis. Und wenn es ein besonders guter Biosupermarkt ist, dann hat er auch Flugobst! Da sind Mangos, Orangen und Ananas eben nicht total unreif geerntet, damit sie während der langen Reise mit dem Schiff nicht verfaulen, sondern sonnengereift und erntefrisch mit dem Flugzeug zu uns gebracht.

Der Biolandwirtschaft bzw. vor allem ihrer nachgelagerten industrialisierten Vermarktungskette kann man daher in Sachen Nachhaltigkeit leider kein wesentlich besseres Zeugnis ausstellen als den meisten konventionellen Kollegen.

> Die ersten wirklichen Biohöfe im deutschsprachigen Raum waren die Demeter-Landwirtschaften

Dabei gab es einmal richtige Ansätze. Die ersten wirklichen Biohöfe im deutschsprachigen Raum waren die Demeter-Landwirtschaften, die von Rudolf Steiners anthroposophischer Lehre geprägt sind. Rudolf Steiner entwickelte bereits ab 1924 seine »geisteswissenschaftlichen Grundlagen zum Gedeihen der Landwirtschaft«. Der Anbauverband der Demeter-Bauern beschreibt die anthroposophische Lehre Steiners so:

»*Die Anthroposophie bemüht sich, die Welt und den Menschen als ›mehrdimensionale Wesen‹ zu begreifen und zu erkennen, und erhebt den Anspruch, die moderne, vorherrschende ›materialistische Weltanschauung‹ durch eine ›geistige Sichtweise‹ zu ergänzen. Es wird davon ausgegangen, dass jeder Mensch in der Lage ist, durch Meditation und Arbeit eigene geistige Erfahrungen zu machen. Der Anthroposophie-Begründer Rudolf Steiner versuchte selbst zeit seines Lebens, seine geistigen Forschungsergebnisse in eine modernen Menschen zugängliche und nach seiner Ansicht wissenschaftliche Form zu bringen. Als speziell biologisch-dynamische Maßnahmen ist die Herstellung und Anwendung bestimmter Präparate gebräuchlich, die entweder den Wirtschaftsdüngern (Stallmist, Gülle, Jauche) zugesetzt werden oder in Wasser gerührt und dann auf Boden und Pflanzen gespritzt werden, um die Wirkung der irdischen Wachstumsfaktoren (zum Beispiel Nährstoffe) und der kosmischen Wachstumsfaktoren (Licht, Wärme und ›Rhythmen‹) sowie die Wirkungen der Anbaumaßnahmen zu verbessern.*«

Ab den späten 1960er-Jahren gründeten sich aus der Demeter-Philosophie heraus mehrere andere Bioverbände. Deren Richtlinien unterschieden sich anfänglich nur in wenigen Punkten von Demeter, vor allem die »geistige Sichtweise« oder die »Berücksichtigung kosmischer Einflüsse« kam in den Richtlinien der neuen Verbände nicht mehr vor.

Noch heute sind die Anforderungen an einen Demeter-Bauern deutlich höher als die an seine Kollegen von anderen Verbänden, etwa Bioland oder Naturland. Demeter-Bauern sind Vollblutbiobauern – aber auch der Demeter-Verband hat den »Anforderungen der Märkte« in manchen Punkten nachgegeben; auch die Demeter-Richtlinien lassen seit einigen Jahren die Verwendung von Hybridsaatgut zu. Die Demeter-Aubergine muss eben auch so uniform und schön sein wie die anderen, sonst kauft sie keiner. Da ist es wieder, das Problem der Entkoppelung von Bauer und Konsument.

Weniger ist (oft) das bessere Bio

Was lernen wir nun daraus? Zuerst, dass Demeter-Bauern in Sachen Nachhaltigkeit ziemlich nah ans Ideal kommen. Dann, dass eine industriell betriebene Biolandwirtschaft auch nicht das Gelbe vom Ei ist.

Dann aber scheinbar auch, dass das mit dem nachhaltig leben gar nicht so einfach ist – oder wird es uns nur nicht einfach *gemacht?*

Wie verhalte ich mich also »nachhaltig«? Sicher nicht, indem ich meinen Einkauf mit dem nagelneuen SUV erledige. Es wird auch nicht nachhaltiger, wenn ich E10 tanke oder zum Biosupermarkt fahre.

Nachhaltig würde im Falle des Einkaufs von Lebensmitteln bedeuten, das Auto stehen zu lassen und zu Fuß zu gehen oder mit dem Rad zu fahren. Nachhaltig würde bedeuten, weniger Fleisch zu essen, aber dafür mehr ökologisch produziertes Gemüse aus der Region. Nachhaltig würde bedeuten, das eigene Konsumverhalten kritisch zu hinterfragen.

Schwierig? Nicht wirklich!

Eine Kultur des GENUG passt nur einfach nicht in unser Wirtschaftssystem.

ELFTES KAPITEL

Unser gemeinsamer Weg zum Wandel

Was keiner wagt, das sollt ihr wagen.
Was keiner sagt, das sagt heraus.
Was keiner denkt, das wagt zu denken.
Was keiner anfängt, das führt aus.

Wenn keiner ja sagt, sollt ihr's sagen.
Wenn keiner nein sagt, sagt doch nein.
Wenn alle zweifeln, wagt zu glauben.
Wenn alle mittun, steht allein.

Wo alle loben, habt Bedenken.
Wo alle spotten, spottet nicht.
Wo alle geizen, wagt zu schenken.
Wo alles dunkel ist, macht Licht.

– Lothar Zenetti, dt. Theologe und Schriftsteller

In diesem letzten Kapitel ist Raum für eine große Portion Hoffnung, Zuversicht und Vertrauen. Hoffnung und Vertrauen auf das Gute im Menschen. Hoffnung und Vertrauen auf die eigene Intuition. Darauf, dass wir die Macht, die Schöpferkraft haben, den Wandel hin zu einer besseren Welt zu vollziehen.

Am 8. April 2016 lief ein Film in den österreichischen Kinos an: »Das Leben ist keine Generalprobe«. Die Regisseurin Nicole Scherg begleitete den Schuhfabrikanten Heini Staudinger mit seinen GEA-Läden und den Waldviertler Schuhwerkstätten über einige Jahre hinweg mit der Kamera. Heini Staudinger, Symbolfigur für den zivilen Ungehorsam in Österreich, aber auch weit darüber hinaus. Ich hatte die Gelegenheit, den Film bei einer Vorpremiere in Innsbruck zu sehen. Heini Staudinger und Nicole Scherg waren auch da. Staudinger begrüßte die Anwesenden mit den Worten: »Ich bin mir sicher, mehr als fünfzig Prozent aller Menschen wünschen, erträumen sich eine Welt, die anders ist als die Welt, die wir haben. Sie wünschen sich eine menschenfreundliche Welt. Sie wünschen sich eine Welt fernab von der Diktatur des Geldes.«

In dem Film war eindrucksvoll zu sehen, wie Heini Staudinger es schafft, diese absolute Mehrheit, diese Menschen, die sich nach einer anderen, einer besseren Welt sehnen, zu bündeln und zu zivilem Ungehorsam zu animieren. Ziviler Ungehorsam heißt hier, nicht permanent, ohne nachzudenken, dem Mainstream zu folgen. Ziviler Ungehorsam heißt: nachdenken, querdenken und entsprechend handeln. Ziviler Ungehorsam ist mit anderen Worten eine besondere Form der Permakultur!

> Ziviler Ungehorsam heißt: nachdenken, querdenken und entsprechend handeln

Ich fühle mich dem Denken und Tun Heini Staudingers sehr nahe. Vermutlich wäre er nicht zur Galionsfigur einer Gruppe von Menschen geworden, die den Wandel in der Gesellschaft vorantreibt, wäre er ein Theoretiker. Staudinger ist ein Macher, er *zeigt*, dass es auch anders funktioniert. Ganz anders – weit weg von der Wahrheit derer, die lehren, wie unsere Wirtschaft zu funktionieren hat. »Mich interessiert das Kapital wenig und das Leben sehr. Geld ist ein Werkzeug. Nicht Gott«, lautet eine seiner Aussagen, die viel von dem auf den Punkt bringen, was auch ich denke. Und deshalb bin ich froh und dankbar, dass Heini Staudinger das Vorwort für dieses Buch geschrieben hat.

Alte Lösungen für neue Probleme

Den Wandel auf den Weg bringen – dafür müssen wir die Welt nicht neu erfinden. Die meisten Lösungen sind oder waren schon einmal da. Wir müssen sie nur neu entdecken. Die meisten großen Lösungen sind ganz einfach.

Sehr eindrucksvoll und nachdenklich zugleich schildert das

der Schriftsteller Heinrich Böll in seiner »Anekdote zur Senkung der Arbeitsmoral«.

Darin kommen ein Tourist und ein Fischer ins Gespräch. Der Fischer döst in seinem Boot, schließlich war er schon auf See und hat sein Tagwerk bereits getan. Der Tourist kann das nicht verstehen, und malt ihm in den schönsten Worten aus, was er durch mehr Arbeit erreichen könne: Ruhm, Ehre, Geld – all das wäre möglich, wenn er nur mehr arbeitete. Am Gipfel seiner Karriere angekommen, könne er sich dann immer noch zur Ruhe setzen und in aller Ruhe im Hafen dösen. Der Fischer antwortete, dass er das jetzt schon kann – und der Tourist begreift, dass es auch ohne große Karriere möglich ist, glücklich zu sein, dass die »altmodische« Genügsamkeit oft der bessere Ratgeber ist als das hektische, gierige Tun.

Ich habe schon oft festgestellt, dass es sich auf der Suche nach Lösungen für die Probleme unserer Zeit lohnt, nachzusehen, welche Lösungen die Menschen ein oder zwei Generationen vor uns hatten.

In einem Bericht der Weltbank aus dem Jahr 1989 stand sinngemäß: Würde die Republik Sudan, im Nordosten Afrikas, zwischen Ägypten und Eritrea gelegen, eine Landwirtschaft mit dem Wissen und der technischen Ausstattung betreiben, wie sie in Mitteleuropa Ende der 1950er-Jahre üblich war, könnte alleine dieses Land rund eine Milliarde Menschen ernähren.

Der Sudan befand sich in seinen damaligen Grenzen (vor Abtrennung der Republik Südsudan im Jahre 2011) zwischen dem 3. und 23. Breitengrad. Ermittelt man die gesamte Landfläche, die sich innerhalb dieses Breitenbereichs erstreckt, kommt man zu einem interessanten Ergebnis: Die Fläche ist etwa siebenmal so groß wie die der alten Republik Sudan. Unterstellt man der Einfachheit halber, dass die Anbaubedingungen in dieser Breite weitgehend homogen sind, ist die Schlussfolgerung klar: Alle Staaten der Welt, die wie der Sudan etwas nördlich des Äquators liegen, könnten die gesamte Weltbevölkerung, also sieben Milliarden Menschen, ernähren. Und das mit einer Landwirtschaft, wie sie bei uns Ende der 1950er-Jahre üblich war.

Ende der 1950er-Jahre. Zu dieser Zeit hielt in Deutschland und anderen Industrienationen die Technisierung in der Landwirtschaft Einzug. Die ersten Traktoren lösten Pferde- und Ochsengespanne ab. Die Produktivität der einzelnen Betriebe stieg, die Maschinen waren aber noch so klein, dass die negativen Auswirkungen auf den Boden gering blieben. Trotz zunehmender Technisierung wurde noch sehr viel in Handarbeit erledigt. Der flächendeckende Einsatz von Kunstdünger und Spritzmitteln begann erst einige Jahre später.

> Trotz zunehmender Technisierung wurde noch sehr viel in Handarbeit erledigt

Der damalige Grad der Technisierung in der Landwirtschaft führte zu einer stärkeren Fokussierung auf die Ökonomie, allerdings *ohne* dass die Ökologie nennenswert darunter litt. Das Soziale blieb ebenfalls nicht auf der Strecke, im Gegenteil, es gab aufgrund der leichteren Arbeitsbedingungen auch hier Verbesserungen. Aus Sicht des Nachhaltigkeitsdreiecks also eine optimale Konstellation.

Zwischen den Zeilen des Weltbankberichts gelesen, wusste man also schon 1989, dass die Bauern weltweit deutlich mehr produzieren, als wir bräuchten, um alle Menschen zu ernähren. Und trotzdem galt die Bekämpfung des Welthungers als Legitimation für viele zweifelhafte Maßnahmen in der Entwicklung der Landwirtschaft und wurde in diesem Sinne von der Politik vorangetrieben.

Heute müssen wir uns die Techniken und Methoden dieser Zeit wieder mühsam beibringen und aneignen, weil oft niemand mehr da ist, der sie uns lehren könnte.

Aber es gibt Orte und Keimzellen, in denen dieses Wissen wieder ausgegraben wurde und rege Anwendung findet – im Verein mit Methoden der Moderne. Dort wurde aus Altem und Neuem etwas Wertvolles kreiert, etwas, das dazu geeignet ist, Landwirtschaft und Ernährung auf eine nachhaltige Grundlage zu stellen.

Sechs derartige Ideen und Initiativen will ich Ihnen am Schluss dieses Kapitels vorstellen (siehe Seite 205 ff.).

Ganz nah – zwei lokale Initiativen

Wenn es um erfolgreiche Initiativen aus meiner Region geht, höre ich oft: »Im Großraum München mag das schon funktionieren, aber dass das anderswo funktioniert, bezweifle ich.«
Die Fakten sprechen da aber eine andere Sprache. Wo auch immer in Deutschland, wo auch immer auf der Welt: Wer eine Idee hat, für die er oder sie wirklich brennt, findet überall fruchtbaren Boden, in den man einen Samen legen kann. So war es bei den Initiatoren der Naturkäserei Tegernseer Land in Kreuth und auch beim Münchener Kartoffelkombinat.

> Wer eine Idee hat, für die er oder sie wirklich brennt, findet überall fruchtbaren Boden

Die Naturkäserei Tegernseer Land kennen Sie bereits; bei ihr haben die Bauern das Ruder selbst in die Hand genommen und eine Genossenschaft gegründet. Die Bauern wollten den Wandel und haben ihn aktiv und selbstbestimmt vollzogen. Aktuell liefern 23 Bauern ihre Heumilch an die Käserei.

Heumilch ist die Milch von Kühen, die ausschließlich Heu oder frisches Gras als Futter bekommen. Die Tiere bekommen keine Silage zu fressen, weder eine aus Gras noch eine aus Mais. Darin liegt bereits der größte Teil des Geheimnisses, das den Erfolg dieser Unternehmung ausmacht. Denn nur aus Heumilch kann auch Rohmilch-Bergkäse hergestellt werden. Und Rohmilch-Bergkäse ist die Käsesorte, die Kunden einer bäuerlichen Käserei in den bayerischen Alpen erwarten. Bekämen die Kühe Silage zu fressen, wären Bakterien in der Milch, der Käse würde sich nach ungefähr sechs Wochen Reifezeit aufblähen, bis er reißt. Diese Bakterien sind nicht gefährlich und in manchen Lebensmitteln natürlicherweise vorhanden. Aber sie produzieren unerwünschte Gase und sind daher bei manchen Rohmilch-Käsesorten absolut fehl am Platz, eben beim Bergkäse.

Nun könnte man diese Mikroorganismen ganz leicht abtöten, indem man die Milch pasteurisiert, also auf über 72 Grad erhitzt. Aber dann sind nicht nur diese, sondern auch die meisten anderen Bakterienstämme tot und damit gerade diejenigen, die das

Produkt Rohmilch so gesund und wertvoll machen. Weil man das in der Naturkäserei Tegernseer Land nicht will, müssen die Bauern bei der Fütterung genau aufpassen. Auch beim Melken müssen sie viel gründlicher auf Hygiene achten als Betriebe, deren Milch in den Molkereien pasteurisiert wird. Rohmilchkäse-Herstellung ist noch echte, aufwendige Handarbeit. Der Käsemeister registriert jede jahreszeitliche Schwankung der Inhaltsstoffe der Milch und muss während der Herstellung darauf reagieren.

Und darum ist das Kilogramm Rohmilchkäse in der Regel auch rund zwei Euro teurer als der Käse aus pasteurisierter Milch. Für ein Kilogramm Käse braucht man rund zehn Liter Milch. Rechnet man also die zwei Euro Mehrwert vom Rohmilchkäse auf einen Liter Milch um, kann eine handwerkliche Rohmilchkäserei für jeden Liter Milch etwa 20 Cent mehr erlösen als eine industrielle Molkerei mit ihren pasteurisierten Produkten. Zwanzig Cent, welche die Käserei verwenden kann, um ihren Bauern einen fairen Milchpreis und ihren Mitarbeitern faire Löhne zu bezahlen. Und vielleicht muss sie auch den einen oder anderen Handelsweg nicht gehen.

Während es für Bauern noch vor wenigen Jahrzehnten absolut üblich und notwendig war, sich in Genossenschaften zu organisieren, um dadurch ökonomische, aber auch ökologische und soziale Verbesserungen zu erzielen, ist diese Unternehmensform nach und nach in Vergessenheit geraten. Doch in den letzten Jahren erlebt diese Form des Zusammenschlusses eine Renaissance. Überall werden neue Genossenschaften gegründet, in Deutschland ebenso wie in den meisten anderen Industrienationen.

Die Genossenschaft erlebt überall eine Renaissance

Die ersten Genossenschaften gab es schon im Mittelalter, allerdings nur sehr vereinzelt und zunächst nur in England. Im 18. Jahrhundert breitete sich die Genossenschaftsbewegung über den gesamten Erdball aus, doch gegen Ende des 20. Jahrhunderts waren nur noch wenige, meist bäuerliche Zusammenschlüsse übrig.

Alm- und Alp-Genossenschaften, Wasser-Genossenschaften, Jagd- und Wald-Genossenschaften sind die häufigsten Beispiele bäuerlicher Vereinigungen.

Daneben gab es die Genossenschaftsbanken. Friedrich Wilhelm Raiffeisen gründete zeitlebens unzählige Genossenschaften. Alle hatten die Unterstützung mittelloser Landwirte bzw. die Vergabe bäuerlicher Darlehen zum Ziel. Aus dieser bäuerlichen Unterstützungseinrichtung entstand letztendlich die Raiffeisenbank, die Mutter aller deutschen und österreichischen Genossenschaftsbanken.

Auf ihr Drängen wurde das Genossenschaftsgesetz Anfang der 2000er-Jahre in Deutschland reformiert. Die wohl wichtigste Änderung in diesem Gesetz war die Zulassung investierender Mitglieder. Durfte bis dahin nur Mitglied einer Genossenschaft werden, wer einen unmittelbaren Nutzen aus dem Geschäftsbetrieb der Vereinigung hatte, konnten fortan auch Menschen Mitglied werden, die lediglich in die Genossenschaft investieren wollten. Erwirtschaftet eine Genossenschaft Gewinne, werden diese auf ihre Mitglieder in Form einer Dividende ausbezahlt. Nach dieser

Unser gemeinsamer Weg zum Wandel

Gesetzesänderung wurden Vermutungen laut, dass sich die Genossenschaften von ihrer Mitgliederstruktur nun den Aktiengesellschaften annähern und als Nächstes Spekulanten das Genossenschaftswesen für sich entdecken würden. Spekulanten, die womöglich nur auf Ausschüttungen von Dividenden aus sind, denen aber der eigentliche Genossenschaftszweck egal ist.

Dem war aber nicht so. Denn Mitglied einer Genossenschaft zu werden und wieder auszutreten ist deutlich aufwendiger als bei einer AG. Außerdem gibt es noch zwei weitere gravierende Unterschiede zur Aktiengesellschaft: Erstens hat in einer Genossenschaft jedes Mitglied bei Abstimmungen nur eine Stimme, unabhängig davon, wie viele Genossenschaftsanteile es besitzt, und zweitens haben die investierenden Mitglieder entweder gar kein Stimmrecht in der Genossenschaft, oder die Gesamtheit aller investierenden Mitglieder ist auf maximal zehn Prozent der Gesamtstimmen gedeckelt. Schließlich entscheiden die Mitglieder der Genossenschaften über die Höhe der Dividenden – und so entscheiden sich Spekulanten dann meistens doch lieber für Aktien.

Diese Gesetzesänderungen machten jedenfalls die Naturkäserei Tegernseer Land genau in der Form möglich, in der sie heute existiert, mit ihren 23 Bauern und den mehr als 1.500 investierenden Mitgliedern, die vor der Gesetzesänderung der Genossenschaft nicht hätten beitreten dürfen. Diese Mitglieder haben sich sicher nicht wegen einer raschen Gewinnausschüttung in Form einer Dividende am Aufbau der Käserei beteiligt. Sie haben vielmehr erkannt, dass hier ein transparentes System geschaffen wird, eines, das ehrlich ist, das Bauern und Konsumenten zusammenbringt und sowohl ökonomische als auch ökologische und soziale Vorteile bringt. Ökonomische Vorteile, weil die beteiligten Bauern einen fairen Milchpreis bekommen und weil in der Käserei zudem rund vierzig qualifizierte, fair bezahlte Arbeitsplätze entstanden sind. Ökologische Vorteile, weil die Existenz der Erzeuger und damit der zugehörigen Almflächen in ihrer Weiterbewirtschaftung gesichert wurden. Soziale Vorteile, weil durch diese Genossenschaft ein neuer Zusammenhalt sowohl innerhalb der Bauern als auch zwischen Bauern und Verbrauchern entstanden ist.

Vor allem aber stehen die Bauern wieder voll hinter ihrer Molkerei. Sie sind stolz auf sie. Und die Molkerei ist stolz auf ihre Bauern. Das war vor wenigen Jahren noch ganz anders.

Anfang 2013 hatten der Kommunikationswirt Daniel Überall und der Betriebswirt Simon Scholl eine Idee. Sie hatten festgestellt, dass vielen Menschen in ihrer Heimatstadt München offenbar der Bezug zum Land fehlt, der Bezug vor allem zur Landwirtschaft. Keiner machte sich Gedanken, so ihr Eindruck, warum die Stadt Obst und Gemüse aus aller Welt importiert, obwohl viele dieser Obst- und Gemüsesorten auch vor den Toren Münchens wachsen würden. Dazu kam eine riesige Menge Verpackungsmüll, den die Menschen mit ihren Einkäufen in den Supermärkten produzierten. Dieser Entwicklung wollten die beiden entgegenwirken.

Von der Landwirtschaft verstanden sie nichts, und so machten sie sich auf die Suche nach einem Bauern oder Gärtner, der bereit wäre, seinen Betrieb von einer Genossenschaft »übernehmen« zu lassen bzw. in einen Betrieb nach dem Modell »Solidarische Landwirtschaft« umzuwandeln. Vermutlich war ihre landwirtschaftliche und gärtnerische Ahnungslosigkeit der Grund dafür, dass Daniel und Simon kreativ an die Sache herangehen und ihre Suche ohne Zwänge im Kopf beginnen konnten. Und so wurden die beiden schon kurze Zeit später fündig.

Am westlichen Stadtrand von München gab es einen Gärtner, der bereit war, bei einer solidarischen Landwirtschaft mitzumachen. Wenige Wochen später hatten sie schon einige Familien für ihre Idee gewonnen. Das »Kartoffelkombinat« war geboren. Die Familien, aber auch der eine oder andere Singlehaushalt, bekamen wöchentlich eine Kiste mit frischem Obst und Gemüse aus der »eigenen« Gärtnerei nach Hause geliefert. Im Gegenzug mussten sie monatlich einen Fixbetrag an die Genossenschaft zahlen. Der Preis des Kisteninhalts lag sogar geringfügig über dem Preisniveau eines Bioladens, aber das war es den Genossen

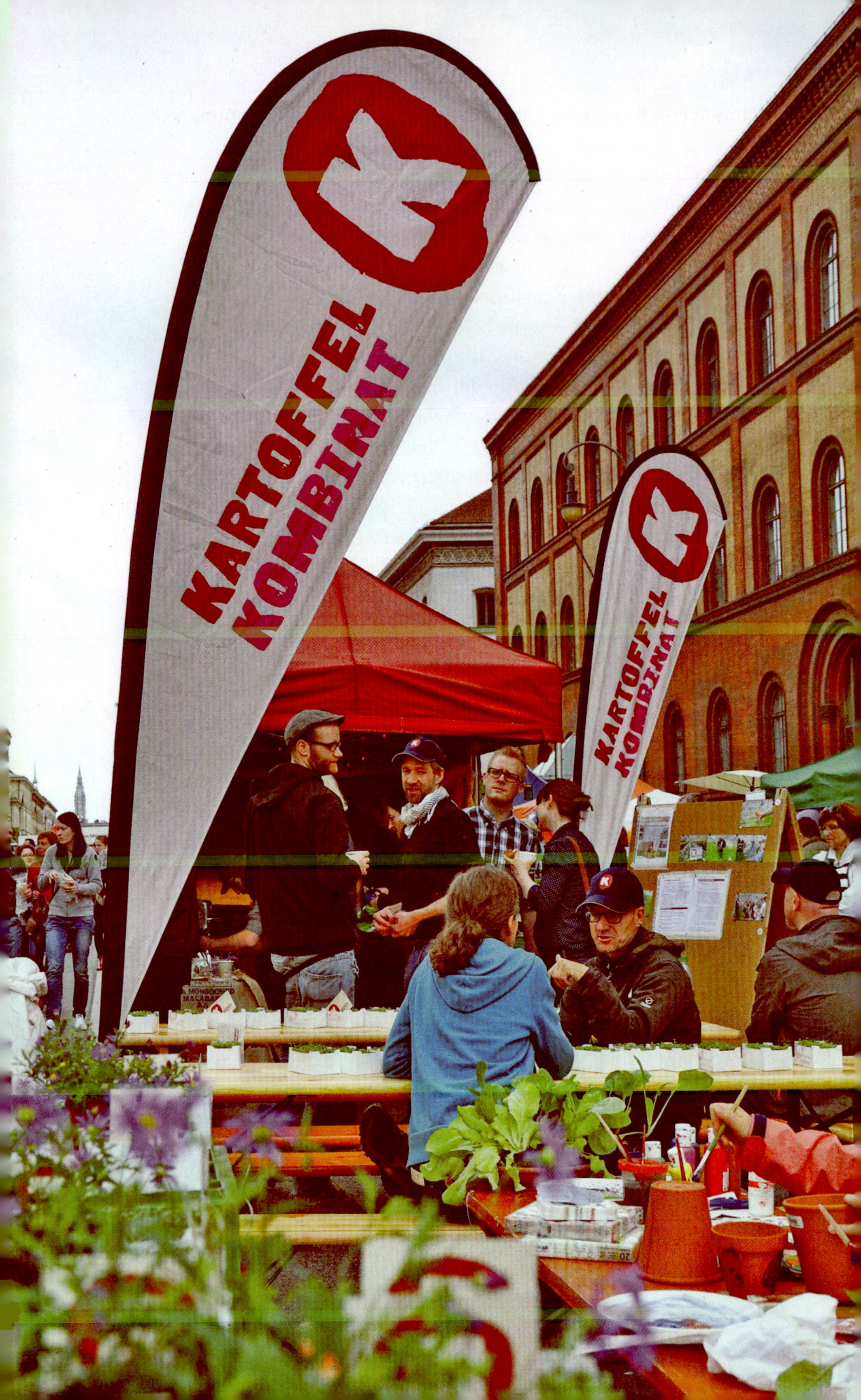
KARTOFFEL
KOMBINAT
KARTOFFEL
KOMBINAT

vom Kartoffelkombinat wert. Auch hier hatten Obst und Gemüse nun wieder einen wirklichen Wert – einen hohen Wert!

Über ihren monatlichen Beitrag hinaus halfen die Genossenschaftsmitglieder dabei, dass die Angestellten »ihrer« Gärtnerei faire Löhne bekamen. Die Mitglieder durften auch in der Gärtnerei mithelfen, wenn sie wollten. Dieser »Arbeitseinsatz« war nicht nur für die vielen Städter kritisches Neuland, sondern auch für den Gärtnermeister. Aber letztendlich war es eine Bereicherung für beide Seiten. Die Stadtbewohner konnten hautnah miterleben, wie viel Arbeit in ihrem Obst und Gemüse steckt, wodurch der Stundenlohn eines Gärtnereiarbeiters von damals elf Euro einen ganz anderen Wert bekam.

> Die Stadtbewohner konnten hautnah miterleben, wie viel Arbeit in ihrem Obst und Gemüse steckt

Um die Vielfalt in der wöchentlich angelieferten Lebensmittelkiste zu erhöhen, wurden mit weiteren Bauern und einer Bäckerei Lieferverinbarungen getroffen. Auf einmal mussten die Mitglieder des Kartoffelkombinats darüber nachdenken, wann welches Gemüse Saison hat – und was man aus fünf oder sechs Gurken machen kann, die in der Gurkensaison nun einmal in der Kiste landen. Und sie sahen, wie abwechslungsreich die Gemüseauswahl selbst im Winter sein kann, auch eine interessante Erfahrung.

Doch damit nicht genug: Mit ihrem Gemüse trudelte von nun an auch Infomaterial ins Haus. Der wöchentliche »Kartoffeldruck« enthielt Rezepte und berichtete über Wissenswertes rund um das gelieferte Gemüse sowie über Neuigkeiten vom Kartoffelkombinat. In ihrer »Kartoffel-Akademie« hatten sie die Möglichkeit, in Vorträgen mehr zu den zahlreichen Themen zu erfahren, mit denen ihre solidarische Landwirtschaft tagtäglich zu tun hat.

Leider platzte die Zusammenarbeit zwischen dem Gärtner und dem Kartoffelkombinat nach knapp zwei Jahren. Doch es dauerte nicht lange, da konnte das Kartoffelkombinat die Gärtnerei eines Klosterbetriebs rund zwanzig Kilometer außerhalb der Stadt für sich gewinnen. Auf dem Klostergelände ist auch eine Behindertenwerkstatt angesiedelt, und einige Menschen mit Behinderung

Die wundersame Kartoffelvermehrung

Kartoffeln, der Deutschen liebstes Gemüse. Etwa im 16. Jahrhundert machte die Kartoffel sich von Südamerika aus auf den Weg, um Europa zu erobern. Um das Jahr 1570 erreichte sie Spanien, in Deutschland wurde der erste Kartoffelanbau im Jahr 1647 verzeichnet.

Heute ist die Kartoffel aus unserem Speiseplan nicht mehr wegzudenken. Etwas mehr als 55 kg Erdäpfel verspeist jeder Mensch in Deutschland pro Jahr; auf Ihren 2.000 Quadratmeter Ackerland würden sie nur vier Quadratmeter beanspruchen.

Heute gibt es viele hundert Kartoffelsorten. »Mehlig« für Kartoffelbrei, »festkochend« für Bratkartoffeln und Kartoffelsalat und »vorwiegend festkochend« als Allround-Kartoffel. Die meisten von ihnen tragen Frauennamen, Sieglinde, Linda, Desiree oder Afra.

Die Namen bekamen sie von ihren Züchtern und die sind es in der Regel auch, die sich die Rechte an der jeweiligen Kartoffelsorte haben schützen lassen. Das bedeutet, dass wir an den Züchter Lizenzgebühren bezahlen, wenn wir seine Kartoffelsorte anbauen. Wenn Sie in einer Gärtnerei oder einer Sämerei Pflanzkartoffeln kaufen, sind diese Lizenzgebühren bereits im Kaufpreis enthalten. Läuft eine Lizenz aus, kann der Züchter die Sorte freigeben, dann ist sie ohne Gebühren erhältlich, oder er nimmt die Sorte vom Markt.

Speise- oder Pflanzkartoffeln
Um den Unterschied verstehen zu können, fangen wir am besten ganz von vorne an:
- Wenn Sie eine Kartoffel im Frühling in den Boden stecken, treibt die Knolle schon bald aus.
- Kurze Zeit später fängt das Kartoffelkraut an zu blühen. Genauso, wie die Knollen die unterschiedlichsten Farben haben können (von Weiß über Gelb, bis hin zu Rot, Lila oder Blau), gibt es auch bei den Blüten die verschiedensten Farbtöne.

- Über der Erde passiert danach nicht mehr viel. Irgendwann bildet sich aus den Blüten eine Frucht, die so ähnlich aussieht wie eine kleine, grüne Tomate. Ein paar Wochen später ist das Kartoffelkraut vertrocknet.
- Unter der Erdoberfläche kommt es zu einer starken Vermehrung der Knollen. Bei stimmigen Bodenverhältnissen, wenn die Saatkartoffel in Ordnung war und das Wetter mitspielt, können Sie im Herbst zehn bis fünfzehn Knollen ernten – und das aus anfangs nur einer Knolle.

Grundsätzlich ist es egal, ob das eine Speisekartoffel aus dem Supermarkt war oder eine Saatkartoffel aus einer Gärtnerei. Nur haben Sie mit der Speisekartoffel keine Lizenzgebühren bezahlt.

Saatkartoffeln ziehen, Krankheiten vermeiden
Pflanzen Sie eine Kartoffel mit Schorf oder Dürrflecken – zwei der häufigsten Krankheiten –, werden Sie ziemlich sicher auch wieder Kartoffeln ernten, die diese Krankheiten haben.

Bei gekauften Saatkartoffeln können Sie ziemlich sicher davon ausgehen, dass diese keine Krankheiten vererben. Speziell bei alten Sorten, die nicht durch Lizenzen geschützt sind, ist oft kein kontrolliertes Saatgut mehr erhältlich. Zwar können Sie diese Sorten aus normaler Vermehrungszucht erwerben, dabei kann es aber vorkommen, dass Sie sich mit den Knollen auch Krankheitserreger einkaufen.

Die Krankheiten lassen sich aber »ausschalten«. Dazu benötigen Sie die Samen aus der Kartoffelfrucht, die sich aus den Blüten des Kartoffelkrauts bildet. Nachdem Kartoffeln und Tomaten beide Nachschattengewächse sind, verwundert es nicht, dass diese Frucht ähnlich wie eine grüne Tomate aussieht. Säen Sie diese Samen aus, wird daraus wieder eine gesunde Kartoffel.

Aber Vorsicht! Die Kartoffel, die aus diesem

Samen wächst, muss nicht zwingend dieselbe Sorte sein wie diejenige Kartoffel, aus der die Frucht mit ihren Samen gewachsen ist.

Auch die Blüten der Kartoffeln werden von Bienen bestäubt. Und wenn die Biene vorher auf einer Blüte einer anderen Kartoffelsorte zugange war, wird der Samen eine Kreuzung beider Sorten sein.

Aber das werden Sie erst wissen, wenn Sie es ausprobiert haben. Vielleicht gelingt es Ihnen ja sogar, eine wohlschmeckende neue Kartoffelsorte zu »züchten«, für die Sie auch keine Lizenzgebühren mehr bezahlen müssen, denn die neue Sorte ist ja jetzt Ihre eigene.

Wollen Sie Saatkartoffeln selber ziehen und dabei sichergehen, dass es sich um dieselbe Sorte handelt, die Sie ursprünglich gesteckt hatten, gibt es noch eine andere Möglichkeit, Knollen ohne Krankheiten zu vermehren:

- Im Frühling treiben Kartoffeln aus. Legen Sie einige Kartoffeln, von denen Sie Saatgut gewinnen möchten, an einen dunklen, kühlen Ort. Sobald der Trieb etwa 3 cm lang ist, brechen Sie ihn ab und stecken ihn in einen Blumentopf mit Erde, sodass nur noch die Spitze herausragt.
- Aus diesem Trieb wächst im Lauf des Jahres eine neue Kartoffel derselben Sorte und frei von Krankheiten.
- Diese Kartoffeln können Sie im Folgejahr wieder als Saatkartoffel verwenden, und die wundersame Vermehrung beginnt von Neuem.

Kartoffeln lagern
- Kartoffeln lagern Sie am besten in einem dunklen, kühlen, aber frostfreien Raum – und immer ungewaschen! Die Erdreste auf der Schale stellen einen zusätzlichen Lichtschutz dar, und Sie verhindern damit, dass Ihre Kartoffeln zu früh neue Triebe ansetzen.
- Wenn Sie mehrere Sorten lagern wollen, empfehle ich, Sorten mit kurzer Keimruhe zuerst zu verbrauchen.

Je länger die Keimruhe, desto länger können Sie die Knollen lagern. Bei uns ist es die festkochende Sorte Linda, die meist erst Anfang bis Mitte Mai zu keimen beginnt. So haben wir sicher bis Anfang Juni eigene Kartoffeln, die wir uns schmecken lassen können.

arbeiteten in der Gärtnerei mit. Wieder eine Bereicherung für die Genossenschaft, die voll und ganz in ihr Konzept passte.

Mittlerweile versorgte das Kartoffelkombinat schon 700 Haushalte in München mit Obst und Gemüse. Doch leider hielt auch die Verbindung zu dem Kloster nicht lange. Im Rahmen eines Architekturwettbewerbs sollte das gesamte Klosterareal überplant werden; eine Option war sogar der komplette Abriss der Klostergärtnerei. Mit dieser Unsicherheit wollten Daniel und Simon dort nicht weitermachen. Erneut begaben sie sich auf die Suche und fanden einen Bauernhof, den sie nicht nur kaufen, sondern mit dessen Ackerfläche sie doppelt so viele Haushalte versorgen konnten wie bisher.

Aus dem ursprünglichen Gedanken einer solidarischen Landwirtschaft entwickelte sich die Idee, mehrere solidarische Betriebe in Form eigenständiger Genossenschaften zu gründen: von der solidarischen Bäckerei über einen solidarischen Kindergarten bis hin zum solidarischen Altenheim und vielleicht sogar zum solidarischen Wirtshaus. Da ist der Weg nicht mehr weit, und das Kartoffelkombinat wächst vom Hof-Projekt zum Dorf-Projekt. Zu einem Dorf, das aus vielen eigenständigen Genossenschaften besteht, unter denen die Genossen auswählen können. Über all dem steht ein eigener Verein, der die Belange der einzelnen Genossenschaften koordiniert, und sollte tatsächlich einmal eine der Genossenschaften wirtschaftlich nicht überlebensfähig sein, hat das auf die anderen keinen Einfluss.

Dieses Dorfkonzept erinnert irgendwie an die Transition Towns, doch es ist nicht real, zumindest nichts, das man anfassen und anschauen kann. Es definiert sich nur über seine Mitglieder. Und über Solidarität – Solidarität mit Bauern, Bäckern, Lehrern, Erzieherinnen, Krankenschwestern und -pflegern und natürlich mit den Konsumenten. Solidarität zwischen denen, die mehr oder viel Geld haben, und denen, die weniger wohlhabend sind oder vielleicht gar kein Geld besitzen (und die in traditionellen Dorfgemeinschaften häufig kein wirklicher Teil der Gemeinschaft sind, weil sich in vielen Dörfern das Sein über das Haben definiert).

> Solidarität zwischen denen mit viel Geld und denen, die wenig bis nichts haben

Und natürlich ist innerhalb dieses Systems jeder Bauer, jeder Bäcker, jede Krankenschwester auch gleichzeitig Verbraucher. Und weil jeder Konsument innerhalb der Gemeinschaft über das Konsumieren hinaus noch andere Funktionen hat, entsteht Empathie, aus der soziale Solidarität erwächst.

Das Kartoffelkombinat in München hätte es verdient, Blaupause für viele vergleichbare Projekte zu sein – und genau das ist auch Teil des Konzeptes: Vorbild zu sein!

Erinnern Sie sich noch an das Gedicht von Rainer Maria Rilke?

In dem Gedicht erzählt er von einem Panther, der nur noch die Stäbe seines Käfigs sah. Er hat den Blick für die Welt dahinter völlig verloren. Und so sind auch wir alle immer wieder versucht, die Welt nur so zu sehen, wie sie eben *ist*. Wir haben verlernt, die Welt so zu sehen, wie sie *sein könnte*. Aber es gibt sie, die Welt hinter diesen Käfigstangen. Oder ist es die Welt davor?

Heini Staudinger hat das Gedicht von Rilke um einige Zeilen ergänzt und seinem verzweifelten Schluss eine hoffnungsvolle Wende verliehen:

> Spring, Panther!
> Spring über die Stäbe.
> Mit der Kraft der Mitte.
> Spring!
> Bitte!

Und so kann ich Sie nur ermuntern: Wagen Sie den Sprung! Und wenn es beim ersten Mal nicht klappt, versuchen Sie es noch einmal. Die Welt dahinter wird zur Welt davor, und sie ist es wert, entdeckt zu werden.

Der Wandel ist längst auf dem Weg, und wir sind alle gefragt, wenn es darum geht, ihn aktiv voranzubringen.

Sechs Ideen für eine bessere Welt

Solidarische Landwirtschaft

Schon wieder so ein komisches Wort und schon wieder ziemlich unsexy.

Solidarische Landwirtschaft (oder: SoLaWi) ist die deutsche Übersetzung von *Community Supported Agriculture*, kurz CSA. Die wörtliche Übersetzung würde den Inhalt meines Erachtens besser treffen: gemeinschaftlich unterstützte Landwirtschaft. Aber egal, welchen Namen wir ihr geben, das Konzept ist immer dasselbe.

In der solidarischen Landwirtschaft tragen mehrere Personen oder Privathaushalte die Kosten eines landwirtschaftlichen Betriebs, wofür sie sich im Gegenzug dessen Ernteertrag teilen. Durch den persönlichen Bezug zueinander erfahren sowohl die Erzeuger als auch die Konsumenten die vielfältigen Vorteile einer nicht-industriellen, marktunabhängigen Landwirtschaft.

In der Praxis kann das zum Beispiel so ablaufen: Die Konsumenten äußern gegenüber dem Bauern ihre Wünsche, sagen, welches Gemüse, welches Obst sie gerne hätten. Der Landwirt macht eine detaillierte Anbauplanung, aus der beispielsweise auch hervorgeht, wie viel der Anbau von Tomaten kostet, wenn er Hybridsaatgut verwendet, und wie viel, wenn er alte, samenechte Sorten einsetzt.

Die Konsumenten entscheiden dann gemeinsam mit dem Bauern, was angebaut wird und was nicht. Hinter der Anbauplanung des Bauern steht auch eine Kostenkalkulation, und diese Kosten teilen die Verbraucher untereinander auf.

Auf diese Art hat der Bauer sein gesichertes Ein- und Auskommen, und die Verbraucher bekommen zu essen, was sie wollen – und das in höchstmöglicher Qualität. Natürlich tragen alle gemeinsam das unternehmerische Risiko. Zerstört ein Hagelschauer einen Großteil der Ernte, trifft der Ausfall nicht nur den Bauern, sondern alle. Und noch etwas ist ganz anders als beim Einkauf im Supermarkt: Die Verbraucher bekommen ihr Obst oder Gemüse nicht dann, wenn sie es wollen, sondern dann, wenn es reif ist und geerntet werden kann.

SoLaWi beinhaltet mit anderen Worten für die Verbraucher die Möglichkeit, einem Bauern die Bewirtschaftung ihrer persönlichen 2.000 Quadratmeter zu übertragen – und dabei mitzubestimmen. Schlagartig werden so mehrere Gesetze der Marktwirtschaft außer Kraft gesetzt: Das Obst, das Gemüse, die Milch, die Eier, das Fleisch – alles hat plötzlich keinen Preis mehr, es bekommt dafür aber wieder einen *Wert*. Der Bauer und auch andere Mitarbeiter erhalten einen Lohn, den alle Beteiligten gemeinsam festlegen. Da interessieren keine Tarifverträge vergleichbarer Betriebe, da steht einzig und allein der arbeitende Mensch im Mittelpunkt.

Offizielle Zahlen sprechen derzeit in Deutschland von mehr als dreihundert solidarischen Landwirtschaften. Allerdings kann man davon ausgehen, dass viele unregistriert sind, vor allem die, bei denen sich geschlossene Gruppen organisiert haben, die nicht öffentlich in Erscheinung treten wollen.

Organisiert ist jede solidarische Landwirtschaft auf unterschiedlichste Art und Weise: mal als Verein, mal als Genossenschaft, mal ohne Organisationsform. Manchmal arbeiten die Mitglieder ein paar Stunden im Monat mit, manchmal kann man sich von dieser Arbeit »freikaufen«, oder es besteht gar keine Pflicht zur Mitarbeit.

In vielen solidarischen Landwirtschaften wird darauf geachtet, dass auch Menschen mit geringem oder ohne Einkommen teilnehmen können. Die werden bei Bedarf subventioniert, etwa über einen Topf, in den alle einzahlen, oder über geringere Abgabepreise. Der Kreativität sind hier keine Grenzen gesetzt.

Solidarische Landwirtschaften sind die einfachste Möglichkeit, Verbraucher und Bauern wieder zusammenzubringen. So kann garantiert werden, dass auch Kleinbauern weiterhin

206 ▪ *Sechs Ideen für eine bessere Welt*

eine gesicherte Existenz haben und dass Verbraucher mit hochwertig erzeugten Lebensmitteln versorgt werden. Außerdem erfahren die Verbraucher eine Menge über ihre Lebensmittel und alles, was damit zusammenhängt.

In einer solidarischen Landwirtschaft ist viel Raum für positive Werte – positive Werte wie Kooperation, Teilen und Wertschätzung.

Essbare Städte

Endlich ein Begriff, der sofort Fantasien weckt: Essbare Städte! Solche Städte gibt es mittlerweile ganz viele. Die erste Essbare Stadt in Deutschland war Andernach in Rheinland-Pfalz, rund fünfzehn Kilometer nordwestlich von Koblenz.

In Andernach, einer Stadt mit rund 30.000 Einwohnern, ist die Vision einer anderen Welt schon heute Wirklichkeit geworden. Statt »Betreten verboten« heißt es hier »Pflücken erlaubt«. Obst und Gemüsebeete ziehen sich rund um die Schlossruine im Zentrum, am Stadtrand ist eine rund dreizehn Hektar große Permakultur entstanden. Gemüse wie Möhren und Bohnen, Obst und Beerensorten, Spaliergehölze, Küchenkräuter oder Schnittpflanzen werden in den städtischen Grünanlagen angebaut und lassen völlig neue Wahrnehmungsräume entstehen.

Jedes Jahr steht eine Nutzpflanze besonders im Fokus. So wurden 2010 an der Mauer im Schlossgarten über hundert verschiedene Tomatensorten gepflanzt. In den Jahren danach folgten ebenso viele Bohnensorten, zwanzig Zwiebelsorten und die ganze Vielfalt der Kohlgewächse. Ein kleiner Weinberg für den sofortigen Traubengenuss findet sich in unmittelbarer Nachbarschaft.

Insbesondere der Anbau regionaler und seltener Sorten und die Förderung der urbanen Biodiversität wird in Andernach unterstützt. Platz für Gemüse & Co. ist immer, und so werden zum Beispiel auch temporäre Baulücken als Gärten genutzt.

Aber es geht noch weiter: Die Essbare Stadt ist nur Teil einer modularen und nachhaltigen Grünraumplanung. Mit der Umstellung von Wechselbeeten auf pflegeleichte Staudenbeete verbindet die Stadt ökologische und ökonomische Vorteile.

Die Idee zur Essbaren Stadt Andernach hatten im Jahr 2010 der Geoökologe Lutz Kosack und die Gartenbauingenieurin Heike Boomgaarden. Ihr Konzept wurde mithilfe einer offenen und kooperativen Stadtverwaltung noch im selben Jahr umgesetzt.

Die Essbare Stadt bringt aber noch weitere Vorteile, die man weder sieht noch schmeckt. Die Stadtkasse reduzierte ihren Kostenaufwand für die Pflegemaßnahmen durch die Umstellung der Bepflanzung und die Nutzung öffentlicher Grünflächen um sage und schreibe 80 Prozent! Auch Langzeitarbeitslose und neuerdings auch viele Asylsuchende schätzen die Essbare Stadt, weil man kostenlos Obst und Gemüse ernten darf und im Rahmen von Ein-Euro-Jobs mitarbeiten kann. Das bringt ein Stück Sinn und Qualität ins Leben zurück.

Und auch in den Köpfen der Bürger hat sich etwas grundlegend geändert: Es ist eine neue Begeisterung für die öffentlichen Flächen entstanden. Auf dem Heimweg bedingungs- und kostenlos Tomaten, Gurken oder Äpfel fürs Abendbrot zu pflücken ist für viele eine ganz neue, bereichernde Erfahrung – und ganz nebenbei haben sich die öffentlichen Plätze wieder zu einem Ort der Begegnung und Kommunikation entwickelt.

So wachsen in Andernach nicht nur Obst und Gemüse im Park, am Straßenrand oder im Kreisverkehr; was darüber hinaus ebenfalls wächst, ist eine neue Form der Zusammengehörigkeit. Auch so kann Wandel aussehen.

Sechs Ideen für eine bessere Welt

Urban Gardening

Während man auf dem Land den typischen Bauern- oder Hausgarten kennt, sehen Gärten in den Städten heute oft ganz anders aus. »Urban Gardening« heißt hier das Schlagwort, unter dem auf öffentlichen Flächen »wild« gepflanzt wird.

Nachdem seit Mitte 2015 weltweit mehr Menschen in Städten wohnen als auf dem Land, gewinnt der urbane Gartenbau immer mehr an Bedeutung.

Ähnlich wie in Andernach, nur nicht von der Stadt organisiert, entstehen hier an den unmöglichsten Orten grüne Inseln. Mal wachsen Küchenkräuter, Salatköpfe oder Tomaten in ein paar Bäckerkisten in einem Hinterhof, mal gedeihen Gemüse- oder Zierpflanzen in der Vertikalen. Horizontalgärten waren gestern, jetzt erobern die Pflanzen die Hauswände.

Auch hier kennt die Fantasie keine Grenzen, und es kann schon mal vorkommen, dass sich abends ein paar Menschen verabreden, um irgendwo in ihrer Stadt Samenbomben zu werfen – die wohl friedlichste Art, eine Bombe zu »zünden«. Ein paar Wochen später wachsen dort bunte Blumenwiesen, an denen sich neben den Menschen auch Stadtbienen erfreuen.

Vor dem Hintergrund des Zuzugs von Flüchtlingen hat Urban Gardening aber aktuell noch ein viel größeres Potenzial: Die Stadtgärten bringen ein Stück Normalität und Souveränität zurück. Wer die Chance hat, sich »nützlich« zu machen und für seine eigene Ernährung zu sorgen, entwickelt ein ganz anderes Selbstwert- und Lebensgefühl und kann somit leichter Teil der Gesellschaft werden. »Gärtnern für Integration« – in vielen interkulturellen Gärten ist dies bereits Realität.

Essen aus eigenem Anbau stellt auch ein Gefühl der Sicherheit her, nicht nur für Flüchtlinge, sondern auch für uns selbst.

Wer weiß, wie man Lebensmittel selbst herstellt, führt nicht nur ein selbstbestimmtes Leben; es ist auch ein Gewinn an Sicherheit, wenn man sieht, dass man ohne Märkte existieren kann und dass es möglich ist, sich von überdehnten und anfälligen Versorgungsketten zu emanzipieren. Nicht wenige der neuen urbanen Gärtner haben bei ihrem Tun etwas im Kopf, was man »Resilienz« nennt und das das »Wiedererlangen der Fähigkeit« umschreibt, »externe Störungen verkraften zu können.«

Regionalwährungen

Kennen Sie das Wunder von Wörgl? Es ist ein schlagender Beweis dafür, wie aus einfachen Ideen schier Unmögliches entstehen kann.

Michael Unterguggenberger war von 1931 bis 1934 Bürgermeister der Stadt Wörgl im Tiroler Inntal nahe Kufstein. Wörgl erlangte seinen Wohlstand durch große Zement- und Zellulosefabriken. Im Zuge der Weltwirtschaftskrise Anfang der 1930er-Jahre brach die Produktion in diesen Industrien stark ein, und die Arbeitslosigkeit in Wörgl und darüber hinaus stieg drastisch an. Die Stadt hatte dadurch enorme Steuerausfälle zu verkraften und musste gleichzeitig die Arbeitslosen und Kriegsversehrten des Ersten Weltkrieges finanziell unterstützen. Anfang 1932 waren die Kassen der Stadt leer und ein Ende der Misere nicht in Sicht.

Da erinnerte sich Bürgermeister Unterguggenberger an die Lehre Silvio Gesells. Der deutsche Ökonom stellte in den 1920er-Jahren die Theorie der Freiwirtschaft auf, die zum Ziel hatte, eine stabile und freiheitliche Marktwirtschaft zu erreichen – ohne Anhäufung von Monopolen durch den Besitz von Geld bzw. Eigentum an Boden oder Handelsrechten; außerdem sollte Vollbeschäftigung herrschen. Teil dieser Theorie war unter anderem das Freigeld; es sollte den gleichen natürlichen Gesetzen unterworfen sein wie alles Materielle. Entstehen beim Lagern von Gütern Kosten und Verluste, sollte das beim Geld nicht anders sein, so Silvio Gesell.

Michael Unterguggenberger war fasziniert von dieser Theorie. Er beschloss, das Freigeld auch in Wörgl einzuführen, und schuf den Wörgler Schilling. Ab Ende Juli 1932 wurde er ausgegeben. Löhne der städtischen Angestellten, Leistungen für Arbeitslose und Kriegsversehrte wurden in Wörgler Schilling bezahlt. Viele Bauprojekte, die schon lange geplant waren, ebenfalls. Im Prinzip handelte es sich um Schuldscheine der Stadt Wörgl. Jeden Monat verlor der Schuldschein ein Prozent seines ursprünglichen Wertes. Der Besitzer musste Wertmarken kaufen, um den ursprünglichen Wert wiederherzustellen. Das hatte zur Folge, dass jeder Besitzer eines solchen Freigeldscheins bestrebt war, den Schein möglichst schnell wieder in Umlauf zu bringen, bevor er an Wert verlor.

Das Experiment war erfolgreich. Während das übrige Land immer mehr unter den Folgen der Wirtschaftskrise zu leiden hatte, belebten sich in Wörgl der Geldkreislauf und die Wirtschaftstätigkeit. In den vierzehn Monaten des Experiments sank die Arbeitslosenquote in Wörgl stark, während sie im Rest der Nation weiter anstieg. Die ausgesprochen positiven Entwicklungen wurden von der damaligen Presse als »Das Wunder von Wörgl« bezeichnet.

Andere wurden neugierig, wollten es Wörgl gleichtun. Doch schon bald erhob die Nationalbank Österreichs vor Gericht Einspruch, weil allein ihr das Recht auf Ausgabe von Münzen und Banknoten zustand. Das Experiment wurde verboten und fand im September 1933 sein Ende.

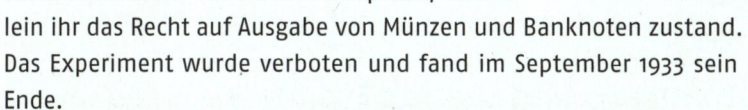

Unzählige Ökonomen, Soziologen und Psychologen erforschten seither das Wörgler Experiment. Fast genau siebzig Jahre später beschäftigte sich die 10. Klasse der Waldorfschule Chiemgau in Prien am Chiemsee mit dem »Wunder von Wörgl«. Im Januar 2003 starteten die Schüler in ihrer Heimatgemeinde ein Projekt nach dem Vorbild des Wörgler Schillings. Sie nannten ihre Währung »Chiemgauer«. Aus der Projektarbeit wurde eine Erfolgsgeschichte.

Heute akzeptieren in der Region um den Chiemsee rund 600 Unternehmen den Chiemgauer als Zahlungsmittel. Etwa 700.000

Sechs Ideen für eine bessere Welt ▎ 211

Chiemgauer sind im Umlauf, 2014 erzielte das Netzwerk einen Umsatz von 7,4 Millionen Euro. Jeder einzelne Chiemgauer kommt also auf rund zehn Umläufe pro Jahr, jeder Euro schafft nur drei. So kommt das Geld aus der Region wieder den Unternehmen in der Region zugute – sowie seinen Arbeitnehmern. Auch der Chiemgauer verliert mit der Zeit an Wert, auch hier muss der Wertverlust durch den Kauf von Wertmarken ersetzt werden. Der Erlös durch den Verkauf dieser Wertmarken wird sozialen Zwecken in der Region zugeführt. Ein Gewinn für alle!

Der Chiemgauer war Vorbild für unzählige Regionalwährungen, die es mittlerweile tausendfach über den gesamten Erdball verteilt gibt. Alleine in Deutschland gibt es über zweihundert Regionalwährungen, viele weitere befinden sich in Planung.

Leider muss von Gesetz wegen jede dieser Regionalwährungen 1:1 an den Euro gekoppelt sein; ein Chiemgauer entspricht damit einem Euro. Aber trotz einiger gesetzlicher »Bremsen« spielen diese Regionalgelder meines Erachtens eine wichtige Rolle im gesellschaftlichen Wandel. Sollte eines Tages der Euro bzw. unser derzeitiges Wirtschaftssystem kollabieren, existiert mit den Regionalwährungen ein funktionierendes System.

Es hat schon in Wörgl gezeigt, dass es gerade in Krisenzeiten bestehen kann, indem es regionale und lokale Kreisläufe belebt und stabilisiert.

Commons und Sharing Economy

»Commons« und die »Sharing Economy« sind zwei Begriffe, die wohl den derzeitigen gesellschaftlichen Wandel begrifflich wie inhaltlich am stärksten prägen, und das weltweit. Im Zentrum beider Begriffe steht das Teilen.

Commons, zu Deutsch »Gemeingüter«, sind Dinge, die jedem gehören und somit folgerichtig auch jedermann zugänglich sein sollen. Hinter dem modernen Begriff »Commons« steht indes eine uralte Tradition. »Allmende« ist das altdeutsche Wort für gemeinschaftlich genutzte Wiesen und Weiden. Diese Wiesen gehörten der Allgemeinheit und wurde von allen genutzt.

Natürlich brauchte es schon damals Regeln, um zu verhindern, dass Einzelne die Allmende zu ihrem Vorteil und zum Nachteil anderer über-nutzten. Diese Regeln sind heute wieder Vorbild, wenn es um die Allmende der heutigen Zeit geht – um Gemeingüter aller Art. Die Weltmeere, der Sonnenschein, die Pilze im Wald sind genauso Commons wie das Internet, offene Computerprogramme wie Linux und Open-Office oder die Bauernhöfe der solidarischen Landwirtschaften. Jede Form einer solidarischen Ökonomie ist im Grunde auch ein Commons-Projekt. Jeder Dorfladen, jede Wasserversorgungs-Genossenschaft, jedes gemeinschaftliche Wohnprojekt ist Teil der Commons-Welt.

Bei der Sharing Economy, der Ökonomie des »miteinander Teilens«, geht es darum, vorhandene Ressourcen optimal zu nutzen, indem möglichst viele Menschen gemeinsam darauf zurückgreifen können.

Aus diesem ökologischen Gedanken hat sich in den letzten Jahren ein riesiger Wirtschaftszweig entwickelt. Alles Mögliche wird in gemeinsamer Nutzung angeboten: Autos, Fahrräder, Wohnungen, sogar Häuser kann man teilen. Durch das Internet kennt das Sharing offensichtlich keine Grenzen, und viele kommerzielle Anbieter haben sich mittlerweile weit vom altruistischen Ursprungsgedanken entfernt.

Ob aber nun guter Wille oder eine Geschäftsidee dahintersteckt – die gemeinsame Nutzung führt in der Regel dazu, dass weniger Ressourcen benötigt werden. Wenn übrig gebliebene Lebensmittel über das Internet angeboten werden und so nicht auf dem Müll landen, ist das ein Gewinn. Wenn Autos, die derzeit durchschnittlich 22 Stunden pro Tag *nicht* bewegt werden, optimal genutzt werden, müssen weniger Autos produziert werden.

Sechs Ideen für eine bessere Welt ▎ **213**

Gemeingüter nutzen oder Dinge miteinander teilen – beides hat eine verbindende Wirkung. Wieder so eine fantastische neue Möglichkeit, um Menschen zusammenzubringen, Menschen, die ähnlich denken wie Sie und ich.

Mittlerweile gibt es sogar Menschen, die ihre Zeit zum Teilen anbieten – bedingungslos! Da teilt jemand zwei oder drei Stunden seines Lebens mit jemandem, den er oder sie vielleicht vorher noch gar nicht gekannt hat. Und das nur, weil es so viel Spaß macht, Gleichgesinnte kennenzulernen.

Da soll noch einer sagen, der Wandel wäre nicht schon in vollem Gang!

Transition Towns

Transition Town heißt auf Deutsch so viel wie »Stadt im Wandel« oder »Stadt im Übergang«. Der aus Großbritannien stammende Permakulturalist Rob Hopkins, Dozent an einem College in Irland, baute dort den ersten zweijährigen Vollzeitkurs für Permakultur auf.

Als er im Jahr 2004 erstmals von Peak Oil hörte, also der Annahme, das wir weltweit das Ölfördermaximum bereits überschritten haben, erstellte er zusammen mit seinen Studenten das Konzept für die erste Transition Town der Welt.

Als Reaktion darauf, dass die Politik national wie international nach Hopkins' Ansicht nicht ausreichend auf die Herausforderungen des Klimawandels reagierte, versuchte er, die Gestaltungsgrundsätze der Permakultur auf das soziale Gefüge einer Stadt und deren Infrastruktur zu übertragen. Werden diese Grundsätze angewandt, sollen die landwirtschaftlichen und gesellschaftlichen Systeme ähnlich effizient funktionieren wie natürliche Ökosysteme. Permakulturelles Denken führt dann ganz automatisch zur Stärkung der Regional- und Lokalwirtschaft, was wiederum geringere Verbräuche an Öl, Kohle und Gas zur Folge hat.

Eine regionale bzw. lokale Wirtschaft verringert Anonymität, kleine, geschlossene Kreisläufe werden reaktiviert.

Kinsale in Irland wurde Ende 2005 zur weltweit ersten Transition Town. Rob Hopkins zog kurze Zeit später zurück in seine britische Heimat nach Totnes in der englischen Grafschaft Devon – heute die wohl bekannteste aller Towns in Transition. Von Totnes aus erlangte die Bewegung Weltruhm: Ende 2015 gab es auf unserem Planeten bereits über 2.000 Initiativen, jede davon für sich einzigartig. Mal befindet sich eine ganze Stadt im Wandel, mal eine Stadt in der Stadt, mal auch nur eine virtuelle Stadt, also Menschen, die sich via Internet vernetzen. Mal sind es solidarische Dorfprojekte, mal nur eine Handvoll Menschen.

So oder so: Die Transition-Town-Bewegung ist ein Konzept, in dem sich die bereits angeführten Beispiele alle wiederfinden: Landwirtschaften, Dorfläden, Bibliotheken, Kindergärten oder Altenheime – alles gemeinschaftlich organisiert und getragen. Mal werden die städtischen Grünflächen mit essbaren Pflanzen bepflanzt, und jeder darf ernten. Dann wieder entstehen Gemeinschaftswerkstätten, in denen jeder etwas reparieren kann. Den fachkundigen Rentner, der sich um das Werkzeug kümmert und sein Wissen aus langjähriger Berufspraxis zur Verfügung stellt, gibt es kostenlos dazu. Oft existieren Regionalwährungen, damit das Geld möglichst innerhalb der Transition Town kreist.

Natürlich ist ein Bürger in so einer Stadt nicht verpflichtet, sich bei all diesen einzelnen Projekten zu beteiligen. Je gegenwärtiger diese Initiativen aber im Alltag sind, desto mehr wird jeder dazu animiert, über seinen Tellerrand hinauszudenken, mitzumachen und sein Verhalten zu ändern.

Für mich hören sich solche Beschreibungen an wie ein Märchen. Nur gibt es die Transition Towns wirklich – und sie werden immer mehr!

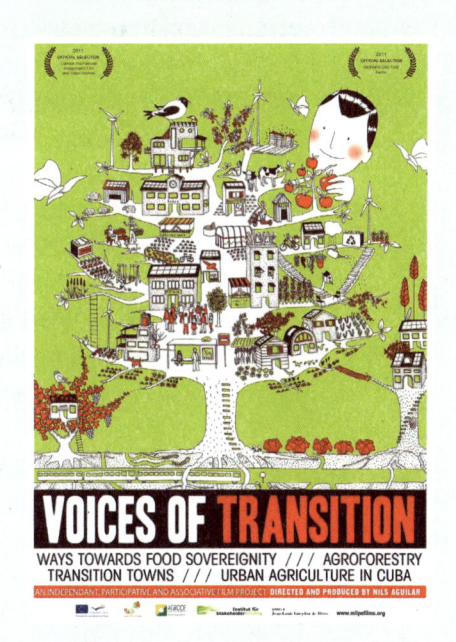

Sechs Ideen für eine bessere Welt ▍ 215

Weiterführende Informationen

Nachfolgend eine kleine Auswahl von Webadressen und Buchtipps zu den sechs genannten Ideen:

Solidarische Landwirtschaft. Wo finde ich einen SoLaWi-Betrieb in meiner Nähe? Das Netzwerk www.solidarische-landwirtschaft.org informiert, über die digitale Plattform »Ernte teilen« (https://ernte-teilen.org) hat man Zugang zu einer interaktiven Karte.

Essbare Städte. Die Webseite der Essbaren Stadt Minden (www.essbare-stadt-minden.de) verzeichnet eine Übersicht der Städte und Gemeinden im deutschsprachigen Raum, die über Gemeinschaftsgärten nach dem Modell der »Essbaren Stadt« verfügen.

Urban Gardening. Dreh- und Angelpunkt des Urban Gardening ist die Stiftungsgemeinschaft anstiftung & ertomis (www.anstiftung.de), über deren Internetauftritt man interessante Gärten finden kann und jede Menge Praxistipps bekommt. Die politische Dimension des Urban Gardenings thematisiert Christa Müller in ihrem gleichnamigen Buch.

Regionalwährungen. Allgemeine Infos sind verfügbar über http://regionetzwerk.blogspot.de oder www.neuesgeld.net. Nicht mehr ganz aktuell, aber immer noch informativ ist das Buch *Regionalwährungen* von Margrit Kennedy.

Commons/Sharing. Hintergrundinformationen halten die beiden Commons-Bücher von Silke Helfrich bereit sowie die Webseite https://commons-institut.org. Über Repaircafes informiert die anstiftung (s. o.; hier u. a. die Broschüre *Reparieren*).

Transition Towns. Über Transition-Initiativen in D, A und der CH gibt www.transition-initiativen.de Auskunft. Von Gründer Rob Hopkins sind zwei Bücher auf deutsch erhältlich: *Einfach.Jetzt.Machen!* und *Energiewende. Das Handbuch*.

Wer sich darüber hinaus über die Idee einer Postwachstumsökonomie informieren möchte oder Lust an »Geschichten des Gelingens« hat – www.postwachstumsoekonomie.de und www.futurzwei.org lohnen einen virtuellen Besuch.

STATT EINES EPILOGS
Ein Arbeitstag im Herbst: sehen, ernten – es ist!

Alles fügt sich und erfüllt sich,
musst es nur erwarten können
und dem Werden deines Glückes
Jahr und Felder reichlich gönnen.
Bis du eines Tages jenen reifen Duft der Körner spürest
und dich aufmachst und die Ernte in die tiefen Speicher führest.
– Christian Morgenstern

Ein Dienstagmorgen im Oktober. Die Kinder sind schon auf dem Weg in die Schule, meine Frau und ich trinken noch in Ruhe eine Tasse Kaffee und besprechen, was heute zu tun ist. Im Aussaatkalender steht »Wurzel bis 15 Uhr«. Also ist heute die Ernte von Wurzelgemüse an der Reihe.

In dieser Woche haben wir Hilfe. Zwei junge Männer aus Afghanistan, die als unbegleitete jugendliche Flüchtlinge vor knapp zwei Jahren in Deutschland ankamen, machen zurzeit ein Berufspraktikum bei uns. Um halb neun Uhr morgens kommen sie mit dem Fahrrad angefahren. Wir besprechen miteinander, wie die Kartoffelernte ablaufen soll. Die beiden können schon erstaunlich gut Deutsch, wenn man bedenkt, wie kurz sie erst bei uns sind. Aus ihrer Heimat kennen sie den Kartoffelanbau und auch die Erntemethode, wie wir sie handhaben: mit einem Pflug oder einem einfachen Kartoffelroder die Kartoffeln an die Oberfläche bringen und dann von Hand aufsammeln. Nur mit dem Unterschied, dass in Afghanistan der Pflug von zwei Rindern gezogen wird, während es bei uns ein Einachsschlepper, Baujahr 1950, ist.

Bevor wir aber mit der Ernte beginnen, kümmern wir uns noch gemeinsam um die Tiere. Da sind wir nun im Vergleich zum

Frühling schon um ein paar Stunden später dran. Heute war es um sechs Uhr morgens noch stockdunkel. Der Nebel hat sich zwar noch nicht ganz verzogen, aber die Hühner und Enten dürfen schon mal raus. Mit den Gänsen warte ich lieber noch. Sie dürfen nicht ganz frei herumlaufen, denn 40 Gänse hinterlassen auch eine Menge Dreck, den ich nicht überall haben will. Trotzdem haben sie fast sechs Hektar, auf denen sie sich zwischen den Schweinen und Rindern frei bewegen können. An dieses Grasland grenzt aber auch der Wald, und bei so dichtem Frühnebel wie heute traut sich Reineke Fuchs vielleicht sogar tagsüber aus seinem Versteck. Lieber ein paar Stunden später auf die Weide und dafür abends noch alle Gänse beisammenhaben.

Meine beiden Praktikanten haben so einen Elan an den Tag gelegt, dass wir unsere sechs verschiedenen Kartoffelsorten schon mittags geerntet haben.

Da bleibt nachmittags sogar noch Zeit für einen Teil der Karotten. Einige leere Kisten und einen Haufen mit Sand haben wir schon hergerichtet. Die Karotten werden aus dem Boden gezogen und das Kraut abgedreht. Dann kommt eine Schicht Sand in eine Kiste. Auf die erste Lage Sand werden die Karotten so gelegt, dass sie sich nicht berühren. Sollte während des Winters eine der Karotten anfangen zu faulen, kann sie die anderen nicht »anstecken«. Auf die Karotten wieder eine Lage Sand, dann wieder Karotten und wieder Sand, bis die Kiste voll ist. In eine der Kisten kommen nur die besonders schönen, gut und groß, aber nicht zu groß gewachsenen Karotten. Das sind die Gelben Rüben, die wir nächstes Jahr wieder in die Erde stecken, damit wir die Samen ernten können. Die Samen tragen dann hoffentlich die Information für möglichst gut gewachsene, große, aber nicht zu große Karotten in sich und lassen genau solche Rüben wachsen. Die Samenstände der diesjährigen Saatkarotten haben wir gestern schon abgenommen. Gestern war Fruchttag, bestens geeignet zum Ernten der Samen. Die Samenstände werden nun getrocknet, und irgendwann im Winter, wenn es draußen schön kalt ist und schneit, werden drinnen in der warmen Stube die einzelnen Samen aus der Dolde befreit und in Gläsern aufbewahrt.

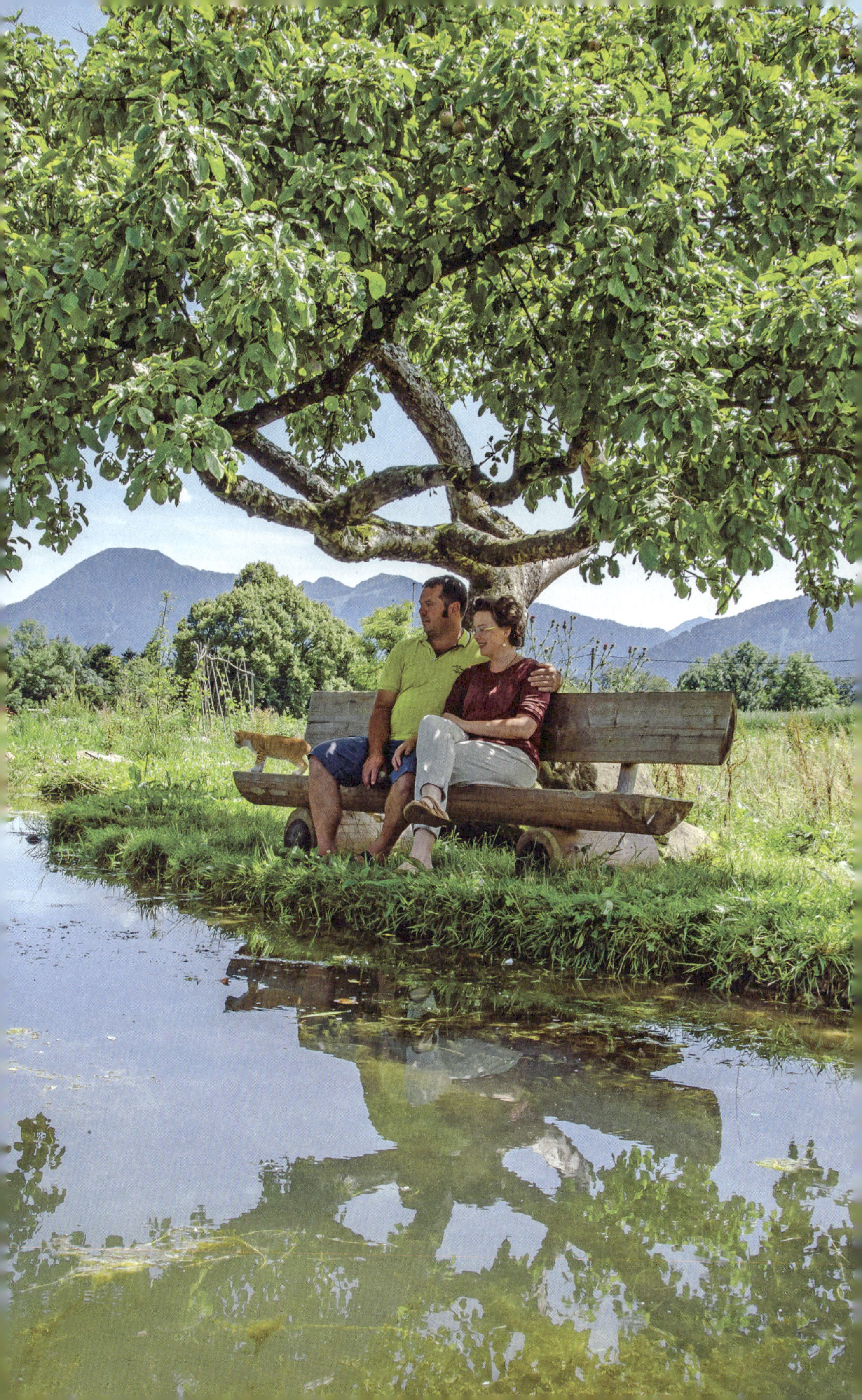

Es gäbe viel, was wir heute noch machen könnten. Ich will mir aber lieber von den beiden jungen Burschen aus Afghanistan erzählen lassen, wie so ein Erntetag bei ihnen zu Hause abgelaufen ist. Zusammen mit meiner Frau und den beiden trinken wir eine Tasse Tee und lassen sie erzählen. Bei solchen Erzählungen gibt es eine ganze Menge zu lernen – für die beiden genauso wie für uns. Und ich lasse keinen Moment ungenutzt, um den beiden klarzumachen, wie wertvoll die Arbeit ist, genau so, wie sie sie von zu Hause her kennen. Natürlich sehen die beiden hier Tag für Tag riesige Traktoren durch die Gegend fahren. In dem Moment kommt ihnen schon manchmal die Art und Weise, wie sie und ihre Ahnen in ihrer Heimat Landwirtschaft betreiben, etwas lächerlich vor. Um das Getreide auf einem Getreideacker zu mähen und nach Hause zu transportieren, brauchen sie Tage. Dort wird es dann gedroschen – in einer Dreschmaschine, die von sechs Rindern, die in einer Art Karussell im Kreis laufen, angetrieben wird.

Für die gleiche Arbeit fährt hier ein tonnenschwerer Mähdrescher mit 500 PS über den Acker, mäht und drischt, lässt das Stroh gleich wieder hinten herausfallen und spuckt wenige Minuten später das Korn auf einen Anhänger. Das Gefühl, das die beiden bei solch einem Anblick haben, liegt vermutlich irgendwo zwischen Bewunderung und Neid.

Mir ist es wichtig, ihnen klarzumachen, welchen Preis diese Art der Landwirtschaft hat, die sie da gerade so bewundern. Verdichtete Böden und massive Überproduktion, die über den Export in andere Länder die Existenzen der Bauern dort zerstört. Ich sage ihnen, dass die Art und Weise, wie ihre Landsleute Landwirtschaft betreiben, für die Zukunft unseres Planeten und seiner Bewohner enorm wichtig ist. Hoffentlich kommt der Tag, an dem sie ohne Angst in ihre Heimat zurückkehren können. Dann werden sie ihren Bekannten und Verwandten sagen können, was für eine tolle Arbeit sie dort leisten. Und sicher bringen sie auch ein paar neue Impulse mit, die zu Hause umgesetzt werden können.

Solche Gespräche sind uns mindestens so wichtig – und teilweise sogar wichtiger – als die Arbeit. Noch dazu, da morgen auch noch Wurzeltag ist. Und so haben wir es gemeinsam geschafft, an solch einem Erntetag ein ausgewogenes Verhältnis zwischen Ökologie, Ökonomie und Sozialem zu erreichen.

Es beginnt, leicht zu regnen. Ich schicke unsere beiden Helfer heute eine halbe Stunde früher nach Hause, sie sollen trocken ankommen, und sie sollen Zeit haben, den heutigen Tag noch ein bisschen nachwirken zu lassen.

Wir, meine Frau und ich, bleiben auch noch eine Weile sitzen, genießen die frische Luft, die der Regenschauer mitgebracht hat. Unsere Tiere genießen den Regen und die frische Luft offensichtlich auch. Sie suchen keinen Schutz unter Bäumen. Sie grasen weiter und lassen sich von dem Regen nicht stören. Das ist meistens ein sicheres Zeichen dafür, dass so ein Regenschauer schon nach kurzer Zeit wieder vorbei ist.

Jetzt noch eine gute halbe Stunde im Stall die Tiere versorgen. Hühner und Gänse füttern, Eier aus den Nestern der Hühner holen und Hühnerküken füttern. 42 Küken sind vor zehn Tagen geschlüpft. Das war der letzte Schlupf für dieses Jahr. Rechtzeitig zu Weihnachten werden sie geschlachtet. Erst im Februar kommen wieder Eier in den Brüter. Die kleinen Küken haben ganz schön Hunger. Ihr gelber Flaum verwandelt sich schon langsam in weißes Gefieder.

Nun sind die Schweine an der Reihe, um mit ein paar Karotten der heutigen Ernte verwöhnt zu werden. Noch nach den Rindern und Pferden sehen, die Zäune kontrollieren. Das mit den Zäunen finde ich immer wieder beeindruckend: Da lassen sich so große Tiere wie Rinder oder Pferde von einem so dünnen Draht in die Schranken weisen. Der Respekt rührt natürlich daher, weil sie einen Stromschlag bekommen, sobald sie ihn berühren. Aber wenn die Tiere wüssten, was für eine Kraft sie haben, wäre der Drahtzaun in Sekunden durchgerissen, und sie hätten ihre Freiheit. Und während ich von der Pferdeweide zurück zum Hof gehe, denke ich noch darüber nach, ob das bei uns Menschen nicht genauso ist. Nur heißen die Zäune da anders und sehen eben auch anders aus.

Für heute genug gearbeitet – Feierabend. Heute auch viel früher als im Frühling. Es wird ja schon bald wieder dunkel. Und wie

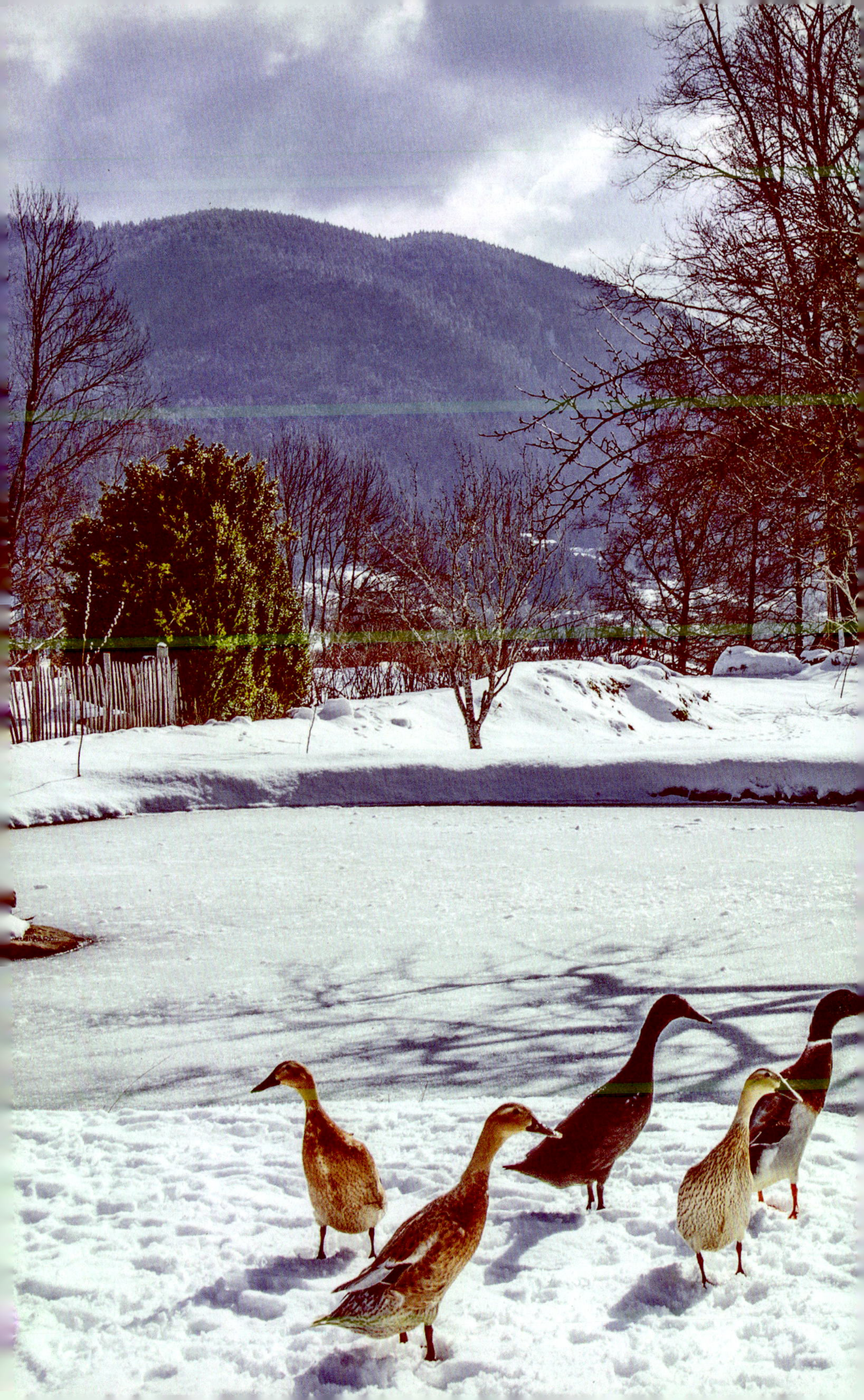

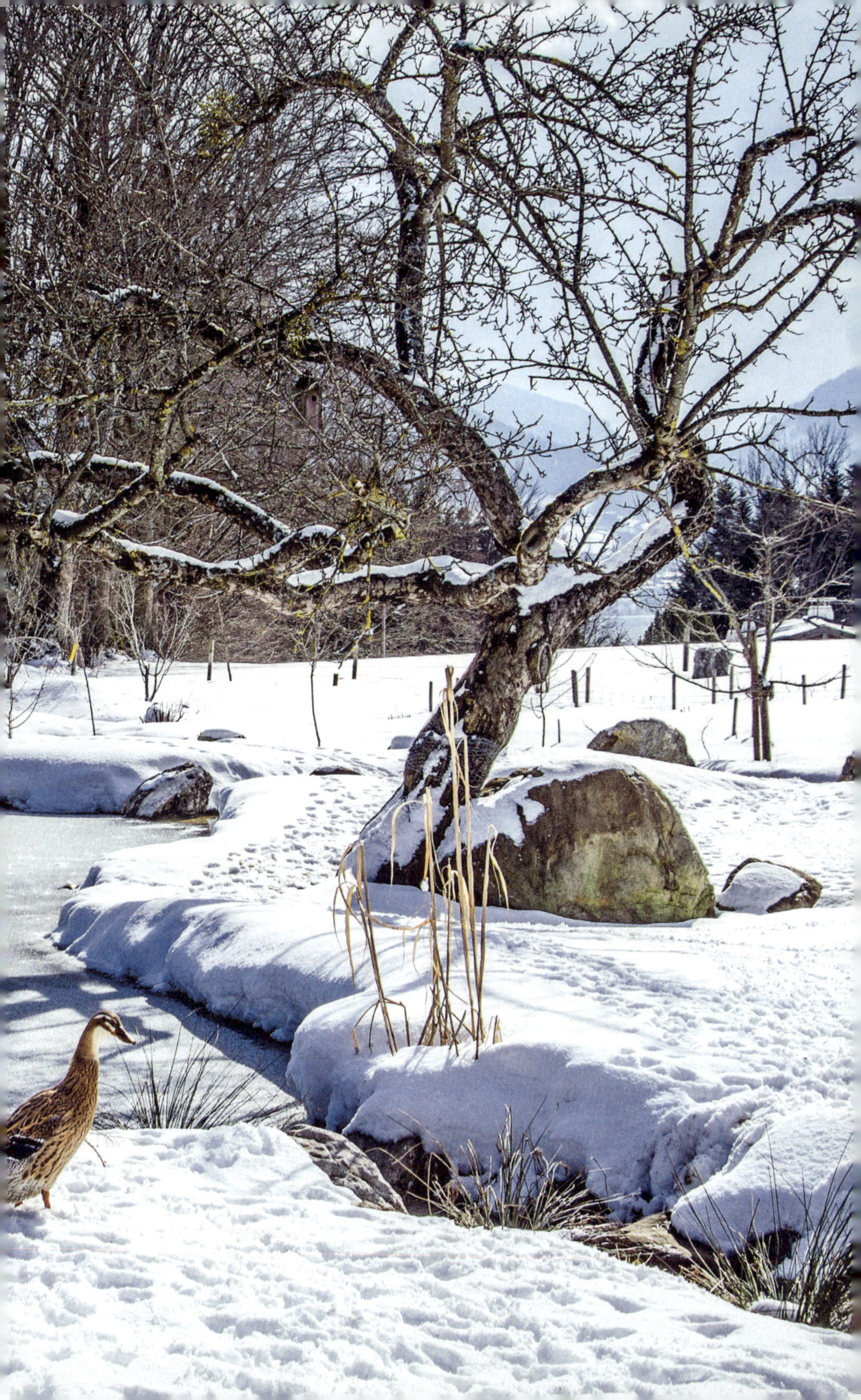

sich die Natur überall auf den Winter vorbereitet, haben wir das heute auch getan. Bevor ich dann in die warme Stube gehe, sitze ich mit Maria, meiner Frau, noch kurz auf einer Bank an unserem Weiher. Wir reden über das, was wir heute geschafft haben, und über das, was uns die beiden jungen Männer aus Afghanistan erzählt haben. Und in diesem Moment sind wir uns ganz sicher: Das gute Leben für jeden Menschen auf diesem Planeten – es ist möglich! Und nicht nur das. Der Weg dorthin ist viel kürzer, als wir glauben.

Bildnachweis/Copyright

Markus Bogner: S. 74, 101 (oben) – Kartoffelkombinat: S. 198 – Neo Kurz: S. 17 – Naturkäserei TegernseerLand eG: S. 195 – Ute Scheub: S. 112, 113, 209 (oben) – Shutterstock: S. 27 (Mitte, unten), 43 (oben, Mitte), 44, 59 (oben), 60, 85 (Mitte, unten), 102, 133 (oben, Mitte), 169 (oben), 170 (oben), 171, 177 (unten), 178, 213 – Wikipedia/Commons: S. 43, 101 (unten), 141 (oben), 169 (unten), 177 (oben), 201, 206, 208, 209 (unten), 211, 213, 215.

Alle anderen Fotos: Manfred Glück, 83627 Wall;
Illustrationen, S. 26 & 180: www.margit-memminger.de.